本书是国家社会科学基金重点项目
"多结构转型社会的老年长期照护保障资源整合研究"
（批准号：18AGL018）的阶段性成果

On the Long-Term Care
Allowance System in the
OECD Countries

OECD国家
长期护理津贴制度研究

戴卫东　顾梦洁 / 著

北京大学出版社
PEKING UNIVERSITY PRESS

图书在版编目(CIP)数据

OECD 国家长期护理津贴制度研究/戴卫东,顾梦洁著. —北京:北京大学出版社,2018.10

ISBN 978-7-301-29890-9

Ⅰ. ①O… Ⅱ. ①戴… ②顾… Ⅲ. ①老年人—护理—津贴—福利制度—研究—世界 Ⅳ. ①F841.625

中国版本图书馆 CIP 数据核字(2018)第 210127 号

书　　　名	OECD 国家长期护理津贴制度研究
	OECD GUOJIA CHANGQI HULI JINTIE ZHIDU YANJIU
著作责任者	戴卫东　顾梦洁　著
责任编辑	尹　璐
标准书号	ISBN 978-7-301-29890-9
出版发行	北京大学出版社
地　　　址	北京市海淀区成府路 205 号　100871
网　　　址	http://www.pup.cn　新浪微博　@北京大学出版社
电子信箱	sdyy_2005@126.com
电　　　话	邮购部 010-62752015　发行部 010-62750672
	编辑部 021-62071998
印　刷　者	河北滦县鑫华书刊印刷厂
经　销　者	新华书店
	730 毫米×980 毫米　16 开本　17.25 印张　256 千字
	2018 年 10 月第 1 版　2018 年 10 月第 1 次印刷
定　　　价	58.00 元

未经许可,不得以任何方式复制或抄袭本书之部分或全部内容。

版权所有,侵权必究

举报电话: 010-62752024　电子信箱: fd@pup.pku.edu.cn

图书如有印装质量问题,请与出版部联系,电话: 010-62756370

目 录

第 1 章　研究缘起与设计安排 //1
    1.1　老龄化时代亟须长期护理保障 //3
    1.2　长期护理津贴制度的研究现状 //6
    1.3　研究方法和基本内容 //15
    1.4　长期护理津贴制度的研究意义 //17

第 2 章　老龄化时代的危机与保障 //21
    2.1　人口老龄化危机 //23
    2.2　长期护理成本危机 //31
    2.3　家庭结构变化下的非正式护理 //38
    2.4　经济基础和社会条件 //47
    2.5　小结 //53

第 3 章　立法规范与责任部门 //55
    3.1　LTCA 的立法规范 //57
    3.2　LTCA 的责任部门 //65
    3.3　小结 //81

第 4 章　等级鉴定与受益对象 //83
    4.1　失能等级量表 //85
    4.2　LTCA 护理等级的鉴定程序 //88

4.3　LTCA 护理等级设定　//94
　　4.4　LTCA 受益面指标的影响　//100
　　4.5　LTCA 三种模式的受益对象　//102
　　4.6　小结　//111

第 5 章　资金筹集与津贴给付　//113
　　5.1　LTCA 的资金筹集　//115
　　5.2　LTCA 的津贴给付　//128
　　5.3　小结　//137

第 6 章　服务内容与提供方式　//139
　　6.1　概况　//141
　　6.2　LTCA 的护工支持政策　//144
　　6.3　LTCA 的服务供给　//149
　　6.4　小结　//176

第 7 章　质量监管与制度改革　//179
　　7.1　LTCA 的质量监管　//181
　　7.2　LTCA 的制度改革　//184
　　7.3　小结　//189

第 8 章　经济效益与社会价值　//191
　　8.1　LTCA 覆盖的受益对象　//193
　　8.2　LTCA 支出的费用支出　//196
　　8.3　LTCA 驱动的护理产业　//203
　　8.4　LTCA 创造的就业岗位　//211
　　8.5　LTCA 产生的社会价值　//218

第 9 章　总结评价与借鉴启示 //227
  9.1　总结 //229
  9.2　LTCA 的评价 //230
  9.3　LTCA 的启示 //237
  9.4　我国长期护理制度的模式与政策 //244

参考文献 //257

后　记 //269

OECD国家长期护理津贴制度研究

第1章 研究缘起与设计安排

1.1 老龄化时代亟须长期护理保障

自20世纪50年代以来,人口老龄化带来的各种社会风险正在全球范围内影响着各国政府的制度安排和政策设计。不断完善的养老和医疗等基本社会保障制度,为缓解"银发浪潮"带来的社会问题发挥着重要的作用,但对于生理或精神上存在一定失能程度的老年人群而言,单纯的经济保障很难满足老年人的生活照料、保健康复以及心理抚慰等照护方面的需求。一些发达国家为了弥补照护服务的缺失,针对那些在很长一段时间里、日常生活诸多方面需要给予照顾的目标对象,通过制度化安排开展了长期护理服务保障措施。随着长期护理服务逐渐达成的政策效果,许多发达国家的政府与学术界普遍将长期护理制度视为老龄化背景下需要高度重视的一种社会政策。由于工业化发展较快和医疗卫生水平较高,经济合作与发展组织(OECD)国家大多是人口老龄化程度较重的国家,[①]其中多数国家都依据国情构建了相应的长期护理保障制度。

对于OECD国家而言,建立长期护理计划在未来将持续受到关注,且至少有四大因素将增加长期护理服务需求上升的压力:一是OECD国家未来十年的持续老龄化,导致其人口中80岁及以上群体

[①] OECD目前是由36个市场经济国家组成的政府间国际经济组织,1960年12月14日由美国、加拿大和西欧部分国家签署《经济合作与发展组织公约》,并在1961年9月30日于巴黎生效,正式成立了该组织。其宗旨包括推动成员国的经济与社会发展,以及世界经济的增长;协助各成员国制定相关社会政策,维护国内稳定的生活水平和财政状况。

将占到空前的比例。根据OECD官方2010年人口和劳动力市场数据库统计的资料，该比例预期从2010年的4%增长至2050年的9.4%。二是变化的社会模式——缩小的家庭规模，无子女人群数量的增加，越来越多的女性和残疾人参与到正式劳动力市场，人们居住安排的变动，同时还包括与子女家庭共同居住的老年人比例的降低，以及欧洲国家不可忽视的高离婚率与低结婚率。三是随着社会财富的增多，个人逐渐谋求高质量和更能适应需求的照护系统。四是医护技术和卫生条件的提高增加了在家中接受长期护理服务的可能性。

鉴于此，OECD国家于20世纪五六十年代先后开展了制度化的长期护理实践，其中部分国家制定了带有强制性社会保险模式的政策（social long-term care insurance），如荷兰1968年推行《特殊医疗费用支出法》；以色列1986年颁布《社区长期护理保险法》；1995年德国实行社会化长期护理保险制度；卢森堡《长期护理保险法》于1998年生效；日本1997年制定《介护保险法》，正式生效于2000年4月；韩国于2008年7月正式推行《老年人疗养医疗保险》。

与此同时，德国（1985）、法国（1985）、荷兰（1991）、以色列（1989）、日本（1985）、韩国（1992），以及以美国（1974）为代表的其他国家、地区，如加拿大（1992）、墨西哥（1996）、阿根廷（1995）、哥伦比亚（1999）、巴西（2005）、智利（2006）、西班牙（1988）、瑞典（1990）、丹麦（1991）、英国（1991）、意大利（1996）、捷克（1998）、葡萄牙（1998）、俄罗斯（2001）、乌克兰（2006）、新加坡（1992）、马来西亚（1999）、孟加拉国（2000）、澳大利亚（1992）、新西兰（1992）等则推行商业性质的长期护理保险（private long-term care insurance）。

还有部分OECD国家则采取体现政府财政功能的长期护理津贴（long-term care allowance, LTCA）模式。这些国家一般福利水平较高，政府寻求着公平标准的服务和给付，致力于保证每个社会阶层都享受到基本权利。政府将本国民众的长期护理安排视作自身应尽责任,并通过国家税收或投资收益等方式筹措经费,对有需求的对象给予护理津贴支持或援助。这些国家主要有:澳大利亚、奥地利、比利时、加拿大、捷克、丹麦、芬兰、希腊、匈牙利、爱尔兰、意大利、墨西哥、新西兰、挪威、波兰、葡萄牙、斯洛伐克、西班牙、瑞典、瑞士、英国、法国、爱沙尼亚和斯洛文尼亚等二十多个国家。

上述三种模式分别是相关国家长期护理保障制度的主体成分。就每个国家而言,其长期护理保障制度都是混合模式。采取津贴模式的国家还有长期护理商业保险产品;采取社保模式的国家本身就包含津贴补助,此外也有长期护理商业险;采取商保模式的美国亦有如医疗补助制度(Medicaid)对低收入人群的长期护理服务津贴救助。

进入 21 世纪以来,我国同样经历着不可回避也不可逆转的老龄化与高龄化进程。目前我国养老服务体系建设仍然是各地区分散的、独立的,具体服务或是亲属非正规的无偿提供,或是商业性质团体的收费后补偿;近些年部分地方政府逐步参与养老服务的规范和监管,但亦是小范围的独立经验,未形成规模效应。根据国情,实现从传统的养老服务到国际化的长期护理服务的理念转化,建立我国未来制度化的长期护理保障制度具有重大的现实意义。2016 年 6 月,人力资源和社会保障部办公厅发布了《关于开展长期护理保险制度试点的指导意见》(人社厅发〔2016〕80 号),决定在我国 14 个省(直辖市)的 15 个城市实施长期护理保险试点。[①] 虽然该文件确定我国长期护理保障制度采用社会保险为主导模式,但是,面向高收入人群的商业性质长期护理保险,保障低收入群体和困难人群的长期护理津贴制度,作为补充层次的制度安排将来一定会逐步发展起来。

---

① 《人力资源社会保障部办公厅关于开展长期护理保险制度试点的指导意见》,http://www.mohrss.gov.cn/SYrlzyhshbzb/shehuibaozhang/zcwj/201607/t20160705_242951.html,访问时间:2016 年 7 月 21 日。

目前,我国已有部分地区出台了高龄老年人津贴政策。本土化的高龄津贴与国际化的长期护理津贴有什么联系及区别,不仅政府部门对此不是很清晰,而且学术界研究也不多见。为此,本书从前瞻意识出发研究 OECD 国家长期护理津贴制度及其政策,希望能够为我国应对人口老龄化和完善养老保障制度提供有价值的借鉴和启示。

1.2 长期护理津贴制度的研究现状

1.2.1 概念界定

1.2.1.1 长期护理

长期护理(long-term care),是指整合了医疗服务与社会服务,介于生活照料和保健护理之间并兼顾心理慰藉的社会化行为。无论生理残疾还是心理受损,当这种残障状态致使个人无法正常完成日常基本活动时,目标对象就需要接受长期性的护理照顾。由于 OECD 各国存在不同的经济状况和社会分工,对医疗组织和社会组织的界定与作用范围存在差异,所以,长期护理在不同成员国的规模、效益、目标群体、使用、提供、治理和融资方面也明显不同。

从宏观概念上看,长期护理本身指的是因患有慢性疾病或残疾等原因而处于机能障碍状态的个人需要的各种长期护理服务。根据美国健康保险学会(HIAA)所作的定义,长期护理是指在一个比较长的时期内,持续地为患有慢性疾病(chronic illness),譬如阿尔茨海默病等认知障碍或处于伤残状态下,即功能性损伤(functional impairment)的人提供的护理。它包括医疗服务、社会服务、居家服务、运送服务或其他支持性的服务。该定义对护理包括的服务内容作出了列举性的解释。而世界卫生组织对长期护理的界定是:由非正规照料者(家庭、朋友或邻居)和专业人员(卫生和社会服务)进行的照料活动体系,以保证那些不具备完全自我照料能力的人能继续得到其个人喜欢的与较高的生活质量,获得最大可能的独立程度、自主、参与、个人满足及人格尊严。这一界定更清楚地将照顾者分成非正规和正规照护者两类。作为长期护理制度安排的一种形式,津贴制通过制度化的现金给付,响应了人口结构和社会变化的压力,满足了体弱老年人照护的成本和一定程度的选择自由(见表1-1)。

表1-1 非正规照护者与正规照护者的比较

照护者性质	非正规性	正规性
进入资格	血缘、业缘、友缘关系	专业知识和技能
服务提供	提供贴身的生活辅助和推动社会化的成长	提供专业的医疗卫生和康复服务
时效基础	较长,建立在责任和关怀性上	被限制,建立在费用基础和名额规定上
经济来源	家庭收入或津贴	机构收费或津贴

资料来源:作者整理。

1.2.1.2 长期护理津贴(LTCA)

OECD国家长期护理津贴制度尽管在不同国家内呈现显著变化,但对于长期护理津贴的本质概念却有较为统一的认识。按照津贴(allowances)本身的含义,它是对特殊人群设定的具备鼓励或补偿性质的定期定额经费,针对性强,分配相对均等。例如,微观层面有企业对从事特殊工作的劳动者支出的额外工资形式,宏观层面有国家对生活存在特殊困难或具备特定条件的人群颁发的政府津贴形式。一般而言,津贴的分配依据客观条件的优劣,而不直接与接受者的劳动力成就挂钩。长期护理津贴的计发原则同样不考虑接受者在职期间的缴费贡献或账户积累,只要满足所在成员国对于长期护理资格设定的标准,即有资格领取长期护理津贴。国家财政支撑的资金基础与个人免去的缴费责任,使长期护理津贴制度与长期护理保险制度相比,附上了福利或救助的性质。

综合而言,长期护理津贴就是由政府负责长期护理服务费用的提供和支持,对患有残疾或慢性疾病而失能的需要获得长期照护的服务对象,直接以发放护理津贴的形式,供其自主选择购买专业化的照护服务,或选择与提供非正规照护服务者共同使用的制度。

1.2.1.3 长期护理津贴的维度

长期护理津贴制度表明该制度涉及两个维度:第一个维度是需要照护的人,即以照护对象为主体;第二个维度是照护服务的提供者,可以是非正规亲友,也可以是正规机构或团体。在两个维度上,按具体的操作大致可分为四类:直接提供给被照护者的津贴;被照护者主动与为其提供非正规照护的亲属共享津贴;直接分配给非正规照护者(如朋友、邻居等)的津贴;以补贴或税收减免等形式提供给正规照护机构的津贴。

对于被照护者提供的津贴支持方面,在对资金使用途径的规范性给予监督并能够保证长期护理服务切实提供给被照护者的前提下,法定范围内的被照护者就可以自主支配政府津贴。对于非正规照护服务提供者即被照护者的亲属友人所获取的收入补助方面,制度核心目标是他们在提供服务的同时,针对其损失的正常劳动时间和工资收入进行补偿。为使那些亲友们不会因为提供了照护服务而失去参与劳动力市场机会,无法从事全职工作从而陷入自身生活的困境,提供一种水平较低的收入补贴;而向正规护理机构进行的政策性补偿,一定程度上可以促进其改善护理质量和服务价格,形成健康有序的市场竞争环境(见表1-2)。

表 1-2 长期护理津贴制度的维度

	对被照护者的津贴		对照护服务提供者的津贴	
	直接的被照护者	被照护者的亲属朋友	非正规护理者	正规护理机构
资金提供	国家	被照护者选择下的共享	国家	国家
传输	正式的、私人的	非正式的、私人的	正式的、私人的	正式的、公共的
规范	法律法案和准则	情感和道德义务	法律法案和准则	市场规范和竞争

1.2.2 研究状况

1.2.2.1 长期护理津贴制度的理念研究

长期护理津贴制度在 OECD 国家之间有不同特征，但对其本质概念存在着较为统一的认识。在通常情况下，津贴提供给那些需要护理的人，另外也支付给护理的提供者作为补贴。范娟娟认为[①]，向护理服务需求者提供的津贴支持方面，服务需求者在充分得到了护理服务的基础上，就能自主安排政府给付的津贴；对非正式护理提供者给予的收入补贴，设计本意是针对提供者损失的收入的弥补。因此，不管如何设计，护理津贴都涉及被护理者和提供者两个维度。在 J. 詹森(J. Jenson)等看来，对体弱老年人的护理津贴支付与服务组合的选择以及对护理者收入补助津贴的水平，将对提供护理的尤其是提供非正式照顾的家庭成员产生影响，这些人绝大多数是女性。[②] 而关于长期护理津贴的实践，曾莉和周兰姝介绍了英国苏格兰地区的

[①] 范娟娟：《浅析 OECD 主要成员国护理保险的制度安排》，载《中国保险》2010 年第 5 期。

[②] J. Jenson, S. Jacobzone. Care Allowances for the Frail Elderly and Their Impact on Women Care-Givers. OECD Labour Market and Social Policy Occasional Papers, OECD Publishing, 2000(41).

免费个人护理,这一津贴安排的基本设计是对那些 2002 年 4 月前进入养老院舍的老人,提供一项 90 英镑的生活性护理津贴,这一政策的享用资格要通过地方政府的评估来决定。这项政策在 2002 年 4 月开始实施,由联邦政府和当地政府筹集资金,政策的立法基础是《社区卫生和保健法案》。① 这里体现的是长期护理过程中个人在机构接受由国家法律规定提供的现金津贴。特丽萨·博伊尔(Theresa Boyle)指出,加拿大的安大略省想要在长期护理的安排中减少对居民居住津贴的供给,将资金转向疗养和个人护理领域。政府将津贴转移至护理院领域,从而对不需要长期护理的部分居民不得不额外补贴居住津贴,从而违背了长期护理津贴的设计初衷和制度内涵。②

1.2.2.2 长期护理津贴制度运行研究

长期护理津贴制度是构建在公营基础上、以公费负担的制度措施,所以必须是政府为其负责。陈晓安从公私合作关系的角度,通过政府提供补贴与否、法定经营的强制性与否、纳进基本社会医疗保险与否三个层次,以英国和澳大利亚为代表将护理津贴制度列为公营和公费负担类别。③ 托马斯·J. 霍格尔(Thomas J. Hoerger)等通过使用多项国家长期护理调查后模拟出一种正态分布和数据模型,从而说明政府机构对老年人的不同护理服务提供,会对独立生活、跨代家庭生活或进入护理院的偏好选择产生影响。④

通常意义上,资金的筹集渠道可以有政府、企业、个人和社会几

---

① 曾莉、周兰姝:《国外老年人长期护理的政策分析及启示》,载《护理研究》2010 年第 7 期。

② Theresa Boyle. Nursing Home Hike Criticized as Replacement for Subsidies. *Toronto Star* (*Canada*),2002-07-04.

③ 陈晓安:《公私合作构建我国的长期护理保险制度:国外的借鉴》,载《保险研究》2010 年第 11 期。

④ Thomas J. Hoerger, Gabriel A. Picone, Frank A. Sloan. Public Subsidies, Private Provision of Care and Living Arrangements of the Elderly. *The Review of Economics and Statistics*,1996,78(3):428-440.

个层面。制度化的长期护理由政府担负着主要筹资责任,国际上通常做法主要分为社会保险模式和福利模式。长期护理的福利模式指的就是政府将民众的长期护理视作自身责任,通过税收等方式来筹集资金以满足民众需要的长期护理,即护理津贴制度诞生。[1] 在 OECD 国家中,如奥地利在 1993 年颁布的《联邦长期护理津贴法案》中规定了津贴的法律强制性,与受益者的资产、收入以及要护理的原因无关,筹资来源是普通税收。[2] 加拿大规定,除去个人需要负担的食宿费用外,长期护理服务津贴由省或行政区政府承担。[3] 而丹麦在老人家庭内的长期护理方面则全部实现免费。[4]

在长期护理津贴制度的设计中,针对不同失能程度的人群所提供的护理津贴程度也分为不同等级。这种科学化的模式安排一方面能保证不同失能程度的患者获得最贴合需要的服务,另一方面也使政府的财政支出得到合理的使用。如在澳大利亚的护理院,筹资来源大部分是基于政府拨付津贴与个人支付,政府津贴亦根据患者的依赖等级与经济情况来设计津贴的给付等级。对于高度依赖者可以得到政府每周 300 澳元的补贴;低程度失能者的护理费用则主要是自行承担。[5] 长期护理津贴一方面支付给符合条件的需要护理的老年人,另一方面也对提供护理的工作者供应补贴。对于非正式护理员的管理和整合也是政府需密切关注的领域。Byung-Kwang Yoo 等

---

[1] 朱微微、黄成礼、郭岩:《国际老年人口长期护理筹资机制及启示》,载《中国老年学杂志》2011 年第 3 期。

[2] M. M. Hofmarcher, H. M. Rack. Austria: Health System Review. *Health Systems in Transition*, 2006, 8(3):1-247.

[3] M. Strandberg-Larsen, S. Vallgarda. Health System Review: Denmark. Copenhagen WHO Regional Office for Europe on Behalf of the European Observatory on Health Systems and Policies, 2007:9-11.

[4] Gregory P. Marchildon. Health Systems in Transition: Canada1. Copenhagen WHO Regional Office for Europe on Behalf of the European Observatory on Health Systems and Policies, 2005:99-100.

[5] 谢红、尚少梅、侯淑肖、王志稳、金晓燕、王敏:《国内外护理院资金筹措现况及启示》,载《中国护理管理》2010 年第 2 期。

人对15个OECD国家进行了调查,研究发现非正式护理员的可用性以及护理津贴支出的影响,认为非正式护理员特别是配偶照顾者的可及性,同时也是长期护理津贴支出增长的重要因素。①

1.2.2.3 长期护理津贴制度效果的评价

长期护理津贴的运行效果表现在以下几个方面:一是对税收系统的影响。伊恩·W. H. 帕里(Ian W. H. Parry)使用标准分析模型来比较英国的公共与私人长期健康护理逐渐增长的津贴开支,此模型将定量分配的公共护理的等待成本、强加于税收系统的津贴压力以及对不同家庭的分配权重合并在一起,根据一系列参数方案研究发现,公共与私人政策都减少了平均等待时间,但对公共的长期健康护理而言却被额外治疗的新等待成本所抵消,因而对税收系统的压力也因扩大公共护理而变得更大。②

二是对传统家庭护理的影响。菲利普·海恩斯(Philip Haynes)等人指出,在最近几十年中一直有一种预测,提供公共和私人长期护理津贴可能会取代对老年人的传统家庭护理。除了欧洲南部的老年人对传统家庭护理的依赖依然比较强外,相较于其他国家,OECD一些发达国家对传统家庭护理的依赖程度已经显著下降。③

三是长期护理津贴的未来成本。马丁·卡尔森(Martin Karlsson)等人分析指出,英国长期护理的需求将在2040年前后达到高峰,最显著的增长将是对非正式护理的需求,需求者数量预计将从现在的220万增至2050年的300万。税务方面有效的贡献率将从

---

① Byung-Kwang Yoo, Jay Bhattacharya, Kathryn M. McDonald, Alan M. Garber. Impacts of Informal Caregiver Availability on Long-Term Care Expenditures in OECD Countries. *Health Services Research*, 2004,39(6):1971-1992.

② Ian W. H. Parry. Comparing the Welfare Effects of Public and Private Health Care Subsidies in the United Kingdom. *Journal of Health Economics*, 2005,24(6):1191-1209.

③ Philip Haynes, Michael Hill, Laura Banks. Older People's Family Contacts and Long-Term Care Expenditure in OECD Countries: A Comparative Approach Using Qualitative Comparative Analysis. *Social Policy & Administration*, 2010,44(1):67-84.

现今总工资的约 1.0% 增至 2050 年的 1.3%。①

1.2.2.4 我国高龄津贴制度研究

根据何文炯、洪蕾的定义,我国的高龄津贴是一项由政府财政免费向高龄老年人持续地提供一定给付金的社会福利制度。从性质上看,高龄津贴与长期护理津贴具有较相似的定位。但在目标上,高龄津贴不同于长期护理津贴主要针对的是失能者的日常生活护理,其范围显得更为宽泛。2008 年起,我国部分省市陆续出台的高龄津贴制度或政策大体可分成三类:一是以保障高龄老人的基本生活为目标,二是以帮助高龄老人购买养老服务为目的,三是以体现尊老敬老、共享社会发展成果为目的。② 杨立雄指出,只要符合年龄条件或其他资格,就可以享受高龄津贴,通常以现金(包括各种形式的消费券)和服务的形式出现。它对于低收入群体和无养老保障群体的作用非常巨大。③ 刘子培认为,高龄津贴在国内部分地区已经开始探索实践,但是各地制度在覆盖对象、资格条件、补贴标准、补贴方式、资金来源渠道等方面均不一致。因此,迫切需要建立统一的制度规范各地实际,防止制度"碎片化"。④ 高龄津贴"碎片化"的原因在于政策定位不够清晰;在个体层面,年龄是高龄津贴获取最关键的影响因素;在市级层面,经济发展水平对高龄津贴获取的影响需要通过福利政策等发挥作用。⑤

对于高龄津贴制度的发展,有研究认为,高龄标准定为 70 岁及

---

① Martin Karlsson, Les Mayhew, Robert Plumb, Ben Rickayzen. Future Costs for Long-Term Care Cost Projections for Long-Term Care for Older People in the United Kingdom. *Health Policy*, 2006, 75(2):187-213.
② 何文炯、洪蕾:《高龄津贴:制度定位与财务可行性》,载《学术研究》2012 年第 7 期。
③ 杨立雄:《高龄老年津贴制度研究》,载《中州学刊》2012 年第 2 期。
④ 刘子培:《城镇居民老年津贴制度研究》,浙江大学 2010 年硕士论文。
⑤ 沈雨菲、陈鹤:《中国高龄津贴政策评述与实证分析》,载《人口与经济》2016 年第 1 期。

以上较合理可行。现阶段,应侧重于对低养老金待遇的城乡居民社会养老保险所覆盖的高龄老年人口,实行专属的高龄补贴政策。[①] 另有研究发现,以65岁作为资格年龄可以不增加财政压力,根据扩展线性支出系统模型(ELES)确定城镇408.13元/月和农村222.45元/月的待遇标准,2013—2050年高龄津贴支出占财政支出的比重较低,最高负担为2039年的0.381%,财政支出具有可持续性。[②]

1.2.3 研究评价

在对国内外长期护理津贴相关研究文献进行梳理之后,可以发现该领域的研究已拥有相当规模,总体而言,研究具有以下特征:

第一,对于研究主题的评价。长期护理津贴的研究在国内外呈现不平衡的状态。国外研究更集中于国家经济实力雄厚或社会福利性质的国家,如加拿大、英国、奥地利和北欧等国。国内相关主题的深度研究很少见。

第二,对于研究内容的评价。国外研究倾向于将不同OECD成员国之间的制度发展进行比较分析,以及对长期护理津贴运行的筹资机制和财政可持续性进行计算。研究方法涵括了定量的调查分析、统计分析和定性的风险模型分析。国内研究偏重概念上的界定和服务内容的总体性介绍。

第三,对于中国高龄津贴制度的评价。中国已在很多地区有高龄老年津贴的制度安排,从本质上而言是对于新中国成立后建立的老年优待制度的延伸。但各地津贴内容纷繁复杂,基本保持在生活照料和营养补贴层面,与长期护理津贴追求的日常生活活动能力

---

① 华迎放:《我国城乡居民高龄津贴政策分析与发展建议》,载《中国劳动》2013年第4期。
② 朱火云、夏会琴、李利娜、高和荣:《基础普惠型高龄津贴制度研究》,载《人口学刊》2015年第1期。

(ADL)辅助补偿存在区别。未来面临的是高龄津贴、养老服务补贴、护理补贴等制度的整合问题,还有除了老年人养老和医疗保障的基本需求外,愈发紧迫的是老龄化带来的长期护理服务需要。

1.3 研究方法和基本内容

1.3.1 研究方法

本书涉及的主要研究方法为文献研究法和经验总结法。一方面,搜集与分析OECD国家长期护理津贴制度的各方面文献资料,从中筛选出有用的信息,构建OECD国家长期护理津贴制度运作的总体框架。国外学者的研究成果为本书的研究打下了一定基础,本书的文献资料基本来源于OECD官方网站的历年报告和数据库、高校图书馆,以及一部分国外政府或机构官方网站,如国际社会保障协会网站、加拿大卫生信息研究所网站、希腊国家数据库、奥地利统计局网站等。另一方面,通过对OECD国家长期护理津贴制度的运行情况进行归纳与总结,使其达到系统化与理论化,以求发现是否具有借鉴价值。

1.3.2 基本内容

根据思路框架和解释目标,本书共分为九章。每一章体现各自的研究目的,但又相互联系,以达到对OECD国家长期护理津贴制度的全面深入研究。

第1章即导论。基本内容有研究背景、概念界定、文献综述、理论探讨、研究目的与意义、研究内容与方法等。

第2章是OECD国家长期护理津贴制度的产生背景分析。任何一项制度的建立和实施都有其深刻的历史背景和现实原因,长期护理津贴制度在OECD各国的推行,也有着各自独特的社会环境。一方面,广泛采用长期护理制度成为OECD国家的突出特征,OECD国家都面临相似的发展基础和未来趋势;另一方面,在长期护理模式中选择了津贴制度而未使用保险模式,而在同样实施长期护理津贴制度的不同成员国,津贴制度的规模、内容、资格等存在的差异也是各国充分考虑国情后的结果。

第3至第7章是OECD国家长期护理津贴制度的内容,也是本书的核心与重点。这五章主要从立法规范与责任部门、等级鉴定与受益对象、资金筹集与津贴给付、服务内容与提供方式、质量监管与制度改革十个方面全面阐述OECD国家长期护理津贴制度的具体规范和运行措施。

第8章是OECD国家长期护理津贴制度的实施效果。OECD国家长期护理津贴制度是否具有优越性或能否上升至具推广性,很大程度上需要从其制度效果方面进行说明。作为体现国家责任和社会公平的制度,长期护理津贴制度从效益评价表现制度的激励性,从费用支出表现体制的可持续性,从就业岗位表现系统的社会性,从护理产业表现体系的发展性。不可否认,长期护理津贴制度在实施过程中,受制于各国治理理念、经济基础以及社会条件等,存在着一些显性的或隐性的不足与障碍。

第9章是总结、评价与启示。在对全书观点进行总结的基础上,进而对OECD国家长期护理津贴制度的优势与劣势作了客观的评论,指出了长期护理津贴制度对人口老龄化国家尤其是对我国的启示。最后,在借鉴国际经验和考虑我国国情的前提下,本书创新性地论证了我国长期护理保障制度的模式选择和政策设计,希望对我国老年社会保障制度建设和完善有所裨益。

1.4 长期护理津贴制度的研究意义

1.4.1 研究目标与价值

本书深入分析了OECD发达国家长期护理津贴制度的成功经验和仍存在的欠缺,探索能够建成长期护理津贴制度国家的具体国情和实践经验;并根据我国国情和经济社会文化基础,讨论我国建立老年人长期护理制度可选择的模式与路径,最终为完善我国社会保障体系、维护老龄化社会的稳定和谐、促进社会经济长效健康发展做出贡献。

第一,理论意义。约翰·罗尔斯(John Rawls)在其著作《正义论》中明确指出:"正义是社会制度的首要价值,正像真理是思想体系的首要价值一样。一种理论,无论它多么精致和简洁,只要它不真实,就必须加以拒绝或修正;同样,某些法律和制度,不管它们如何有效率和有条理,只要它们不正义,就必须加以改造或者废除。"[①]一项制度是否合乎正义的要旨很大程度上影响着社会整体价值观的奠定与发展路径的持续。面对老龄化体现出自然规律的不可抗拒性,长期护理津贴制度出于对解决社会问题的政府责任体现,亦是一个社会公平正义的体现。对于OECD国家长期护理津贴在实施中展现的正义程度,一方面验证着制度本身符合人类社会文明发展规律,另一方面也启发着老龄化社会下如何维护一个社会的正义基础。通过考察发达国家社会保障制度的安排,才可能避免我国在制度设计时停留于本国历史经验的故步自封。

第二,实践价值。首先,长期护理津贴制度运用财政手段为剧增

[①] 〔美〕约翰·罗尔斯:《正义论》,何怀宏等译,中国社会科学出版社1988年版,第1页。

的失能老年人和高昂的护理成本提供了服务和支持。据统计,我国失能和部分失能老年人越来越多,残疾老年人逐年增加,2015年失能和部分失能老年人约4063万人,占老年人口总数比例为18.3%。[①] 同时,高昂的长期护理成本又远远超出了大部分老年人的承受限度,即使是在非营利性质的养老机构中接受长期护理服务,平均缴费也无法控制在支付能力内。长期护理津贴制度的研究一方面可以为寻找满足失能老年人长期照护问题提供有效路径,另一方面也通过政府财政出资的优势致力于缓解民众自身的支付压力。其次,长期护理津贴制度对于非正式照护者的现金补助以及对正式护理工作者的产业安排,一定程度上可以缓解就业压力。最后,长期护理津贴制度带来的是服务的保障和选择的自由,将社会化养老服务与长期护理津贴相结合,依托社区社会化服务,为长期护理津贴的服务可及性与服务组合的偏好设计、提高老年人生活质量注入了活力。

1.4.2 理论探究

OECD国家长期护理津贴制度在理念、设计等方面符合哪些理论或者说与哪些理论不谋而合,说明整个制度具有合理逻辑性与科学性。这也成为我们研究长期护理津贴制度的出发点和动力基础。

1.4.2.1 基于补偿理论对非正式照护者的公平考量

假定的补偿原则是在帕累托最优理想标准与现实差距被提出后,由卡尔多(Nicholas Kaldor)与希克斯(John Hicks)等人于20世纪30年代末作为理论的改进而提出来的。最初提出这一理论是因为垄断阶层的存在,使社会改良无法绕开对垄断阶层利益的追问,而资源分配改革在垄断领域的障碍总会使另一部分群体的权利不可避免

---

① 《第四次中国城乡老年人生活状况抽样调查结果发布》,http://www.xinhuanet.com/gongyi/2016-10/18/c_129327224.htm,访问时间:2016年10月9日。

地受到侵害,因而在社会变革中无法让所有目标群体同时获益而无人受损。于是补偿原则的意义则在于当一部分社会成员的经济状况恶化时,另一部分经济状况改善了的成员针对这部分成员给予补偿,使总的社会福利最终归于增长或非减弱。于此进一步主张政府通过立法或政策推进对受害群体施予补偿。

尽管在福利经济学领域,补偿原则的结果仍然是不完善的,但从长期护理津贴制度下对非正式家庭护理的政策取向上看,被照护者选择将津贴分享给其家庭成员,或直接通过一定标准来覆盖津贴制度下符合标准的兼职或全职非正式照护者,能够让这部分家庭成员或亲友受损的正式劳动时间和机会得到经济的补偿。具体而言,在长期护理服务的市场与家庭环境中,总会有人选择正式劳动力市场而使家庭内被照护者花费成本寻求其他性质的护理,而选择家庭内近亲间照护会使自身丧失正常市场中的参与机会和劳动收入。对于前者,津贴补偿的是被照护者花费的额外成本,使家庭成员不损失就业机会,自己亦不因高昂的护理成本陷入困境;对于后者,津贴补偿的是非正式护理者丧失的正式劳动成本,使家庭内被照护者不用支出高昂的护理费用而获得无偿的亲属照顾。通过津贴在不同领域中的补偿,被照护者和非正式护理者的福利效用维持稳定或有所增长。

1.4.2.2 社会福利函数理论下多元效率与公平

如同萨缪尔森(P. Samuelson)等人对帕累托最优和补偿原则的改进一样,理论的适用性是各领域选择的结果,帕累托最优的理想解决方案是财政负担津贴下人们偏好的护理权利与护理提供方的竞争效果,却没有纳入合理分配长期护理服务产品的充分条件;补偿原则考虑的是非正式护理者丧失的权利和机会,而未针对补偿目标的获益后感受。福利最大化应被置于最适度环境的选择上,同时结合正式提供方竞争效率、消费方选择效率,与非正式提供方补偿公平、接受方获益标准公平,使社会福利函数实现最大值。

根据社会福利函数的核心,长期护理津贴制度涉及的几个因素包括国家财政的支出力度、体系运营的可持续水平、被照护者对服务的身心偏好、被照护者之间获益标准的公平、非正式护理者对正式劳动力市场和家庭停留间选择的力度、非正式护理者的补偿标准、正式护理机构的竞争环境、正式护理机构的平衡运作。这些因素的不同组合与不同标准,都会影响制度标准的适用和社会经济的发展。在财政支出和保障居民处于长期护理服务可及性的条件下,社会福利最大化就在于对这些因素进行最佳的组合和选择。个人能够自由选择长期护理服务是决定其护理权利福利化的核心条件,包括其家庭成员对是否接受津贴而成为一名非正式护理者的选择,而个人选择的自由度又直接引致社会福利总量的大小。因此,社会福利最大化的重要途径就是政府通过立法保障,确定运用津贴制度在保证个人护理权利切实维护的基础上提供给个人选择的自由,并进行效率和公平的合理建构。

平衡各因素达到各方效率和公平的稳定状态,核心在于制度运行时资金收支和提供方式的合理化。在长期护理津贴制度的运行上,国家财政作为责任主体,不是无限制的,而是维持在制度刚性的合理范围内,尽可能地在存量范围里对服务供给进行效率优化,实现社会福利函数理论的最大化效应。

OECD国家长期护理津贴制度研究

第2章 老龄化时代的危机与保障

2.1 人口老龄化危机

2.1.1 人口老龄化的风险

人的老化是人生命进程的老化,而人口的老化则是人口结构的变化。国际上一般将 60 岁及以上人口占总人口比例达到或超过 10%,或者是 65 岁及以上人口占总人口比例达到或超过 7% 的地区与国家认定为进入人口老龄化。所谓人口老龄化,就是这种在人均预期寿命持续延长的作用下,在一个国家或地区的老年人口占总人口的比重上升并使人口的年龄构成趋于老化的社会发展进程。在老年人口内部,还面临高龄人口速度更快的老化。一般而言,高龄老年人是达到 80 岁及以上的人群。发达国家的 80 岁及以上人口在 1950 年时比例为 1.1%,50 年后已升高到 3%,预计 2050 年的高龄人口比例可能增至 8%。每年老年人口都在以约 2% 的速度增长,超过了总人口的增长速度,至 2050 年,全世界的老年人口中将有 21% 的人超过 80 岁。[①] 同时,约有 13 个地区与国家的高龄老年人口比例会达到 10%,包括意大利、西班牙、瑞典、中国、希腊、日本、奥地利、新加坡、德国、芬兰、瑞士、荷兰和比利时。[②] 其中,除了中国、日本和新加坡三个亚洲国家外,其余十国皆为 OECD 成员国。引发世界范围内对人口老龄化关注的因素除了和平与发展的人类文明之外,更迫切

---

① 《世界人口老龄化速度加快》,载《城市规划通讯》2002 年第 7 期。
② 褚劲风:《世界人口老龄化进程的特点》,载《地理教学》2001 年第 1 期。

的是各国老龄人口所占比例变化所引致的社会风险。

一方面,老龄化挑战着大部分西方发达国家劳动人口的经济负担。美国学者彼得森(G. Peterson,美国对外关系委员会主席)指出,20世纪内大部分发达国家中的劳动人口在逐渐萎缩。当时,纳税者与养老者的比例是3∶1,预期到2030年将直接降为1.5∶1,某些国家甚至会降到1∶1或者更低。① 所造成代际间的失衡不仅反映在劳动人口沉重的日常供养责任上,也涵盖在赡养过程中产生的劳动人口对老年照护服务成本的分担,还包括对经济结构和劳动力市场所产生的潜移默化的影响。这种养老风险最直接地制约着政府财政的公共支出部分。

另一方面,老龄化引发的老年精神健康问题成为不容忽视的风险。主要症状是阿尔茨海默病(老年痴呆症),表现为不仅需要他人为其ADL或工具性日常生活活动能力(IADL)进行支持辅助,还包括政府决策与法律监护的需要。20世纪以来,阿尔茨海默病正成为困扰全人类的问题。在国际范畴上每年为缓解与改变该老年病理的花费超过1000亿美元。根据相关资料,65岁及以上人群患有中度和重度痴呆的比例为4%—6%,80岁及以上其比例高达20%,②超过85岁的人群中近1/4的人患有该病症,可预测阿尔茨海默病在全球增长速度非常快。它不仅影响老年人的生活质量,也带来各国治疗成本的上升和对照护人力的需求。目前,全球在相关成本上的开支已相当于全球GDP的1%,相当于高收入国家GDP的1.24%。

老龄化目前在世界范围内依然处于加速状态,第二次世界大战后"婴儿潮"时代出生的人口在2020年至2040年将进入65岁及以上的年龄阶段,并成为老年组群体数量上升的高峰。尽管人口老龄

---

① 〔美〕彼得森:《世界人口老龄化》,韩建军译,载《现代外国哲学社会科学文摘》1999年第11期。

② 林晓红:《21世纪世界人口面临的主要问题与挑战》,载《人口学刊》2000年第2期。

化产生的问题若不能及时应对势必带来愈发严重的社会问题,但这亦是人类社会经济发展与文明进步的象征。面对老龄化下的社会风险,各国政府已采取包括延长退休年龄、发展老龄产业、建立多元养老体系、颁布长期护理保障法案等多种措施,其中以18世纪进入工业化、19世纪末至20世纪上半叶进入人口老龄化的OECD国家为代表。

2.1.2　OECD国家老龄化的演进

在工业革命推动下,社会经济发展水平得到全面提升,人们的生活质量得到提高,同时医学技术和健康条件得以改良,促使死亡概率降低,也使人均寿命普遍延长。此外,妇女普遍进入劳动力市场,随着其文化和精神理念的进步,生育意愿较以前有明显下降,人口老龄化程度逐步攀升。从联合国统计材料来看,全世界范围内人口老龄化现象最严重的国家包括意大利、西班牙、日本。2050年,西班牙国内的老年人将由2002年占总人口比例的22%增长至44%,而意大利老年人的比例也将增至42%,日本更是将增至60%。除此之外,瑞典、俄罗斯、德国、比利时和瑞士等国家也将进入严重人口老龄化。[①] 以上提及的国家除了俄罗斯,其余都属于OECD成员国组织。

OECD成员国中首先步入老年型国家的是法国。当产业革命在19世纪50年代末已近终结时,法国的60岁及以上人口占到了总人口比例的10%。21世纪初,法国60岁及以上的老年人比例达到20%,2030年将达到2000万,2050年将上升到2200万,届时1/3的人口为老龄人口。[②] 在老龄人口中,高龄老人的比例也相应增长,当前法国75岁及以上人口比例为8%,到2050年则几乎翻一番,达到

[①] 刘瑞常:《世界人口老龄化警钟敲响》,载《经济参考报》2002年4月22日第3版。
[②] K. Chevreul, K. Berg Brigham. Financing Long-Term Care for Frail Elderly in France: The Ghost Reform. *Health Policy*, 2013, 111(3): 213-220.

15.6%。2011年,法国65岁及以上老年人口占总人口的比例为16.9%(OECD国家平均为15%),80岁及以上老年人口比重为5.5%(OECD国家平均为4%)。[①]

继法国后OECD其他成员国也相继进入人口老龄化,如1882年的瑞典和1890年的挪威,以及20世纪初的德国与英国。到20世纪60年代,OECD所有成员国基本上都进入人口老龄化社会。同时,各国人口老龄化进程并没有缓慢的迹象,反而是有愈演愈烈的趋势(见表2-1)。

表2-1 OECD部分国家65岁及以上人口的发展状况(2000—2030年)

年代 成员国	65岁及以上人口占总人口的比例(%)			
	2000	2010	2020	2030
德国	16.2	20.2	22.5	28.1
意大利	17.9	20.6	23.6	27.9
瑞士	15.8	19.1	23.3	27.5
日本	17.2	21.1	25.6	26.1
奥地利	15.6	18.3	20.8	25.7
西班牙	16.2	17.6	20.1	24.9
芬兰	14.4	16.2	21.3	24.1
法国	15.5	16.3	20.2	23.3
加拿大	12.3	13.8	18.2	23.1
瑞典	17.0	18.4	21.6	23.1
英国	15.9	17.0	19.7	23.0
丹麦	14.5	16.4	20.1	22.6
葡萄牙	14.3	15.0	16.9	20.9
澳大利亚	11.3	12.6	16.3	20.3

资料来源:OECD. Ageing in OECD Countries: A Critical Policy Challenge. Organisation for Economic Co-operation and Development, 1996。

---

① France Long-Term Care. http://www.oecd.org/dataoecd/11/62/47902097.pdf, 2016-08-23.

根据2010年OECD官方网站报告，OECD国家65岁及以上人口的平均比例为15%。从具体国家来看，在所有OECD国家中只有墨西哥较为例外，其2010年数据显示超过65岁人口比例约为6.2%。其他34个国家的老年人口比例都在靠近或超过20%的限度，最低的是爱尔兰和澳大利亚的11.4%和12.6%，最高的则是意大利的20.6%。[①] 而意大利也是OECD国家中最古老的国家之一，到2050年其国内近1/7的人口都将达到80岁及以上，属于届时国家人口老龄化比例的第四位（前三位为日本、德国与韩国），也成为名副其实的"老人国"。

在老龄化基础上，OECD国家的高龄化相伴产生。1950年全球只有不及1%的高龄老人，至2050年这一比例则预计增至4%，其中数量上升最多的是OECD国家。根据OECD人口与劳动力市场数据库，在2010年，OECD国家80岁及以上人口的平均比例是4%，到了2050年几乎接近10%，达到9.4%。除了高龄人口比例最大的日本、德国、韩国与意大利外，还有一些OECD国家趋于相对较低的状态，比如爱尔兰、澳大利亚、瑞典、挪威和卢森堡，这些国家在2010年到2050年间其高龄人口增加的比例不到5%。[②]

从世界范围来看，部分亚非国家即将进入老龄化状态，全球人口在2040—2050年前后出现老龄规模的波峰（见表2-2）。与其他地区对比，可以清晰发现OECD国家在全世界老龄化发展中的所处位置。

[①] OECD. Ageing in OECD Countries: A Critical Policy Challenge. Organisation for Economic Co-operation and Development, 2010.
[②] OECD. Sizing up the Challenge Ahead: Future Demographic Trends and Long-Term Care Costs. In OECD. *Help Wanted? Providing and Paying for Long-Term Care*. OECD Publishing, 2011:62.

表 2-2　不同发展程度地区的人口老龄化程度对比

	1999 年		2050 年	
	60 岁及以上	80 岁及以上	60 岁及以上	80 岁及以上
世界总比例(%)	10	11	22	19
高度发展地区[a](%)	19	16	33	27
中度发展地区[b](%)	8	9	21	17
低度发展地区[c](%)	5	7	12	10

a:欧洲和北美地区、澳大利亚、新西兰和日本
b:亚洲(除了日本)和非洲地区、拉丁美洲和加勒比地区以及其他三个地区
c:包括 47 个国家,其中 33 个在非洲、9 个在亚洲、5 个在大洋洲
资料来源:Anthea Tinker. The Social Implications of an Ageing Population. *Mechanisms of Ageing and Development*,2002,123(7):729-735。

从比较可以看出,人口老龄化一定程度上同经济发展程度,也即人均国民生产总值存在一定联系。OECD 国家作为全球突出的金融联合体,高度发达的经济成分催生着人口的老龄化趋势,也因高度的老龄化社会发展,愈发制约社会经济的生产和政府财政的分配,成为今后直至老龄化高峰到来时最紧迫的论题。

另一个值得关注的论题是,OECD 国家中老年群体的中度和重度残疾的趋向。尽管在医学护理和保健设施的建设推动下现代国家中残疾患病率较 20 世纪有所下降,但老龄化和人均寿命的延长还是导致在老年时期陷入严重残疾状态人群数量的增加。尽管现代社会对健康风险因素的控制(如控烟或膳食营养改善)有助于减少老年人出现一些功能障碍,却又因肥胖症、心脑血管疾病、糖尿病等现代特有的高发病症使效果驱向相反方面。因此,老龄化危机所带来的不仅仅是对一国的财政挑战,更是对老年人和残疾者赋予长期护理责任的挑战。

2.1.3 老龄化危机带来的长期护理需求

根据 OECD 国家官方网站的数据,从 1998 年到 2008 年的十年间,整个 OECD 国家 65 岁及以上人口的比重提高了近 12%,80 岁及以上人口则增长了近 32%。[①] 人口的老龄化、高龄化与老年人失能率不断攀升带来了对长期护理服务需求的压力,也是 OECD 各国推行长期护理制度的基本动因(见表 2-3)。

表 2-3 人口老龄化趋势、独居比例与失能状况(%)

	奥地利	英国	瑞典	丹麦
1996 年 65 岁及以上人口	15.9	15.7	15.8	15.3
1996 年独居老年人口	53.1(75 岁及以上)	15.7	15.8	29.2(55 岁及以上)
2020 年 65 岁及以上人口	20.8	21.4	19.2	22.2
65 岁及以上人口中完全失能	21.0	15.0	—	—
70 岁及以上人口中完全失能	—	—	10.0	—

资料来源:Jozef Pacolet, Bouten Ria, Lanoye Hilde, Versieck Katia, *Social Protection for Dependency in Old Age*:*A Study of the Fifteen EU Member States and Norway*. Ashgate,2000:37-41.

老年病理性日常活动障碍是一种长期持续的状态,给老年人及其家庭造成生理、心理和情绪上的紧张与负担,并可能随着年龄的增长引致全社会老人病情的加重和护理程度的加大,使护理任务更显压力。在这种上升压力的作用下,长期护理不再是个人依靠自身或家庭或商业化手段完成的一个生活目标,而是国家基于政府功能为

---

① OECD. Long-Term Care:Growing Sector, Multifaceted Systems. In OECD. *Help Wanted? Providing and Paying for Long-Term Care*. OECD Publishing,2011:40.

平缓老龄化危机,实现老年群体公民权利目标的手段之一。马歇尔(T. H. Marshall)在其《公民身份与社会阶级》的演讲中提出了社会权,指的是公民享有经济保障、共同享受社会发展成果、维持社会认可的文明生活方式的权利;而托马斯·雅诺斯基(Thomas Janoski)提出的社会权利四个维度中指明了能力权利,即公民享有的医疗保障与家庭服务权利,保证公民从事基本社会活动。相对于商品化,非商品化是满足公民最基本和最低限度需求的社会福利,是社会权利得以实现的最重要的载体,也是社会权利得以正常运行的重要手段和工具。非商品化的程度越高,福利的水平也就越高。提供津贴就是国家为实现公民权利的基础责任而展现的制度理念。它给予符合资格的老年群体以无关地位身份的福利满足,以使进入老龄化社会历时已久和老龄人口比例领先于全球的OECD国家公平解决社会权利问题。尽管老年人并非长期护理唯一的目标群体,但长期护理需求依然是和年龄呈现高度相关。因此,接受长期护理服务的包括丧失或半丧失日常活动能力的老年人,尤其是高龄老年人,催动着国家通过津贴制度来实现老年人长期护理需求的满足。

　　OECD国家在解决长期护理问题上是与其社会伦理和道德规范,以及国家与政府的具体政策相关联的,但在老龄化程度的影响及各国不同的社会文化背景下,具体到保险和津贴制度的选择上存在分歧。对于一些人而言,应该让家庭相关人员负责无偿的护理提供,他们认为长期护理归属私人领域,因而美国和法国将护理责任放在市场上,同时美国和法国都处于惊人的老龄化程度,至2050年法国每3人中就将有1个老年人,美国的老龄人口占总人口比例则达到21.2%,[①]所以推行商业护理保险。另一些人则认为,应该是政府和社会对老年人负责,将长期护理归属社会集体领域,但在融资和政府

---

① 戴卫东:《国外长期护理保险制度:分析、评价及启示》,载《人口与发展》2011年第5期。

角色上依旧存在差异。德国、日本和韩国作为人口老龄化最严重的国家,则推行社会化护理保险并和保险对象共同筹集基金,从而维持居高不下的财政支出。另外,有 20 多个 OECD 国家选择了津贴制度,以现金给付来保障老年人的健康权和服务选择的自由权。

2.2 长期护理成本危机

2.2.1 对私人性护理成本的估算

从本质上说,长期护理成本指的是提供护理服务活动中产生的活动劳动与物化劳动所消耗的货币价值。所谓护理服务,包括为服务对象提供的预防、治疗、监护、基本护理维护等技术性服务,而活动劳动分为脑力性劳动与体力性劳动两种,物化劳动则是消耗物质资料。[1] 对于护理成本,存在直接性成本与间接性成本两个部分,前者是在提供专门性的护理服务过程中产生的价格,比如护理用具价格、护理工作者的薪酬和院舍护理中的运送及居住费用等;间接性成本是那些不能直接归进某种护理项目内而通过共担发生的费用,比如管理性费用、辅助性费用等。

除去在院舍或专门医院内发生的护理服务活动外,私人性的护理活动更多停留在家庭领域内,由家庭成员、社会工作者、医师、理疗或治疗师等,对具有功能性障碍以及患有慢性病的服务对象提供护理治疗、社会照顾与日常生活支持等活动。[2] 其成本则在直接性与间接性成本外,还包括家庭成员提供护理照顾时损耗的人力、失去的劳动机会成本以及其他无形的成本。这种成本比起直接成本项目的直

---

[1] 肖友平、任小红:《护理成本核算及护理收费概况》,载《护理学杂志》2007 年第 6 期。
[2] 季晓鹏、王志红:《家庭护理成本核算的方法及其意义》,载《中华护理杂志》2007 年第 8 期。

观与明确,更具有隐蔽和长期性。对私人性成本进行估算,就需要考虑到家庭、社会和院舍三个层面,通过界定一段护理时期,对这段时期内在家庭中、院舍内或社会中产生的成本进行汇总和划分,衡量家庭领域内使用护理服务所支付的价格及家庭因此造成的间接性损耗的经济价值,还包括对护理服务使用情况的评价。

斯文·海因里希(Sven Heinrich)等人曾对高龄老人的护理服务利用率和健康护理成本开展了统计数据的调查研究(见表2-4)。

表2-4 长期护理服务利用和成本

分类	使用服务的被调查者数量(%)			每名被调查者平均每年成本(欧元)			
	总人数 452	女性 288	男性 164	总人数 452	绝对值(%)	女性 288	男性 164
住院治疗	78 (17.3)	45 (15.6)	33 (20.1)	1260 (3645)	34	1233 (3751)	1309 (3462)
药品	443 (98.0)	287 (99.7)	156 (95.1)	1075 (1969)	29	1072 (1924)	1081 (2051)
门诊医疗服务	443 (98.0)	285 (99.0)	158 (96.3)	546 (1937)	15	443 (443)	727 (3136)
护理照顾	103 (22.8)	77 (26.7)	26 (15.9)	361 (1380)	10	461 (1647)	186 (668)
生活辅助	20 (4.4)	17 (5.9)	3 (1.8)	34 (177)	1	48 (211)	10 (86)
医疗和假牙	71 (15.7)	54 (18.8)	17 (10.4)	217 (934)	6	221 (872)	208 (1037)
非医师门诊	131 (29.0)	94 (32.6)	37 (22.6)	170 (380)	5	206 (433)	106 (253)
运送	243 (53.8)	155 (53.8)	88 (53.7)	67 (196)	2	60 (160)	77 (246)
任意服务	449 (99.3)	288 (100)	161 (98.2)	3730 (5719)	100	3744 (5223)	3704 (6517)

资料来源:Sven Heinrich, et al. Service Utilization and Health-Care Costs in the Advanced Elderly. *Value in Health*, 2008, 11(4): 611-620.

从表2-4可以看出,在高龄老年人群体中,女性每年接受任意一种医疗护理项目的比例已经达到100%,基本已成为高龄老年女性每人每年必需的服务,风险发生率极其高。而在费用上可以看出,比较多的护理项目每年的费用已高出1000欧元,晚年护理成本之昂贵显而易见。

通常的护理成本核算是基于政府、社会或机构等监管项目的实施效果和运营状况。而对于使用者本身,估算其老年时期可能发生的护理成本时也同样具有相似的路径。(1)从护理服务提供方而言,普通意义上包括公开性的机构提供(如进入医院、疗养院、护理中心等)、私人性的服务提供(如市场护理服务购买)以及家庭性的赡养提供(如非正式护理),前两种所支付的费用成本在一定程度上较为明晰,大部分会有已使用的各项服务价格标示;后一种所消耗的费用成本有隐形成分,家庭内部成员或亲属付出的劳动与机会无法用明确的价格条目标示,因而在成本估算上误差较大。(2)从护理服务内容而言,大致拥有居家服务与贴身性服务等家庭护理,住宅改造与居住环境支援等安全服务,以及以特殊养护、保健康复、专业疗养、心理维护等为内容的机构护理等,各个领域都需遵从护理对象的功能障碍等级与资源消耗程度来合理核定成本费用。(3)从护理提供时间来看,一般分为短期、中期和长期。短期和中期护理在时间上发生和结束的间歇更为短暂,支付的护理成本较低,护理效果在短期内能够以身体状况和支出费用体现出来,也相对不会形成对老年群体日常生活严重性的破坏。长期护理则是本书研究的对象,因其护理阶段长、对日常生活影响大、护理成本高昂、护理效果也很难在短时间内体现,在需要护理和援助的老年人群体中成为愈发严重的社会问题,也更需要进行详细的护理成本估算。

2.2.2 长期护理成本中的暗流涌动

由于时间的连续性,长期护理的费用成本基础建立在很高的水平上,现实生活中有些家庭因有老年或残疾成员陷入长期性日常活动障碍,并在接受护理与疗养的过程中或购买私人服务,或购买商业护理保险,或消耗家庭内部资源,严重影响到家庭成员正常的生活水平。单纯依靠家庭承担费用支出通常无以为继或可能造成对家庭成员经济生活的很大制衡。另外,欧洲各国以公共财政负担的护理成本开支也都指向居高不下的预期核算。根据欧盟在2009年的预测,OECD在欧洲范围内的成员国的公共长期护理成本至2050年将至少翻一倍。诸多因素左右着长期护理成本的未来发展趋势,这些因素也随着时间的推移而具有不确定性。

首先,随着未来预期寿命的延长,残疾率发生比例逐年增长,2007年长期护理支出成本占OECD国家GDP的1.2%,2050年翻了一倍变为2.4%,在有些非OECD国家还会增至2.9%。但是,部分国家有着更直接的高昂成本预期,部分国家在不同时间段的增长度也存在变化。比如,日本从2006年到2025年,其国内公共长期护理的费用平均每年增长率为4.4%,从2025年至2050年,增长率降为2.6%。美国在2025年之前,支出成本以3.4%的比例增长,到了2050年还会升为3.9%。相比较而言,OECD成员国中的欧洲国家保持着一种相对平稳的增长姿态,每年基本低于3.5%。[1] 依此可推断,在日本和美国对长期护理采取社会共担的保险模式,与占GDP比例更高的护理成本有着紧密关联;OECD在欧洲地区的部分成员国能够维持长期护理的津贴模式,也与其相对占GDP较稳定的护理成本不无关系。

其次,对长期护理愈发高涨的需求和家庭护理资源的不确定可能对正式长期护理部门的工作者薪酬成本造成影响。当能够提供无

---

[1] OECD. Sizing up the Challenge Ahead: Future Demographic Trends and Long-Term Care Costs. In OECD. *Help Wanted? Providing and Paying for Long-Term Care*. OECD Publishing, 2011:75.

偿护理服务的家庭成员资源不可用时,个人转向对正式长期护理部门服务的需求上升,从而引起长期护理领域劳动力雇佣份额的显著增加,对正式护理工作者的培训和组织以及投入工作活动耗费的管理成本上升。但是,生产效率的改进也在补偿着未来增长的长期护理成本,因为长期护理是一种劳动密集型产业,一方面,保证了正式长期护理部门吸纳与保留劳动力的能力;另一方面,正式护理工作者提供长期护理的实际成本往往低于国民生产总值的人均值,一旦引入新的变化,比如新制度的实施或先进技术的引进,则会使付出相同的成本能提供更多的护理服务。两者的作用强度也就会引起长期护理成本的增减起伏。

最后,家庭护理资源可及性的降低必然会抬高家庭内的长期护理成本。家庭护理资源在未来的降低可能是由于老年丧偶、妇女的市场参与和子女工作的流动性等所致。当非正式护理转向正式护理,家庭成员就要考虑丧失的机会成本与购买正式护理服务成本之间的平衡。家庭非正式护理员通常由老年人配偶、直系与非直系亲属构成,老年人配偶已很难通过再次进入劳动力市场获得的酬劳对家庭护理成本进行补偿,非直系亲属在血缘关系上的次级关系也使其通过自身财产给予资助具备不确定性,直系亲属则在补偿服务购买成本的过程中对自身正常经济生活带来影响。这些都可能使购买护理服务或入住正式护理机构所消耗的成本远远超出预期,在这种情况下,未来十年内仅依靠家庭护理资源或无长期护理服务者的数量将平均每年下降1%。OECD 成员国的欧洲国家预测公共长期护理成本将增加5%到20%,非欧洲国家成员国预测增加比例更高,达到10%到35%。[①] 对比健康的老龄化和技术革新所能够缩减的长期

---

① OECD. Sizing up the Challenge Ahead: Future Demographic Trends and Long-Term Care Costs. In OECD. *Help Wanted? Providing and Paying for Long-Term Care*. OECD Publishing,2011:78.

护理成本,这一成本产生的影响是更为明显也更为强烈的。当然,在不同国家其影响幅度存在差异。

总而言之,无论是私人支付还是公共财政负担,长期护理成本在各方因素制衡下存在着地区间与个人间的波动,但基本以上升为总体趋势。对于正式长期护理提供方而言,准确掌握长期护理成本的核算与管理有利于护理服务长期有效的运营和模式改善,进而有益于寻找到降低成本的科学途径,提升护理提供方的经济与社会效益;对于非正式长期护理提供方而言,控制护理成本也是缓解自身家庭责任的一种方式,更能够在丧失的劳动机会和得到的劳动补偿中维持平衡;对于接受长期护理服务的依赖人群而言,长期护理成本的估算与合理使用同自身的经济生活、康复状况、护理效果息息相关,更需谨慎对待。为了弱化护理成本中的危机成分,政府需要根据本国各地区实情,致力于建立多方合理化分担护理成本的路径,以降低成本风险危机。

2.2.3 寻求合理的成本分担

政府分担成本是对资金的分配及分配的额度进行决策,科学的决策会对需求方和提供方都发挥强烈的激励使用,也间接对长期护理服务的质量、体系和覆盖产生影响。提供方承担一定的成本是对市场秩序建立的考量和出于对竞争环境中优先被选择权的斟酌;需求者分担成本是等价交换原则的体现,也促使需求者合理选择付费额度和服务内容。尽管对于大多数OECD国家而言,它们更愿意将主要视线放在长期护理成本的公共成本开支上进行控制性研究,这一方面是人口老龄化影响下国家财政支付能力承受巨大压力所致,另一方面也受国际数据库通用性的限制。但公共与私人之间护理成本的分担比例更直接地影响着个人对长期护理服务的支付份额与分担能力。

如果按照长期护理成本呈上升趋势考虑,公共财政分担的护理成本份额在一定时期内保持不变,那么私人承担的护理成本就会随着成本预期逐渐升高,到 2050 年至少要增加两倍甚至三倍。当然,在私人长期护理成本对总体成本分担产生显著影响时,政府也会采取相应政策改变公私成本的平衡比例来保持社会稳定,比如强化共同支付的公平性,或注重财政性的津贴支付或适当偏向个人自付部分。在 OECD 国家的长期护理政策中,个人支付的长期护理成本与国家层面的公共性成本相比相对较低,反而使这一部分的护理成本在增减的程度上更为明显,对个人生活的影响程度也更大。当个别社会成员遭遇意外而必须支付巨大的长期护理成本时,依靠个人或家庭无以维持,个人及其家庭陷入致命性的风险中,这时就必须发挥国家的公共财政作用。

当长期护理使用者产生高昂的服务成本时,公共财政即护理津贴在很大程度上应该处置这种成本对个人生活带来的风险。部分 OECD 国家相继改善了其实行的成本分担模式,如日韩法等国在原有模式基础上增加了公共财政的覆盖。另外,那些自身有足够能力支付全部或部分护理成本的用户也被国家全民普遍共享的福利计划囊括进来。所以,瑞典等国为了维持社会福利体系的发展下调了长期护理成本公共筹资的比例,或者提高了津贴使用对象的准入标准。

另外,长期护理所提供服务的数量与需求对象具备的日常生活能力程度之间紧密结合。用不同的失能等级来分析有依赖者所需的差异性护理时间,解释力为 82%;分析有依赖者花费的护理成本,解释力达到 80%。因此,依据失能的等级分类来划分和管理长期护理服务的提供和成本分担是合理有效的。[1] 失能等级越高的目标群体,

---

[1] Nicole Dubuc, Réjean Hébert, Johanne Desrosiers, Martin Buteau, Lise Trottier. Disability-based Classification System for Older People in Integrated Long-Term Care Services: The Iso-SMAF Profile. *Archives of Gerontology and Geriatrics*, 2006, 42(2): 191-206.

覆盖项目越多,针对其提供的长期护理津贴数目越大,从而使其不至于因严重的失能状态而陷入生活的窘境甚至丧失生存的机会。

综上所述,长期护理津贴制度的产生与私人长期护理成本的高涨紧密相关,一方面,人口老化、余命健康度、资源可及性和随年龄增长越发强烈的护理趋势等因素相互作用,造就了高昂的私人护理成本和生存风险;另一方面,在其他条件保持不变的情况下,长期护理成本显著上升还将带动对护理工作者更高的要求,对OECD国家人力资源和工作环境提出挑战。津贴模式的无偿性和援助性为政府宏观干预和构建稳定的老年社会开辟了一个新的路径。

2.3 家庭结构变化下的非正式护理

2.3.1 OECD国家家庭结构的变迁

OECD成员国中的欧洲国家在中世纪晚期,各类政治化的与经济化的组织开始出现,并对其家庭结构产生深远的影响。当这些组织在社会保障方面的作用替代了血缘群体内部提供的安全性时,核心家庭的功能缺失就能通过外界的助力得到填补。具体而言,中世纪时期最突出的组织形式是以教会为代表,教会在很大程度上限制了多重配偶、收养、离婚与血亲间结婚等行为,在这些教义的影响下,家庭规模相应得到了控制,核心家庭的形式几乎占据了主流的地位。随着教会的权威在历史进程中被逐渐削弱,个人自由化的思想促成社会中一些自治性组织的成立,这些组织的活动规范是保障其成员的生存需要和生活利益,甚至为一定地区范围内的残疾者和失业群体负责。这些组织所能提供的社会安全网功能使人们比起依靠强烈血缘关系结合的群体形成的束缚与支配,能够更自由地掌控自身行为和获得安全保障。同时,核心家庭结构也推动人们推迟结婚年龄和倾向于低的生育率,以此来提升人均资本,使资源配置效率更高。当自治性组织在整个欧洲范围内盛行起来时,欧洲国家经济上的优势也开始凸显。在一般意义上,长期以来欧洲拥有的组织化成分推进了其文化与社会中正向制度的育成,而组织上的成功又渐渐弱化了血缘群体的规模,[①]可见,OECD国家逐渐以核心家庭支配家庭结构的形式历史悠久。

城市化和妇女权利的变化也促成家庭结构的改变。经济腾飞的突出结果之一就是城市化,而城市化也逐渐颠覆着旧式传统的家庭功能与结构。一般情况下,城市化发展程度越高,其国内人口出生率越低。城市中更为系统与便利的学校、医院、银行、福利机构和各式公共设施,促使在城市生活的人群尤其是年轻人的生育观念发生改变。妇女在教育水平和教育时间提升的作用下,结婚年龄逐渐推迟,同时也从传统观念束缚中得以缓解,这样一来,妇女生育意愿相比过去有较大幅度的下降。北欧地区国家可作为家庭结构与社会变化的典型观察对象,从1970年至2002年,该地区内平均的结婚年龄延迟了7年,从23岁变为30.1岁。同时,离婚率近50%,非结婚生育的子女比例达到56%。[②] 年轻人更倾向于选择离开父母而自己生活,妇女为了进入劳动力市场就选择不生育或少生育。从数据上看,在1973年至2003年间,实行长期护理津贴制的OECD国家的妇女参与工作的数量的确在逐年增加并占据越来越大的比例(见表2-5)。

---

① 〔美〕阿夫纳·格雷夫:《家庭结构、制度和增长:西方自治组织的起源和含义》,杨依山译,载《制度经济学研究》2012年第2期。

② Nicole Prud'homme.世界家庭结构变化及家庭政策调整. http://www.chinajob.gov.cn/TAQs/content/2004-09/22/content_458678.htm,访问时间:2013年8月30日。

表2-5　1973—2003年OECD国家妇女进入劳动力市场的比例变化(%)

	1973	1979	1983	1993	1999	2003
瑞典	62.6	72.8	76.6	75.8	76.0	76.9
英国	53.2	58.0	57.2	65.3	68.4	69.2
新西兰	39.2	45.0	45.7	63.2	67.4	69.3
意大利	33.7	38.7	40.3	43.3	45.5	48.3

资料来源：OECD. Employment Outlook Paris. Organisation for Economic Co-operation and Development，2003.

在西欧国家,如英国、法国、奥地利、比利时、爱尔兰等国紧跟北欧,全部家庭人口因素发生变动,包括生育率下降、结婚人数减少、离婚人口增加、非婚生子数量上升等,也存在愈发普遍的单亲家庭。比如,在英国国内单身母亲很多年龄较小。法国大城市的"光杆家庭"数量越来越多,1999年巴黎的"光杆家庭"占巴黎所有家庭数的1/2、巴黎总人口的1/4。同年,全法国这样的家庭有740万户,占家庭总数的31%、总人口的1/8,在所有的家庭类型中增长的速度最快。[①]在南欧地区国家,如西班牙、意大利、葡萄牙、希腊,其国内有大量的妇女曾向北欧移民并参与家庭护理工作,而返回国内后也带回了北欧地区的新观念和知识体系。西班牙在1975年至2003年间,出生率从2.8%降为1.2%。[②]东欧地区国家的匈牙利、爱沙尼亚等也存在很低的生育率,家庭规模很小。

近些年来,欧洲的家庭结构日益变得多样化,在核心家庭的基础上出现了一定数量的同性伴侣或同性婚姻家庭,以及异性间组成的非婚姻家庭和非婚生子女。这些打破传统意义的家庭形式正在欧洲范围内逐渐得到承认、理解与接受。一部分人因为离婚程序烦琐并

---

① 王家宝：《法国人口与社会》，中国青年出版社2005年版，第46—47页。
② Nicole Prud'homme. 世界家庭结构变化及家庭政策调整, http://www.chinajob.gov.cn/TAQs/content/2004-09/22/content_458678.htm,访问时间：2013年8月30日。

损耗较多财力物力使得其对结婚决定也变得慎重和畏惧起来。还有部分老年人在晚年选择"延迟效应"下的离婚,因其于20世纪50年代前后出生,家庭观念较年轻人强,在年轻阶段为家庭子女选择忍耐婚姻矛盾,当子女独立后便不再选择维持婚姻关系,使得晚年时期的离婚率上升。[1]法国在1999年就通过法律手段对事实婚姻赋予了一定权利,欧洲范围内非婚生子女与非婚姻家庭的歧视环境正日益被改善和消除,同性婚姻也逐渐得到一些国家的法律认可。

欧洲的家庭结构变迁——家庭规模缩小、居住模式发生变化、无子女人群和非婚人群增多、高离婚率、妇女参与正式劳动力市场意愿高、独居老年人比例上升,这些都潜在地对可使用的家庭资源产生影响。例如,20世纪50年代,法国男、女劳动参与率持续下滑,结果男子劳动参与率最终为50%,但女子劳动参与率从60年代的28%上升到70年代的30%,到90年代则接近40%。1975—1990年,法国就业者增加了330万人,其中女性就占300万人,男性仅30万人。[2]当有家庭成员需要照护资源时,家庭照顾者可能很难及时获得,特别是工作适龄的子女难以分担出时间精力为其父母提供照顾。家庭结构变迁带来的非正式照护资源的缩减,成为OECD国家老年人长期护理领域亟待解决的重要命题。

2.3.2 非正式护理的现在与未来

根据OECD官方网站预测,2050年老年群体潜在的家庭成员照顾者的储备将大量缩小。当OECD平均每国人口中65岁至79岁的低龄老年人口预期增长从2010年的10%变为2050年的15%时,劳动适龄人口的缩减比例却达到9%,即从67%降为58%(当然,各成

---

[1] 田德文:《英国福利制度冲击家庭结构 老年人离婚率上升》,http://chinanews.com/gj/2011/12-07/3515488.shtml,访问时间:2013年8月30日。
[2] 周以光:《战后法国第三产业的发展和妇女就业》,载《世界历史》1999年第1期。

员国的缩减程度有所区别,如墨西哥、瑞典、澳大利亚等的比例要低于6%,斯洛伐克、斯洛文尼亚和波兰等国甚至超过了15%)。低龄老年人口增长幅度不足以抵消预期减少的劳动适龄人口,超过80岁的高龄老年人口又将从4%增长至12%,[1]因此,对于有照护依赖者而言,将变得愈发难以得到家庭内非正式护理资源人性化的支持和劳动人口本身赋有的社会贡献责任。正如英国一项预测显示,其国内受到人口与婚姻状况的影响,到2041年要求护理工作者的数量必须增长27.5%,在保持照顾者资源总规模相对不变的情况下,非正式护理工作者至少需要在原基础上翻倍地扩大数量。[2]当潜在的非正式护理者增长速度无法赶上需供养和需护理的老年人数量时,非正式护理领域就面临缺乏人力资源的危机。

一部分学者保持乐观的预期,如可用的配偶资源可以适当地补偿家庭照顾者资源的缩减。特别是男性老年群体,在女性平均寿命高于男性的情况下,更可能是家庭中老年女性为先行进入需护理状态的男性配偶提供照顾,因而长期与配偶共同生活的老年人增加了家庭支持的使用途径。另外,到2030年,总体老年人口中丧失子女的老年比例依然是较少的,同时家庭规模缩小的程度甚至不及20世纪三四十年代丁克家庭或不婚妇女的家庭规模。所以也有调查显示,拥有家庭支持的依赖者数量增长依然快于无家庭照顾的需供养者,因而可以达到一定比例的平衡与稳定。但是,从20世纪50年代开始出现了低结婚率和高离婚率并伴有少子女的现象,这也就无法完全确保未来缩减的非正式护理资源能够获得充足的补充。女性老年人口遇到健康问题时,她们的男性配偶很可能不会亲自参与家庭

---

[1] OECD. Sizing up the Challenge Ahead: Future Demographic Trends and Long-Term Care Costs. In OECD. *Help Wanted? Providing and Paying for Long-Term Care*. OECD Publishing,2011:65.
[2] Ibid.

内的护理工作,而更倾向于向正式长期护理系统寻求服务提供。[①] 另外,当老年夫妻双方都陷入日常生活障碍,都需要护理照顾时,上述可寻觅的配偶资源便处于无效化。

因此,非正式护理者资源是长期护理领域异常重要的一部分,却也是愈来愈稀缺的。劳动力的供需平衡不仅在数量上存在缺陷,也包括了分配失衡,因为很多护理需求者渴望能够在家中接受非正式护理照顾,但更多的人力资源被集中在正式的机构领域(这也是正式护理机构内的工作者能够得到更为规范的工作薪酬与真正参与劳动力市场所产生的不可避免的趋势)。一个全职的工作者在非正式护理领域,可能比提供相同服务水平的机构正式护理工作者,面临分摊到更多被照顾对象的局面。比如在澳大利亚,一个家庭护理工作者可能只拥有两名被服务对象,挪威就可能面对五位有依赖者,其他国家则存在严重不平衡,如瑞士的比例是1∶19.6,斯洛伐克更是达到了1∶33.1。[②] 家庭护理员的工作负担严重大于机构正式工作者,高强度的劳动消耗和不规律的作息对其身体健康有很大的负面影响,也引致很多心理压力和特殊心理问题,因而对家庭护理领域中非正式护理员的工作与生存环境构成显著的威胁。

首先,非正式护理员的日常工作时间和提供护理时间协调困难,护理供给尤其是高强度的护理工作意味着其正式雇佣机会与时间的减少。除非他们正式地缩减日常工作时间,否则很可能使其在工作过程中无法保证有良好的精神和注意力,或经常迟到、早退或旷工。比如在日本,每六个家庭护理员中就有五人随时都需要协调家庭护理与自身工作之间的时间安排。这种不稳定的工作环境无形中会造

[①] OECD. Sizing up the Challenge Ahead: Future Demographic Trends and Long-Term Care Costs. In OECD. *Help Wanted? Providing and Paying for Long-Term Care*. OECD Publishing, 2011: 66.

[②] OECD. Long-Term Care Workers: Needed but Often Undervalued. In OECD. *Help Wanted? Providing and Paying for Long-Term Care*. OECD Publishing, 2011: 160.

成很大的心理压力。其次,大多数非正式护理员的工作技能低下,未接受过正规的护理教育与培训,在提供护理过程中可能面对有依赖家庭成员突发性或特殊的需要而不知所措。在信息沟通和需求品购置上也无法与正式机构抗衡,若经常需要处理此类难题则会严重影响非正式护理员的精神与体力。最后,突出的健康问题。健康是非正式护理员能够持续有效地在家庭中提供服务的重要因素。健康与护理提供环境息息相关,但很多不健全的家庭护理环境无法保证护理员身心健康发展,高强度的护理任务又使得护理员难以维持心理健康。

综上,OECD国家已经认识到非正式护理领域产生的众多压力与限制因素,因而实施了各种支持性政策。最关键的是科学认识非正式护理工作者所具备的角色功能和他们的价值,如果通过补偿措施或替代性干预能使他们感知到自己的劳动价值被合理界定并获得相应酬劳,降低身心健康的负面影响,非正式护理领域就能够继续作为长期护理部门不可或缺的一部分得以运行。长期护理津贴的给付,也便成为最直接也是最有效的人文关怀和经济补偿。

2.3.3 非正式护理的劳动价值

英国在1998年推出了有关辅助人们实现独立生活的社会服务的一系列现代化政策,认为如果存在任何可能人们都会希望留在家中生活,非正式护理员应成为提供照护服务的第一线人员。但同时也认识到,他们的重大贡献与劳动价值未能得到充分的尊重。非正式护理员不仅为家庭成员提供了基于亲密关系的服务,更是在国家层面为社会护理与健康服务节省了大量财力,与非正式护理提供相伴而生的身心压力需要得到合理的评价和制定补偿措施。

非正式护理员产生的心理压力(考察其抑郁状况)很大程度上与其个体的生理健康相关联,而并非是依据大样本的人口特征。因此,比起针对人口特征的政策调整,更需要对家计审查下每个层次的非正式护理员个人提供相对应的经济价值补偿。同时,尽管有大量的事实证据对困扰非正式护理员身心状态的情境和未能及时满足的权利作出解释,但还没有对在姑息治疗领域的非正式护理员经受的特殊身心感受进行充分的评价进而作出干预性措施,在这一层面更需要给予其科学的关怀。此外,非正式护理员丧失的可能不仅是工作机会和工资,还有相应的工作福利,比如在参加正式工作时获得的医疗保险或其他企业福利。因为他们其中很多以兼职形式参与正规工作,在被给予这些福利时设置了较多限制门槛。甚至接受着低工资的非正式护理员与其他不需要提供护理的同行人相比,更多也是在比较他们所得之间的差距,这可能带来一种"统计性歧视"。20世纪90年代早期,非正式护理员所面临的这种劣势的确变得愈发明显。[①]要控制这些人在生活健康中受到的影响和丧失了的福利机会,既不可能在追求效率的市场环境中寻找弥补途径,也无法作为社会中的个人责任而弃之不顾,科学计算其劳动价值并用财政力量公平地支持才是部分OECD国家建立起长期护理津贴体系的重要考量。

长期护理津贴能够作为制度性规定,承认非正式护理员在提供护理照顾时涉及的成本额,这在衡量非正式护理员的劳动价值上具有很深刻的意义:一方面,护理津贴补偿了他们丢失的正式工作时间与额外支出;另一方面,作为一项国家政策在社会层面对这些人的劳动给予肯定和鼓励,从社会角度对非正式护理工作加以巩固。有很多OECD国家都将财政支持的长期护理津贴作为补偿措施,或是直接对非正式护理员进行给付,或是提供给护理接受者本人,有超过一半的国家选择了后者,而接近一半的国家则选择直接支付给非正式

[①] Axel Heitmueller, Kirsty Inglis. The Earnings of Informal Carers: Wage Differentials and Opportunity Costs. *Journal of Health Economics*, 2007, 26(4): 821-841.

家庭照护者。①

当然,非正式护理员不同于正式机构护工,二者在技术上存在非系统非规范的效果层次区别。对于低技能的护理员而言,大多缺乏一种标准化的资格;在教育上大部分并不持有护理执照或相关资格认定,多凭经验和常年生活在一起的情感经验进行判断;在时间上更多选择优先自身工作与生活的分配而使护理提供显得较为随意和不固定,这决定了对非正式护理员劳动价值的衡量和津贴给付只能界定于补偿与援助性质而非薪酬管理。政府在制定政策时也面临一种权衡,一方面,非正式护理员的劳动力价格较便宜,对依赖人群来说比购买正式护理服务会有更多好处;另一方面,政府也需要明确地发挥其功能,促进长远稳定的劳动力市场参与率,再加上长期护理津贴的资金来源完全依靠政府财政划拨,这就决定了护理津贴的数量必然无法与市场参与的劳动价值所得相匹配。

正因为是一种依据国情科学匹配劳动价值的活动,对非正式护理员的直接支付在不同 OECD 国家也存在不同的补偿标准和资格条件,如加拿大采取的方式为省级津贴,斯洛伐克使用定额津贴途径。但通常,与提供非正式护理相关的机会成本是从整体上基于对护理人员潜在的参加有酬工作的减弱程度来估计的(并不考虑他们可以开展多长时间的正式工作,或是否具备承担这种支付性工作的素质条件),这涉及机会成本的量化。对护理服务接受者本人的津贴支付也是有国别差异,但基本是依据护理接受者所处的护理等级或家计审查结果。

---

① OECD. Policies to Support Family Carers. In OECD. *Help Wanted? Providing and Paying for Long-Term Care*. OECD Publishing,2011:132.

2.4 经济基础和社会条件

2.4.1 OECD国家的经济基础

从性质上看,OECD是由西方发达国家联合而成的国际组织,被称为"富国俱乐部"。虽然成员国老龄化历史悠久并皆为老年型国家,其国内的经济与社会发展却并没有受到人口老龄化的严重影响而止步不前。20世纪60年代,OECD对成员国的经济目标设定为50%的增长,实际已超出了此速度。1979年,OECD国家的人均国民总收入达到9440美元,到1989年增长至19090美元,1998年则达到了25510美元,并始终保持着高收入国家的头衔。① OECD成员国坚实的经济基础是支撑成员国发展各项社会政策和社会福利措施的强有力保证。

从目前整体局势来看,OECD的很多欧元区国家经历了很长时间的缓慢增长与多次金融危机的"余震",如20世纪90年代初期OECD对成员国的经常性收支状况统计显示为总体性的赤字,GDP增长幅度在1993年是-0.2%,至1994年变为-0.1%。② 再如,世界银行在其发布的报告《全球经济展望(2009)》③里预测发达国家的经济形势可能变为负增长,增长幅度降为-0.1%,其中属欧元区的形势最不乐观,增长幅度是-0.6%。但在2011年,OECD国家人均GDP增速稍稍乐观地达到1.7%,2012年则恢复至2%,经济逐渐复

---

① 施峰:《人口老龄化及其国际视野》,载《经济研究参考》2005年第43期。
② 晓侠:《经济协力开发机构(OECD)经济预测》,载《现代日本经济》1993年第8期。
③ 世界银行:《全球经济展望(2009)》,王辉等译,中国财政经济出版社2009年版。

苏。根据OECD国家在2011年的经济报告[①],有很多成员国国内反映贫富差距的基尼系数已达到0.316,以平均收入而言,10%的富人所得高于10%穷人的9倍,差距程度是30多年来最高(但存在国别差异,贫富差距程度最大的有以色列、美国、墨西哥等,而比利时、捷克、挪威、丹麦等则属于差距程度相对较小的国家)。

受经济发展形势影响,OECD国家的人均卫生费用也呈现相应变化,1970—1980年,人均GDP的增速为2.94%,人均卫生费用则达到5.99%;1980—1990年,人均GDP的增速是2.21%,人均卫生费用也降为2.96%;1990—2001年,人均GDP的增速为2.25%,人均卫生费用变为3.50%。而从总体来看,1970—2001年大部分OECD国家的人均卫生费用增长幅度都高于同时期的人均GDP。[②]因此也可看出,随着经济发展的变化,卫生费用的规模也相应变化,而OECD强大的经济实力,使其对卫生体系的财政投入也拥有较高的水平。

纵观世界,金融危机的影响是全球性的,发达国家陷入经济局面的混乱时,全球的经济都被涉及和制约。在发达国家市场震荡时,发展中国家长期引领的全球性经济增长也会被附上很大的不确定因素。OECD国家是发展程度普遍早已进入发达状态的经济联合体,其强大的市场经济基础和联合体内应对全球化经济挑战的共通能力,以及对全球产生的影响力,都证明OECD国家有足够的经济实力对卫生系统的建设提供财政支持。

---

① OECD Economic Outlook, Volume 2011, Issue 1. http://www.oecd-ilibrary.org/economics/oecd-economic-outlook-volume-2011-issue-1-preliminary-version_eco_outlook-v2011-1-en;jsessionid=q6sdpj52qqv0.x-oecd-live-01,2013-08-30。

② 周召梅、程晓明:《我国及OECD国家卫生费用增长与经济发展规律的探讨》,载《中国医院管理》2006年第9期。

2.4.2 OECD国家的社会发展

一个社会的发展条件需要通过其中经济情况、环境变化、教育水平、科技创新、人力资本、卫生健康等一系列变量来反映。OECD国家的经济基础如上节所述,2008年发生的重大欧债危机的原因之一是原有政策未能保护经济体系的平衡。因此,欧盟倡导进一步完善《稳定与增长公约》,未来将加大对超标国家的控制和惩罚机制的强化,也进一步加强财务危机管理机制建设。

人力资源是国家发展与综合实力的基石,人力资本即个人持有的关于经济活动的各类技能、知识、潜力和特质。由于人力资本是动态的、时间性的,各国对于人力资本的认知和培育也涉及对其的长期性投资与储备。OECD国家在人力资本培养上注重教育水平、实际技能和市场价值的成效,并长期致力于创建一套科学通用的评估人力资本的标准体系。但在长期护理领域,OECD各国普遍存在着对未来护理人力资源缺乏的问题。为了改善困境,一些成员国如加拿大、新西兰、英国等纷纷出台了各项人力资源培养计划,还有更多国家如英国通过增加培训投入、奥地利通过增加新的工作岗位、澳大利亚通过增加公共补贴等各类方式促进长期护理人力资源的储备。

判断一项政策的影响力即评价社会项目在政策的引导下对社会资源的分配产生了何种变化。OECD在2005年的一份报告中指出:"伴随逐渐增长的收入,再分配也将持续举步维艰,处于较好状况的选民不同意增税,同时税率高昂也阻碍着人们的投资行为;另外,就业人群因为要负担老年人群而背上沉重的负担,久而久之对公共开支增长的限制会越来越大。"[1]这意味着对高收入群体或健康人群的

---

[1] OECD. *Extending Opportunities: How Active Social Policy Can Benefit Us All*. OECD Publishing, 2005.

征税或缴费,转移向低收入者或日常生活障碍群体的再分配形式已陷入瓶颈。尽管对社会福利资源进行公平的再分配是科学有效的理论和各国长久以来普遍的实践,但其中隐含的改进空间也是客观存在的。虽然完全依靠财政救助的补足也会不可避免地对政府造成沉重负担,并无法长期持续地满足不断膨胀的公民需求,但从本质而言,人们更多被赋予平等的发展机会和在风险社会中具备正常的生存能力是政府责任和社会正义之要义。对于丧失机体活动能力的需护理人群来说,他们一方面属于再分配过程中的福利指向目标,另一方面又依靠平等机会激发出再生产能力,这就是建立长期护理津贴制度能产生的"消费效应"和"生产效应",也是长期护理津贴制度促进社会发展的潜在力量。

2.4.3 长期护理津贴制度的强心针和催化剂

在人口老龄化带来健康问题和家庭结构小型化带来家庭护理资源难利用问题的背景下,作为普遍的高收入OECD国家国民追求高质量的晚年生活使得对正式长期护理的需求日益上升。个人护理、专业理疗、医疗设备、社会工作提供等长期护理多元服务内容,通过进入家庭、停留在社区内或机构设置,由专业护工、医疗相关人员、非正式护理者等提供给需要者。

在OECD国家,与养老金体系或医疗卫生体系,以及家庭护理创造的价值估算相比,正式长期护理部门占GDP的份额还是相对较小的,但又是一个正在进化的部门。长期护理公共开支已经显示出比医疗保健支出更快的增长趋势,并因此推动了对改善长期护理公共融资计划的公平与效率关系的讨论。[①] 在OECD各成员国中,对长

---

① OECD. Public Long-Term Care Financing Arrangements in OECD Countries. In OECD. *Help Wanted? Providing and Paying for Long-Term Care*. OECD Publishing, 2011: 214.

期护理公共资金的配置也并不完全与各国人口老化的程度相关(见图2-1)。

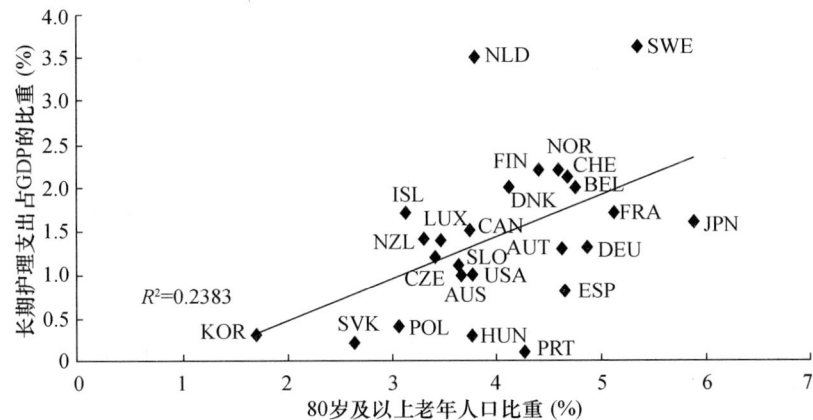

图 2-1　OECD 国家长期护理支出与高龄老年人比例关系

资料来源：OECD Social and Demographic Database, 2010, and OECD Health Data, 2010。

瑞典高龄老人所占比例大,投入的长期护理财政资金也较多,日本高龄人口份额超出了瑞典,但在公共资金投入上却只有瑞典的一半不到,匈牙利与葡萄牙的高龄人口份额也相对较多,却只有较少的公共资金分配。会出现不同,更多是取决于各国对于长期护理制度覆盖的选择,分配多少长期护理需要的资金。成员国对于需求者的资格规范设置即对覆盖面的选择,包括护理等级的依赖鉴定和根据家计审查划分的资产层级等,在此基础上规定相应的津贴支持水平。需求评估有助于该国政府界定资金覆盖对象,并在 OECD 国家中形成三种不同的覆盖形式,包括单项系统全覆盖、混合系统和家计审查的安全网计划。① 不同覆盖选择的前提,就是长期护理津贴计划在各

---

① OECD. Public Long-Term Care Financing Arrangements in OECD Countries. In OECD. *Help Wanted? Providing and Paying for Long-Term Care*. OECD Publishing, 2011: 215.

国遵循社会情况而体现出的公共护理资金分配特征。当然，OECD国家的公共津贴计划涉及个人护理费用的共担，而对于成本分担的选择则显示出公共资金计划对需护理群体的保障程度。

一方面，护理需求在人们的老年阶段潜伏，其造成生活障碍的长度与强度也都属风险范畴，在个人无法预测这些风险时，都会尽可能地寻求风险发生前的预防机制。针对这种不确定性，无论是通过税收或捐款构成的预先资金储备（如福利津贴或专项救助）还是通过社会融资互助构成的广泛成本共担（如保险体制）都是可行的模式。但风险发生的时机和概率无法确定，采用保险的模式无论在花费的成本上还是进入这一机制的门槛上都拥有限制性因素。另一方面，低收入家庭难以承担正式长期护理的费用压力，建立一种能够覆盖这些人群的长期护理公共资金支持体系势在必行。OECD国家长期护理津贴体制的设计正是对这一形势的呼应。

经济基础是长期护理津贴制施行的强心针。OECD国家的老年人结构、家庭护理的可及性以及经济规模都是政府在设计正式长期护理服务时要考虑的因素，但未来发展趋势的关键还在于持续上涨的护理成本与财政支出控制之间的平衡。长期护理津贴作为完全政府责任的体现，依靠的正是一国财政力量与财政支出方向的理念，OECD国家经济实力上的雄厚成为其长期护理津贴制度发展的基石。虽然在各阶段金融危机影响下各国对福利性质的财政支出都有所削减与控制，但对达到给付资格标准的护理津贴依然由公共财力支持已是OECD国家社会安全网不可或缺的一环。

社会条件是长期护理津贴制度实施的催化剂。公民权利是西方国家公共政策和社会制度建设的一个重要体现。例如，法国从20世纪70年代以来，实行以残障者和低收入者为主要保障对象的长期护理津贴制度，由地方政府进行筹资和管理。申请者必须满足年龄限制，通过失能等级鉴定和严苛的家计审查，只有严重失能的贫困老年人才有资格领取每月约 1000 欧元的长期护理津贴。这种典型的残补式护理津贴形同虚设，85％左右的老年人没有资格享受津贴。[①] 公民对以家计审查为基础的护理津贴制度提出质疑，认为公民从国家获取公共护理服务是一种社会权利，政府有责任为民众提供普遍的公共长期护理支持，而不是为了削减津贴支出而设定资产审查门槛，将大部分人排挤出长期护理津贴的受益范围。[②] 该制度由于不公平受到抨击，后来在 2001 年 7 月 20 日被普惠制的个人护理津贴（法语简称为"APA"）所替代。

2.5 小结

OECD 国家长期护理津贴制度的背景分析表明，一方面，人类的老化趋势与失能风险存在正相关关系，失能状态又对个人的经济危机存在强烈影响。长期护理津贴制度的设置从最直接的经济补偿着手，既能通过财政支出补贴个人失能后的收入下降，又能通过现金津贴满足个人选择照护服务的自由。另一方面，随着社会发展、女权主义运动和经济发展的推动，女性的社会角色与过去以家庭为主的情况有了很大变化，使传统的非正式护理领域出现空缺，选择留在家庭中提供照护的家庭成员同样会因难以平衡本职工作与护理时间最终退出劳动力市场，从而增加整个社会的机会成本。OECD 国家建立长期护理津贴制度正是出于对这两方面的考虑，将老年人长期护理的需求权利与国家长期护理的供给责任相结合，有效地化解人口老龄化社会的失能照护风险。

[①] 殷俊、李晓鹤：《法国长期护理津贴制度分析与经验借鉴》，载《保险研究》2015 年第 11 期。

[②] H. De Castries. Ageing and Long-Term Care: Key Challenges in Long-Term Care Coverage for Public and Private Systems. The Geneva Papers, 2009(34): 24-34.

OECD国家长期护理津贴制度研究

第3章 立法规范与责任部门

3.1 LTCA 的立法规范

人类在生命周期的老年阶段会有很大概率发生日常生活能力的减弱与生理心理功能障碍的现象,同时在生命周期其他阶段也会有意外风险产生的残疾,因此从人权角度,对这部分残疾和失能的脆弱人群通过颁布相关法律来保障其生存,给予他们生活援助和应有的尊重是人类社会文明进步的一个标志。在法律上,可以从一般性立法(或综合法)中开辟或融入相关内容,也可以建立针对脆弱人群的专门性法律,或两种法律形式的结合。具体到长期护理相关法律方面,作为与保险制度不同的模式,实施长期护理津贴制度的国家基本上都有各自的法律规范。

3.1.1 以税收为基础的长期护理津贴法律的渊源与发展

在 OECD 所有成员国内,长期护理制度都由特定的法律奠定基础。对于大多数成员国而言,至少有一项全国性的立法规定国民的长期护理标准。有些国家甚至从国家和地区两个层次制定了多项法律。无论是以救助特定人群为目标的长期护理津贴,还是普遍覆盖的追求全民福利的长期护理津贴,其法律轨迹和现实制度都具有相似的时代特征。从宏观意义上看,按照郑功成教授对社会保障发展阶段的基本划分,以制度化程度或政府的介入作为依据,社会保障的具体实践可以被划分为慈善事业时代或前社会保障阶段、济贫制度形成和发展阶段、现代化社会保障阶段这三大部分。① 从微观意义上看,长期护理津贴制度的法律发展也经历了无法律约束的宗教慈善组织提供照护活动、济贫立法后的机构护理救济安置、政府对长期护理去机构化的政策倡导、正式长期护理津贴制度立法下传统机构护理向社区责任与非正式护理多方合作的推进转型这四个阶段。

在进入制度型的长期护理法律之前,大部分国家都出现过零散的、临时的、自组织的照顾救助行为,由于国家生产能力落后财富缺少,有护理需求的人只有依靠教会慈善组织基于教义的行善而自发开展的施医助药、照顾救助行为;在宗教组织无法承担护理救济任务时,西方国家也会施予有限的照顾救助,如公元6世纪末罗马城邦就对失能者以市政当局公款购买的谷物进行无偿供给。但这种非常态的恩赐举措并没有法律约束,通常是政府通过极其有限的实物在国内具有较大规模的城镇实施,因而并非津贴制度的开始。

1601年,英国颁布了《伊丽莎白济贫法》,这使英国成为全世界最先实施制度化济贫政策的国家。该法不仅是社会保障发展史上的里程碑,也是使长期照顾活动进入正式化体系运作的法律保障。因此,英国不仅成为社会救助制度的发源国,也成为老年人长期护理制度的发源地,对其他国家的政策发展方向也产生了极大的影响,代表着OECD国家老年人长期护理政策的演化路径——从机构护理向去机构化的社区护理发展。② 《伊丽莎白济贫法》要求在地方上建立征税行政机构,为丧失劳动能力的人如老人、患病者和贫困者进行实物资助和医疗救济,建设收容场所,具有福利救助和财政补贴的性质。在1723年后英国要求各地建立救贫院,实行院内救济,并根据救济对象的工作能力同时实施院外救济。不过,随着工业革命在19世纪

---

① 郑功成:《社会保障学——理念、制度、实践与思辨》,商务印书馆2000年版,第115页。
② 施巍巍:《发达国家老年人长期照护制度研究》,知识产权出版社2012年版,第56页。

初带动的城市化与工业化发展,济贫费用日益增长,给财政增添了巨大负担,不得不修正《伊丽莎白济贫法》。1834年,"新济贫法"顺势而生,一方面停止了院外救济,对失能者和贫困人群实行彻底的院内救济即机构式照护;另一方面雇用经过专业训练的工作者在机构内提供集中化的服务,这就是长期护理制度的雏形。虽然消除了院外救济致使老残病弱者被变相地封闭在院舍机构内,缺乏人道和选择自由,救济的受助条件也非常苛刻,但新济贫法采取的是政府强制原则,使民间组织的慈善事业上升到了由政府推行救济的国家责任层面,在一定程度上实现了社会秩序的安定,推进了国家承担长期护理财政来源的历史进程。在英国之后,亦有很多欧洲国家纷纷效仿,如瑞典于1763年颁布了《济贫法》,并在1871年将老年人确定为限定的救济对象。[①] 另外,这个时期欧洲各国政府受到费边社会主义思想的影响,也开始注意到慈善组织在老年人护理救济中的作用,从而通过对自愿团队的资金补助让慈善事业发挥了一定的社会功能。

在向长期护理津贴制度正式立法的过渡中,OECD国家出现"去机构化"的趋势。所谓"去机构化",即欧美国家从20世纪伊始针对院舍机构在护理救济中暴露出的诸多非人性化问题,积极展开批评与讨论,并寻求可能的解决方法或应对措施的实践活动。[②] 此趋势正是由于原先机构化的护理服务出现了众多弊端,使被救济者不得不与熟悉环境、亲密关系分离。但去机构化也并非对机构护理行为的全面否定,而是在弱化院舍的同时强调机构护理与社区和家庭服务的结合。例如,英国在20世纪50年代出现以社区提供护理保护为主的"从机构到社区"趋势,日益增多的老弱照顾项目在社区中兴起,提倡关闭精神病院。至60年代,对社区照顾的倡导已正式作为政府

[①] 郑功成:《社会保障学——理念、制度、实践与思辨》,商务印书馆2000年版,第122页。

[②] 金炳彻:《从机构福利到社区福利——对国外社会福利服务去机构化实践的考察》,载《中国人民大学学报》2013年第2期。

的政策得到推广,表现为1963年颁布《社区照顾卫生福利白皮书》,倡导地方政府实行社区照顾,将老年人、身体及精神障碍者、妇女列为社区照顾对象,强调地方政府和志愿组织应成为社区照顾活动中的重要角色,将老年人和精神障碍者安置在家中或社区内较为有益。[1] 同时期北欧国家已经进行全国普遍性的长期护理服务规划,如丹麦政府于1958年为老年人提供居家护理服务进行立法规范,在1972年颁布《社会服务法案》强调政府在提供老年人长期护理中的责任;瑞典则在1964年引入政府对居家护理给予补贴的政策,并发扬就地安养的理念,将居家护理中家庭成员或志愿者的护理责任更多地转移给了各地政府,70年代末期,瑞典的公共居家护理提供规模已达到经济危机前的顶峰。

20世纪80年代,英国发布《格里菲斯报告》(Griffiths Report)[2],将提供社区服务划为地方政府的责任,地方政府应确保作为社区保护对象的老年人、残疾人能够享受相适的生活,对他们的居住状况展开调查,并充分体现政府的计划、整合和购买社会服务的功能。同时,鼓励非正式护理系统和私人长期护理的发展,负责培训社区护理工作者队伍。地方政府责任的加大,导致中央政府的政策目的变成尽可能地减少财政支出、交由地方政府甚至私人组织进行随意性较大的运作,扭曲了长期护理津贴制度的本质。直到1998年,英国工党政府颁布了现代化社会服务计划(The Plan for Modernizing Social Services),第一次完整地阐明社会服务和原先社区护理政策在现实中暴露出的缺点,并于2000年通过了《护理标准法》(The Care Standard Act),进一步规范了政府与社会服务部门、志愿组织、医疗机构和私人提供商之间的管理和合作关系,建立政府和社区及民间

---

[1] 萧文高:《英国社区照顾政策发展之研究——福利多元主义的观点》,暨南国际大学1998年硕士论文,第51页。
[2] 赖两阳:《社区工作与社会福利社区化》,洪叶文化事业有限公司2002年版,第113页。

服务组织的合作协议,并直接提供资金补助,加强护理基金筹集结构。[①] 这就使长期护理服务变成了一种由政府、非营利组织、私人部门、家庭成员等非正式护理者共同合作的现代化法律保障制度,虽然是多方部门合作提供护理服务,但非正式护理者、非营利部门和社区组织的主要费用支出依然是政府的财政责任。资金和服务得到了整合,服务可以由政府购买,也可以通过给付津贴的方式交由服务使用者购买。同时,从20世纪90年代开始,OECD很多成员国纷纷建立起有关长期护理津贴方面的正式法律,在多方合作、共同承担、混合服务的基础上,不仅规范了各国长期护理津贴制度的秩序,界定了目标人群和具体细节,也适应了各国差异性的服务需求特征。综上,体现国家财政责任的长期护理津贴立法渊源及其发展线索就清晰地展示出来了(见表3-1)。

表3-1 英国长期护理津贴制度的发展阶段

	慈善照护阶段	济贫法阶段	去机构化政策倡导阶段	正式立法阶段
代表性法律	无	新旧济贫法	《社区照顾卫生福利白皮书》	《护理标准法》
资金来源	教会、慈善组织	中央政府	地方政府和志愿组织	中央与地方政府
津贴性质	基于教义的行善	福利救助	倡导社区照顾	拥有法律保证的正式制度
受助条件	对有难者非常态的救济	极其苛刻	老年人、身体及精神障碍者、妇女	所有符合照护津贴给付的资格者
适应区域	教会、较大规模城镇	收容场所、济贫院	以社区家庭为主、机构为辅	多部门多元化服务

资料来源:作者整理。

---

① 施巍巍:《发达国家老年人长期照护制度研究》,知识产权出版社2012年版,第64页。

3.1.2　OECD 国家长期护理津贴代表性法律

在 OECD 实施长期护理津贴制度的国家中,法律的设计体现为明确的长期护理独立法律和在综合法中涵括长期护理津贴条文的非独立法律两种形式。前者又可分解为中央(联邦)层级的法律和地方(省级)性质的法律,后者则大多穿插在中央(联邦)立法、卫生法和政府的长期工作计划报告中。同时,法律框架也存在条文的宽泛与详细之分,部分 OECD 国家亦在考虑将分散在地方层面的琐碎管理规则上升至中央的立法规范。

奥地利的长期护理津贴法律建设最具有代表性,经历由原先被划分为联邦和州两级法律,逐步向整合性的长期护理津贴法律完善的过程迈进。联邦法律覆盖近 90% 的社会保障养老金体制下的人群,州法律覆盖了剩下的 10%。1993 年 1 月,奥地利在《联邦长期护理补贴法案》中修改了与当时长期护理政策不一致的条文,议会批准后落实了一整套国家长期护理津贴法案。同年 3 月,联邦政府和州级政府之间达成协议,并于 1994 年 1 月 1 日正式实施整合联邦和州两级法案的《长期护理津贴法案》。[①] 从此,奥地利长期护理津贴得到了法律的保证。具体来说,奥地利《长期护理津贴法案》是对那些有资格获得长期护理法定权利的目标人群赋予现金津贴的保证,有资格者购买正式服务亦可,依据自身偏好选择其他服务形式亦可,支付给非正式护理员亦可,但其所选方式应在相应的服务目录规范中。法律认定津贴的形式旨在最大程度地保护使用者的活动自由与自主决定权,也旨在减轻非正式护理员的身心压力与资金负担。将长期护理津贴模式制度化,奥地利的失能者既可以获得尽可能长久地留

---

① J. Brodsky, J. Habib, I. Mizrahi. Long-Term Care Laws in Five Developed Countries: A Review. World Health Organization, 2000:40.

在家中接受合适服务的保障,在有必要时也可以及时转移到机构接受服务。同时,津贴模式孕育的需求及现金购买力也为地区服务发展注入活力,①提升了服务质量。

瑞典议会早在1913年颁布了《国民普遍年金保险法》,失能的老年人,以及65岁及以上、居住在瑞典或在瑞典工作一年以上的公民都有权利享受普遍性老年津贴。关于长期护理津贴的具体规定更多体现在《社会服务法》中,该法的目标对象是所有公民(此外,瑞典还有保障病弱者的《健康服务法》和针对失能者的《残疾人保障法》)。《社会服务法》规定所有人群都有获得合理生活标准的权利,并对65岁以上丧失日常生活活动能力的老年人,由市政当局承担需求调查和津贴给付,但真正的长期护理服务选择决定权依然在老年人自己手中。尽管瑞典政府在长期护理津贴方面的一般性责任范围被《社会服务法》所限定,但各区域的市政当局还是有相当大的自由裁量权来决定当地的资格标准、津贴水平和服务组合(包括对家庭护理、机构护理和交通服务的组合),也能够自由选择公共或私人提供的方式,不过在瑞典大部分城市主要采取公共提供的方式。② 因此,瑞典关于长期护理津贴的法律是被涵括在综合法中的非独立设置。

芬兰有关失能者长期护理和康复的法律原则被设置在《患病者地位与权利法案》(Act on the Status and Rights of Patients)中。作为芬兰社会事务和卫生部颁布的全国性法律,该法案保障着老年人最大限度的活动自由和尽可能享受优质的护理服务,强调了所有老年人生活质量保障、独立能力和自我决定权的重要性。③ 挪威的长期护

---

① J. Brodsky, J. Habib, I. Mizrahi. Long-Term Care Laws in Five Developed Countries: A Review. World Health Organization, 2000:40.
② Lina Maria Ellegard. Making Gerontocracy Work: Population Aging and the Generosity of Public Long-Term Care. *Applied Economic Perspectives and Policy*, 2012, 34(2):300-315.
③ Sari Teeri, Helena Leino-Kilpi, Maritta Välimäki. Long-Term Nursing Care of Elderly People: Identifying Ethically Problematic Experiences Among Patients, Relatives and Nurses in Finland. *Nursing Ethics*, 2006, 13(2):116-129.

理部门本身即作为扩展社会福利系统的一部分,《市政健康护理法案》和《社会服务法案》对长期护理津贴作出了规定。一方面,健康护理和社会服务以无偿和高津贴水平的形式提供给所有有需要的公民;另一方面,融资和长期护理服务的提供责任被规定在市政层级。[①] 挪威的这些综合法案对长期护理津贴制度的安排,整体规范了长期护理服务的应用、资金提供和责任权限。

在加拿大,其国内的医疗保险公费项目归属于加拿大卫生法的管理范畴,而长期护理津贴领域则不被卫生法下的保险类项目所规制,按照联邦立法,津贴款项与护理服务设置被放在地方各级主管机关出台的政策中。采取类似做法的还有瑞士。根据瑞士联邦宪法,由地方各级政府主管部门负责区域内长期护理津贴的资金支付和服务供给。

除了严格规范化的正式法律,OECD 也有不少成员国以政府计划和工作报告的形式对长期护理的相关设定作出规范。比如,芬兰政府在《患病者地位与权利法案》外,为了能够更好地支撑长期护理运作,还出台了一系列重要文件与工作报告,包括减少健康不平等 2008—2011 国家行动计划、2015 年的公共卫生健康计划、2015 年的福利计划,以及社会事务和卫生部在 2001 年出台的针对老年人高品质服务的国家框架和政府健康促进政策计划(即"社会福利和健康护理的国家发展计划")。[②] 爱尔兰政府在 2006 年启动了一项十年计划,着眼于促进国家健康卫生系统长久的发展与建设完善的国民长期护理的需要,优先考虑的是老年人群体的长期护理津贴与服务。加拿大对长期护理的相关制度提出了设计方案,从家庭、社区和养老

---

① Henning Øien, Martin Karlsson, Tor Iversen. The Impact of Financial Incentives on the Composition of Long-Term Care in Norway. *Applied Economic Perspectives and Policy*, 2012, 34(2):258-274.

② OECD. Finland: Long-Term Care. In OECD. *Help Wanted? Providing and Paying for Long-Term Care*. OECD Publishing, 2011.

院等院舍机构这三个维度出发,分别安排了与护理照顾相关的福利事务。挪威除制定了有关长期护理津贴的综合法外,也从宏观上建立了基于税收政策的普遍、全面的公共长期护理计划。

西班牙在2006年颁布第39/2006号法律,这一法律代表了西班牙国内新的长期护理服务体系的诞生。该法将重心放在护理人才队伍的训练和能力培养上,鼓励并强调优先发展正式护理服务。而对于非正式护理人才,该法旨在一方面尽可能减少非正式护理者的压力,保证非正式护理的服务质量;另一方面增加长期护理津贴在全社会范围内的财政融资途径,分散融资压力。西班牙第39/2006号法律明确地对长期护理的服务和现金津贴作出了详细设计。

另外,也有一些国家因国内尚未设置明确、整合、宏观的长期护理津贴法律而面临约束框架的重构问题。墨西哥目前关于长期护理的法律框架就显得比较宽泛,更多的官方标准似乎只是针对残疾人领域的护理和住院治疗,针对长期护理本身的调节和强化却存在专门性法规的空白,只有一部2002年颁布的针对老年人(及儿童)社会服务提供的法案,其主旨更侧重于国家公共政策的巩固,以此来促进老年人权利。同样的还有捷克,由于存在责任部门的分散,造成了长期护理在执行上的效率低下和标准不一致,捷克目前正试图构建一部关于长期护理的综合性法律来消除这些障碍。

3.2 LTCA 的责任部门

3.2.1 长期护理津贴制度的一般性责任规范

在论及长期护理津贴模式之前,先比较长期护理的其他两种形式即商业保险模式和社会保险模式的责任部门。

(1)长期护理商业保险模式是遵循市场竞争规律的一种商业合

作行为,参保人通过与特定的商业保险公司签订协议,在购买保险产品和缴纳了规定费用后,由商业保险公司使用精算预测,在规定的时限内和受保人共同承担长期护理风险。在这种契约形式下,个人出于自愿针对未来可能出现的护理风险进行预先投资,保险公司对符合受保条件的客户支付的护理保金也是由投保人的缴费数量决定的。市场的运行状态左右着保险方和被保险方的供求关系,所以在商业保险模式下,政府只负责对市场环境的监管和对保险公司在审慎原则下的规范,长期护理的责任部门是商业保险公司自身,由保险公司对受保人的长期护理给付和系统本身的运作负责。

(2)长期护理社会保险模式是根据政府颁布的长期护理保险法律,在强制性作用下通过社会化筹资,实现所有参保人对风险的共担,由参保人缴纳的费用数额决定对要护理状态支付的相应费用。这种模式下的个人所获得的待遇补偿在很大程度上是与自身失能等级和服务时间相挂钩,同时在全社会范围内形成互济效果,政府通过基金管理方式保障护理保险金的保值增值与安全有效。所以,在社会保险模式下,责任部门是指各级政府,还包括一些属于事业单位性质的社会保险管理中心等机构。

长期护理津贴制度,既不同于商业保险模式下个人的权利义务完全对等的投保缴费与保方补偿,也不同于社会保险模式下个人的权利义务相对应的全社会范围内互济共担,它完全依赖政府福利或救助性质的财政机制,权利来自于符合国家界定的要护理状态的资格标准,义务上则撇开了对受益者缴费的要求。尽管同长期护理社会保险模式一样,责任部门都指向政府,宏观上政府都具有法律规制和监管责任,但津贴模式下护理资金的提供通常被视为政府的当然义务,一般由中央与地方政府共同承担,也会协同各州各市的民间团体和社会组织共同为开展长期护理服务筹备资金和提供服务。

在社会福利状态下的长期护理津贴模式,因 OECD 成员国政府在覆盖程度和津贴标准上的不同政策取向可划分为残补型和制度型两类,相应的政府责任规范也存在区别。根据威伦斯基的福利模式二分法,社会福利的概念被分为剩余说(同残补型)和制度说(同制度型),前者强调社会福利发挥作用的前提是诸如家庭或市场这些正常供给渠道被破坏,优先解决的是社会失范现象并对普及性的必要服务做补充;后者主张将社会福利列为一般性危机防御系统,首先解决的是正常的普遍的社会问题,并对补充性的选择服务作出安排。[1] 在长期护理津贴制度中,两种模式表现为:(1)采取残补型取向的国家,在覆盖对象选择上是为了弥补非正式家庭照护功能的空缺,对常规性的社会服务和卫生系统提供的服务进行补充,政府对护理津贴资金提供的附加限制较大,服务项目根据财政情况实行定量供给,典型成员国如爱尔兰、波兰、捷克、瑞士等。(2)采取制度型取向的国家,通常开展一系列津贴计划来满足护理依赖者的服务需要,不考虑家计审查,覆盖对象尽可能扩大到所有有照护需求的人,建立全国范围内的护理框架,典型成员国如法国、奥地利、瑞典、澳大利亚、葡萄牙等。同时,也存在社会救助状态下的长期护理津贴模式,这一状态与社会福利概念下的残补型较为相近。更多要经历严格的家计审查和资格匹配程序才可能获得政府的无偿供给,政策倾向于低收入人群,机构护理津贴则多严格依据个人的护理需求与资产水平,典型成员国如英国。

结合 OECD 不同成员国政府的责任规范变化,可以从整体上将社会救助状态为主的津贴模式与社会福利状态下的残补型模式共同看作救助型的长期护理津贴模式,而将社会福利状态下的制度型模式看作普惠型的长期护理津贴模式,从而在宏观上证明了即使同是采取长期护理津贴模式的国家,即使责任部门同为政府部门和相关

---

[1] Harold Wilensky, Charles Lebeaux. *Industrial Society and Social Welfare*. The Free Press, 1965:130.

团体,责任规范也会有所差异。综上所述,不同长期护理模式下的责任规范比较可以参见表3-2。

表3-2 不同长期护理保障模式的比较

	商业保险模式	社会保险模式	津贴模式	
			救助型	福利型
权利与义务	个人公平下的完全对等	社会公平下的相对对等	公民享受权利与国家承担义务一致	公民享受权利与国家承担义务一致
性质	商业契约	法律强制、基本保障、互助互济	残补型福利与社会救助	制度型福利
运作规律	遵守合约与市场竞争规律	社会化筹资与风险共担	弥补护理资源空缺、保障低收入家庭	解决一般社会问题、面向全体国民
主要责任部门	商业保险公司	政府与相应经办机构	各级政府	各级政府
受助条件	根据合约购买保险产品	与收入水平挂钩的缴费	接受家计审查或满足护理救助等条件	该国公民
政府责任	审慎原则下的监管	合理设计与调整体系、财政兜底、监管	作为最后一道"安全网",开展家计审查,根据财政进行定量供给	发挥最大程度的财政作用、实施改革与监管

资料来源:作者整理。

然而,在现实中随着历史的发展,OECD各成员国的社会经济与人口结构不断发生变化,结合郑功成教授"现代各国的福利制度是多元化的混合模式"的观点[①],并不能将实施长期护理津贴制度国家简单地划分为残补型、制度型两种模式,各国有自己的多元制度模式。

---

① 郑功成:《社会保障学——理念、制度、实践与思辨》,商务印书馆2000年版,第23页。

3.2.2 OECD 国家长期护理津贴制度责任部门的分类

总体来说,OECD 国家长期护理津贴制度的责任部门大致可以分为四类:以中央(联邦)政府为主要责任部门、以地方(州级)政府为主要责任部门、以中央(联邦)与地方(州级)两级政府共同负责,以及主要依靠次级机构或特定政府部门并结合家庭功能。

第一类:以中央(联邦)政府为主要责任部门。

这一类别下的国家将中央(联邦)政府作为长期护理津贴制度中最主要的责任部门,中央政府对全国的长期护理津贴体系进行宏观上的分析策划,从整体上负责制度设计,包括津贴的财政预算与运作规范等。当然,即使是主要依赖中央政府,也依然离不开向各地区进行制度的传输并具体运行制度,也离不开各地方政府的资源支持。典型代表包括丹麦、挪威、葡萄牙等国家,它们对中央政府的长期护理责任有明确的规定。

丹麦的长期护理系统是一种涵盖了家庭帮扶服务的普及型系统,目标是为老年人和残疾人的长期护理服务进行统一规划与提供津贴支持。[①] 长期护理体现出普及性的特征,属于典型的普惠型长期护理津贴模式。同时,丹麦也将长期护理津贴的责任侧重在中央政府层面,由中央政府综合统筹全国护理津贴的预算与系统的整体运作;再由地方政府根据当地的实际,具体设置与细化考虑长期护理的资源分配、服务传递和质量保障。整个体系集中表现为在中央政府规划设计下向地方政府传达的垂直型施政。

挪威与丹麦一样同属于北欧福利国家,对长期护理津贴制度的责任部门界定也置于国家层级。其长期护理津贴依赖于中央政府的

---

① OECD. Denmark:Long-Term Care. In OECD. *Help Wanted? Providing and Paying for Long-Term Care*. OECD Publishing,2011.

税收系统,在全国范围征收的税收作为护理津贴的资金来源。但护理服务依然是具体由地方政府操作实施,同时所有的长期护理服务依据个人获得的护理津贴购买后,以实物形式传递。此外,有照护依赖者在护理津贴外基于其额外的服务需要自付一定的成本。

  葡萄牙目前在长期护理上的主要责任部门是国家层级的综合持续护理网络。这一责任部门的形成经历了三个阶段。在第一阶段,葡萄牙的长期护理服务还停留在低水平的家庭个人层级,由家庭和慈善组织作为提供长期护理的主要责任单位而发挥着分散的、弱小的作用,而各级政府与公共部门都止步于体系中次要角色的扮演。第二阶段始于2006年。第一阶段的低层级责任单位使得长期护理领域缺乏必要的、广泛的基础设施与公共资源,为了改善这种制度薄弱的现状,葡萄牙在全国展开了一系列的有关长期护理立法、管理和融资方面的改革。其成果就是成立了由劳动部、卫生部和社会团结部联合构筑的长期护理国家层级网络——国家综合持续护理网络(Rede Nacional de Cuidados Continuados Integrados, RNCCI)。从此,由家庭非正式护理为责任主体的情况逐渐得到了改善。改革带来的效果不仅是将责任主体由非正式护理转移至正式护理部门,而且也使家庭护理成本转嫁为国家医疗服务体系的成本。第三阶段则是中央政府对未来的规划及其实施。葡萄牙在"国家2011—2016年卫生计划"中详细描述了其国民目前的健康和长期护理情况,并对未来的长期护理制度建设作出一定预期。中央政府在"国家综合持续护理网络"上已融资1.4亿欧元,并计划在2016年前实现这一护理计划的全国覆盖。① 国家综合持续护理网络作为葡萄牙长期护理津贴制度的主要责任部门,实质是中央政府为国民编织了一道强有力的照护服务网。

---

 ① OECD. Portugal: Long-Term Care. In OECD. *Help Wanted? Providing and Paying for Long-Term Care*. OECD Publishing, 2011.

爱尔兰也是明确由中央政府负责为国内的长期护理服务进行组织和提供,而政府中的卫生服务行政机构(Health Service Executive)则具体负责长期护理津贴的资金分配。但是,现实情况却是直到2006年,爱尔兰国内的长期护理总支出在OECD国家中位列倒数第二。[①] 这说明即使中央政府作为长期护理津贴制度的主要责任部门,资金的总支出也并不一定能全力支持。

根据匈牙利国家统计署在2008年的规定,匈牙利长期护理津贴系统的主要责任部门归属于国家的健康和社会护理系统。从总体上看,国家系统和地方层级通过分工合作的关系来统筹配置长期护理的制度框架,国家在健康保障体制下对长期护理展开操作,由地方相关部门进行管理。匈牙利中央政府有对长期护理津贴制度立法的责任,也负责建立长期护理津贴的长短期预算和融资系统,同时在整体框架下设立家庭护理照顾;地方政府的主要作用表现在对社会性长期护理的监管和传递实施方面,也有责任管理和组织区域内具体的家庭护理照顾。匈牙利的两级政府之间分工性较强,突出了中央政府在立法规范和责任部门方面的重要功能,但实践中合作性较弱,另外有关融资的各级政府的责任也有一定重叠。制度的基本运作模式是,匈牙利的护理需求者通过申请由健康和社会护理系统设置的服务津贴来接受护理,而公共管理局(Public Administration Offices)与地方政府部(Ministry of Local Governments)[②]则对服务和津贴的使用给予监督。

第二类:以地方(州级)政府为主要责任部门。

由于历史或地理性的原因或国内政策倾向的因素,部分OECD国家偏向于让地方政府作为长期护理津贴制度的主要责任部门。尽

---

① OECD. Ireland:Long-Term Care. In OECD. *Help Wanted? Providing and Paying for Long-Term Care*. OECD Publishing,2011.

② OECD. Hungary:Long-Term Care. In OECD. *Help Wanted? Providing and Paying for Long-Term Care*. OECD Publishing,2011.

管中央政府依然发挥了宏观意义上的较为重要的立法、监督等职责,整个系统也依赖于两级政府之间的分工与合作,但这些国家的地方政府承担了更广泛的服务设计与津贴给付的责任。为了使长期护理津贴制度框架更贴合国内各个不同地区的需要特征,各地都采取了或独立发展或地区联合的众多形式。典型国家包括芬兰、瑞典、西班牙、加拿大、瑞士、斯洛伐克、意大利和英国。

值得一提的是,同样是以地方政府承担制度的主要责任部门,既存在像瑞典这样的原本由各级政府共同负责,经过策略改变与系统整合,变为由地市政府负责的情况;也存在像西班牙这样的原先由地方政府负主要责任,但在发展的过程中逐渐上升为全国范围内整合的例子;当然也存在芬兰、意大利等一直通过地区性政府自行设计津贴和提供服务的普遍状态。这类国家在发展中也或多或少存在着共同的问题,突出表现在各地区因标准不一、服务内容不同引发的体制缺陷,这也使建立全国统一的长期护理津贴制度成为他们下一步的政府工作目标。

在芬兰,总体而论,依然是从国家和地方两个层级来设计和实施对老年人的长期护理政策。国家层级的主要责任在于出台护理津贴服务的一般性规制与法律,但是,在恢复和维护老年人的身心机能与生活能力方面,还是由地市级政府承担主要职责。中央政府的宏观作用没有改变,地市级政府承担了更为细化的责任功能:各地区具体设置当地的社会福利津贴和健康护理服务,也包括由地方政府自行设立的服务组织。芬兰共有342个市级政府有义务为市民提供健康服务和长期护理津贴。各个地市级政府既可以选择独立提供津贴与服务,也可以选择与其他市合作;既可以通过财政手段从公共服务机构或市场供应商那里购买服务,也可以直接给护理需求者分配服务券,使其能自由选择私人提供的合适服务项目;既可以在护理机构、安老院舍或医疗机构的病房内设置与开展长期护理津贴范围内的服务,也可以在老年人各自的家庭中或居住单位内安排并实施长期护理的居家服务项目。这种可供选择的相对分散的政策设计实际上考虑到了芬兰各地市不同的实践情况。地市级政府作为规范老年人长期护理政策的责任部门,目的就是为其需要照护的市民塑造一个能够在家中或熟悉地域内接受服务的环境,比如芬兰拥有的一种能够提供持续24小时辅助服务的老年人居住单位,[1]通过逐渐扩大对家庭或社区照护服务的使用,逐渐减小了传统机构服务的规模。

瑞典作为全民福利型社会保障制度的代表国家,以其全面而普遍的社会福利计划著称。在长期护理方面的责任部门确立上,经历了一个以给付系统为改革重心,由各级政府共担向地方政府责任转移的变化过程。瑞典的长期护理津贴制度的财政责任本是由国家、区域和地方各级政府间共同承担,对长期护理体系的资金投入在OECD国家中也是处于最高水平。不过,在1992年,瑞典政府对长期护理津贴的给付系统进行了简化和整合,最终使市级政府成为长期护理津贴的主要责任部门,实现了国家责任向地方责任的转移。[2]包括长期护理津贴在内的绝大部分用于社会福利事业的资金,都是通过地方税收来提供的。

与瑞典模式相反,西班牙的长期护理津贴制度的责任部门经历了从地方政府负主要责任向全国范围整合的发展趋势。在2006年12月前,西班牙都是由地方政府在长期护理计划中设计目标人群的病残津贴,国民对长期护理系统的需要一般也是依靠区域和地方政府负责提供的基本社会服务得到部分满足。各地区之间长期护理服务和津贴的提供标准具有明显的差异,且总体的供应量都较低,这也成为地方政府负责模式下的明显缺陷。为此,西班牙政府自20世纪

---

[1] Teppo Kröger, Anu Leinonen. Transformation by Stealth: The Re-Targeting of Home Care Services in Finland. *Health & Social Care in the Community*, 2012, 20(3):319-327.

[2] OECD. Sweden: Long-Term Care. In OECD. *Help Wanted? Providing and Paying for Long-Term Care*. OECD Publishing, 2011.

80年代以来就致力于大幅度扩展私人领域的服务供应,但在对私人提供服务的质量监管上,公共部门的管理改革速度却一直未能赶上私人市场的发展速度。

加拿大包括十个省与三个行政区。联邦政府对长期护理体系的责任通常表现在财政拨款上,通过社会性转移支付与全国一般性的保健津贴,或者是护理成本领域中涉及对有照护依赖的国民提供照顾费用的普遍税收措施,将财政预算拨付给各省和行政区使用。而长期护理津贴的资格标准与分配,以及长期护理服务的设置与管理,都是由各省和行政区为辖区的居民量身定制。不过一般情况下,加拿大的长期护理责任部门是各省和行政区内的卫生服务部门,但真正在实际中开展具体的服务提供与津贴策划活动的是被授权的区域性卫生当局。当然,对原住民和退伍军人等特定加拿大国民的长期护理服务上,依然由联邦政府承担提供医疗服务的责任。

在瑞士,长期护理津贴制度的实践模式在很大程度上比其他OECD国家更强调家庭成员所需担负的责任,非正式的长期护理服务比例占到了一半以上,所以瑞士既不像荷兰、德国那样对老年人设立全面的强制性长期护理社会保险,也不像丹麦、瑞典那样提供全国统一的高福利水平的津贴。但在制度性的责任部门设置上,根据瑞士联邦宪法,长期护理津贴与服务的责任部门被界定为地方各级政府主管机关。除了非正式长期护理的家庭内部消化,正式长期护理还是有一部分成本由老年和病残津贴、老年和病残补充福利来支付。[1] 另外,尽管规模与程度很小,但瑞士各州与直辖市的一些专业护理组织也提供老年人的长期护理服务。

斯洛伐克将长期护理系统的立法、监督和实施责任进行了划分,立法监督责任保留在中央政府:由卫生部与劳动、社会事务和家庭部

---

[1] OECD. Switzerland: Long-Term Care. In OECD. *Help Wanted? Providing and Paying for Long-Term Care*. OECD Publishing, 2011.

来共同负责对长期护理的立法和监管。包括长期护理服务在内的制度细节则由各市和自治地区的相关部门负责:市级政府着眼于家庭内的护理提供以及如养老院、疗养院等机构内的护理提供,对其实施统一的津贴给付和服务安排,自治地区政府的责任在于为具体的康复中心、支持性生活管理组织等公共护理设施的支持与运作负责。①斯洛伐克对市级政府职责作出了特殊规定,即在长期护理服务的实施中,当市级政府没有足够的能力建设服务设施和承担给付基础时,那么该市内其他的提供单位如私人性的承包组织就必须代替市级政府,确保能将护理服务提供给有照护依赖者。

意大利的长期护理津贴制度最大的特点就在于责任的区域化和体制的分化,各区域各地方政府成为制度的主要责任部门。从整体而言,由各市、地方的卫生当局、养老院和全国社会保障研究所直接组织长期护理津贴服务,中央政府和地区政府参与长期护理津贴的计划和筹资。②意大利各地方政府依据其区域的不同发展状况和体制能力,基于各自不同的原则来安排长期护理津贴的资金、管理和反馈模式。地区间包括长期护理在内的卫生护理总体安排也分化明显,大部分地区的长期护理提供都有公共卫生护理机构和私人护理提供者两种途径。对于意大利来说,长期护理体系是地区性而非国家性的,根据不同区域人口结构和发展特点来设置不同的长期护理,能够更好适应和满足区域的需要。当然,在国家层面,意大利也有统一的政策,但在长期护理津贴制度管理上仍然没有走向统一。

英国的长期护理制度受到政治和地理环境的影响,英格兰、苏格兰、威尔士和北爱尔兰地区分别具有各自的长期护理体系并独立管理,国家将权力下放至各个地区,地方政府自然就承担了主要责任。

---

① OECD. Slovak Republic:Long-Term Care. In OECD. *Help Wanted? Providing and Paying for Long-Term Care*. OECD Publishing,2011.

② OECD. Italy:Long-Term Care. In OECD. *Help Wanted? Providing and Paying for Long-Term Care*. OECD Publishing,2011.

实际上,英国的老年人口中超过 80% 都居于英格兰地区,因此对长期护理津贴的支出和服务的传递也以英格兰为主。在实践操作中长期护理的责任主体是由公共财政承担起较大一部分的长期护理津贴筹资和服务提供。英国政府更多的是就长期护理的融资问题从宏观上进行讨论和作出改革。

第三类:以中央(联邦)与地方(州级)两级政府共同负责。

此类国家是典型的结合两级政府的作用,通过明确并较为完善的分工合作开展长期护理津贴服务。既让中央(联邦)政府承担主要的制度设计责任,也使地方(各州)政府在实践中尽善安排;既有中央(联邦)政府全国统一性的长期护理津贴发放标准,也有地方(各州)政府参考各地实际作出的调整与项目补充;同时也有像澳大利亚这样的将需要服务人群按照特征划分后,让两级政府有针对性地负责所对应的目标人群。它的优势在于较强的针对性和各级政府科学分工的效率性。代表国家包括法国、奥地利、比利时、澳大利亚和捷克。

法国的长期护理是由国家自治团结基金会①(The National Solidarity Fund for Autonomy,法语简称"CNSA")与地方部门共同管理。(1)国家自治团结基金会负责向失能老年人和残疾人长期护理服务提供资金支持。主要表现在两个方面:一是个人津贴(APA),来源于地方政府财政;二是残疾人补偿津贴(The Disability Compensation Benefit,法语简称"PCH"),主要面向 60 岁之前就已经残疾的人群,津贴水平一般比 APA 的标准要高。(2)省和市镇政府是长期护理领域的主导者。它们肩负着长期护理政策的制定、计划的实施和部门的协调以及个人津贴主要承担者的责任。省政府负责设定长期护理服务内容和疗养院、家庭医疗保健服务的价格;有权决定疗养院的营业和延期,有权在护理保健价格(医疗保险认定的)、长

---

① 法国国家自治团结基金会于 2004 年创立,起因是 2003 年夏天,炎热的天气夺去了 1.5 万老年人生命的事件以及残疾人服务需求增加的趋势。

期护理价格(省政府认定的)和住房价格中确定其中之一付费。此外,省政府还有权决定公共疗养院的膳食价格;还可以给家庭医疗保险服务机构发放经营许可证(期限为 15 年),并要求其遵循整个长期护理市场的价格。①

　　奥地利属于突出的依靠两级政府分工合作开展长期护理的国家,它的长期护理责任部门是联邦劳动、卫生和社会事务部(The Federal Ministry of Labour, Health and Social Affairs)与各州政府两级。联邦政府对设计和提供福利负有主要责任,各州也参与设定津贴的水平。联邦劳动、卫生和社会事务部的责任范围主要是对长期护理津贴的发放,各州政府则具体设计地区性发展的事务安排并拓展机构与社区服务,一方面控制服务标准的最低水平,另一方面也尽可能使照护服务实现地区全覆盖。另外,联邦部门与各州政府为保证居家护理服务的人力资源充足,还致力于完善护工的培训和工作条件。② 目前,奥地利政府在很大程度上可以负担得起个人购买长期护理服务所需要的津贴成本。由于非正式长期护理也具备一定规模,所以,2007 年政府修改了法律对低于 24 小时的家庭护理条例进行了完善。

　　在澳大利亚,长期护理的责任部门被划分成联邦政府和州政府两个层次:联邦政府主要负责为 65 岁及以上的人群设计长期护理津贴标准,并负责融资;各州与地区政府则专门为残疾群体和 65 岁以下的人口进行长期护理服务的规划,并对除就业以外的服务提供进行监督。另外,澳大利亚每年都会根据各区域内已明确的需求数据,在国家总预计支出财政的比例中以 70 岁及以上人口的数量为标准基础,为逐年增长的老年人口划拨出一定预算来发展新兴的老年人

---

① 戴卫东:《长期护理保险——理论、制度、改革与发展》,经济科学出版社 2014 年版,第 51—52 页。
② J. Brodsky, J. Habib, I. Mizrahi. Long-Term Care Laws in Five Developed Countries: A Review. World Health Organization, Geneva, Switzerland, 2000:40.

护理机构与场所,从而体现出联邦政府在老年人护理服务提供方面的国家责任。同时,澳大利亚对残疾人的长期护理服务建设也较为突出。为了改善和增强残疾人及其家庭照顾者的生活质量,澳大利亚政府和各州间达成了协议建设全国残疾人协会。联邦政府将大部分的资金投入全国残疾人协会,由生产力委员会对残疾人的生活需求和服务提供进行调查。2011年8月31日,联邦政府发布报告,将处于先天性残疾与后天灾害性伤害的对象都划入长期护理津贴给付的对象范围。[①]

比利时是一个由群落和地区构成的实行世袭君主立宪的联邦制国家。在比利时,长期护理并非作为福利模式进行普惠覆盖,而是被视为一种健康风险存在,医疗体制是照护服务的供给主体。[②] 比利时国内各级政府共同负责长期护理服务津贴的设定与安排,同时群落和地区会根据各地特征对联邦(州)的项目给予一般性的补充。

捷克的长期护理责任也是由国家与地方各级政府共同负担,并没有一种单一的机构来综合负责长期护理的津贴政策和福利给付。同时,各领域的服务被分散到各个责任部门,包括劳工和社会事务部、卫生保健部、城市和地区内的服务执行部。[③] 劳工和社会事务部主要对社会性医院或疗养机构提供的社会服务负责,卫生保健部一般负责家庭保健领域以及专业长期护理机构或卫生机构内的服务提供,城市和地区内的服务执行部则致力于社区规划,负责对社会性津贴服务的分配执行,也包括确保有依赖者对社会公共场所与住宅改建服务的可及性。

---

① OECD. Australia: Long-Term Care. In OECD. *Help Wanted? Providing and Paying for Long-Term Care*. OECD Publishing, 2011.

② OECD. Belgium: Long-Term Care. In OECD. *Help Wanted? Providing and Paying for Long-Term Care*. OECD Publishing, 2011.

③ OECD. Czech Republic: Long-Term Care. In OECD. *Help Wanted? Providing and Paying for Long-Term Care*. OECD Publishing, 2011.

第四类:主要依靠次级机构或特定政府部门并结合家庭功能。

这一类国家的长期护理津贴体系的设计大多情况较为复杂,多数存在着以家庭内部功能承担较大责任的现象,如墨西哥的非正式护理发挥更大作用,政府部门责任与家庭责任几乎各持一半比重的有波兰、希腊和新西兰。这些国家都具有深刻的家庭责任传统,有照护依赖者倾向于选择非正式护理,当然特定政府部门也承担组织正式护理的责任。在爱沙尼亚,次级护理机构规模庞大,承担长期护理服务的主要责任。

墨西哥是一个由31个州和1个联邦区构成的联邦国家,各州下设有市镇及村落。墨西哥在长期护理津贴制度上的责任单位更多属于地区和家庭。在墨西哥,大部分的长期护理服务还是停留在家庭中,由要护理老年人的家庭成员提供非正式的护理服务,非正式护理员大多数是妇女,老年人群也主要与他们的亲属生活在一起。国家部门的责任仅在于选择服务类型与提供方式,因而墨西哥老年人的长期护理系统很缺乏联邦性质的制度安排。不过,除去非正式护理的支付,墨西哥每年还是将GDP的近6.4%都投在国民健康护理的津贴和服务使用上。[①] 当然,随着生育率的减弱、家庭结构的逐渐改变、女性参与正式劳动力市场比例的增加,以及墨西哥的农村与城市间人口流动甚至国家间的移民,都会在一定程度上影响墨西哥家庭非正式护理的可用性和护理成本。目前,墨西哥民间社会组织(非政府组织)越来越多,很多在老龄化方面发挥了很大作用,包括对残疾人和老年人利益的倡导和支持。

波兰长期护理制度的责任部门较为复杂,涉及国家卫生系统和独立责任部门,甚至涵盖了最为传统的家庭成员的责任。从1999年起,波兰公共长期护理从医疗机构中分离出来,成为独立发展的部

---

① OECD. Mexico: Long-Term Care. In OECD. *Help Wanted? Providing and Paying for Long-Term Care*. OECD Publishing, 2011.

门,不过长期护理系统中仍有部分被保留在卫生系统内运作。① 责任部门的复杂性主要体现在,一方面,到目前为止波兰国内依然有传统的由家庭成员提供非正式护理作为有需求者获取长期护理服务的主要途径;另一方面,正式长期护理的组织责任落实到护理津贴融资的公共长期护理部门。另外,社会部门则负责家庭福利领域和老残群体的养老金与生活补贴,还需要地方政府对家庭护理负责并协调地方负责的长期护理。所以,从严格意义上说,波兰的家庭提供和政府提供相结合"平分秋色"的现象,有其合理性和可及性,而且政府融资压力不大。

希腊的长期护理系统本身是一种混合式制度,包含了津贴和保险两种服务模式。长期护理的一部分是以社会保险的形式进行筹资,并在社会统筹与责任共担的基础上传递服务。而长期护理津贴部分则属于卫生和社会互助部门的责任范围,通过政府部门的财政力量直接为长期护理对象提供现金津贴和社会服务。同时,在长期护理服务的传递机制上,国家对私人的非营利性组织和营利性组织进行规范监督,并通过这些私人组织来提供服务。② 因此,希腊在长期护理津贴体系的安排上,以卫生和社会互助政府部门作为主要的责任部门。另外,希腊在长期护理的选择上有着深厚的家庭责任意识,非正式护理也成为希腊有护理需求老年人和残疾人通常选择的服务方式,由其家庭成员在家中为其提供。与波兰类似,除政府特定部门的主要责任外,家庭在承担长期护理责任上也扮演着重要的角色。

新西兰是一个由59%的新西兰欧洲人、15%的毛利人、9%的亚洲人和7%的太平洋各民族人口组成的国家。尽管与其他OECD国

---

① OECD. Poland: Long-Term Care. In OECD. *Help Wanted? Providing and Paying for Long-Term Care*. OECD Publishing, 2011.

② OECD. Greece: Long-Term Care. In OECD. *Help Wanted? Providing and Paying for Long-Term Care*. OECD Publishing, 2011.

家相比,新西兰的人口结构还属于年轻型,但到 2026 年也将面临 470 万总人口中约 20% 达到 65 岁及以上的老龄化事实。① 这一严峻的趋势使新西兰在长期护理的设置上倾向于将津贴用于购买机构服务,以减轻一部分的家庭负担。在新西兰,长期护理的服务机构一般包括养老院、阿尔茨海默病专科医院、长期护理医院和专门医院的精神科。在新西兰,负责长期护理津贴的是国家卫生部门,并通过地方区域的卫生局对目标人群发放津贴,护理津贴由国家通过税收筹资。同时,和波兰、希腊一样,新西兰也有着深厚的家庭支持基础,很大一部分长期护理责任也是通过家庭成员负担完成的。

爱沙尼亚的卫生系统基于苏联的谢马什科模型,以庞大的次级护理机构为特征。② 在爱沙尼亚,对长期护理的提供分为医疗服务系统和福利系统两个方面。医疗服务系统主要负担提供护理服务、居家护理照顾与老年人评估服务;福利系统则对福利机构提供的长期护理负责,还包括日间照顾服务、居家照顾和家庭服务,也涵盖其他社会服务。

3.3　小结

法律赋予特定主体义务与权利,责任部门承担制度的设计与运营。同时,法律也设定和规范责任部门,责任部门又体现和实施法律要义。

长期护理制度法律经历了从无到有、从传统规制到多元合作的

---

① OECD. New Zealand: Long-Term Care. In OECD. *Help Wanted? Providing and Paying for Long-Term Care*. OECD Publishing, 2011.

② R. A. Atun, N. Menabde, K. Saluvere, M. Jesse, J. Habicht. Introducing a Complex Health Innovation—Primary Health Care Reforms in Estonia (Multimethods Evaluation). *Health Policy*, 2006, 79(1): 79-91.

历程。例如,英国济贫法时代奠定了长期护理津贴制的起源,《社区照顾卫生福利白皮书》适应了"去机构化"趋势,《格里菲斯报告》将中央政府的责任转向地方政府,《护理标准法》又为解决中央与地方政府之间运作的失调而规范了多方责任。同时,全部法律的表现形式中皆拥有对责任主体的确认,随着法律的演化而改进着责任部门的范围,也随着责任部门在现实操作中的实践推动着新的法律出现。再如,丹麦的《社会服务法案》所规定的中央政府责任,以及瑞典的就地安养对地方政府责任的安排。OECD国家长期护理津贴制度的政府责任主体在宏观调控和财政功能上发挥了最主要的作用,但各国具体政策法规又有所不同。

另外,政府承担责任主体使失能老年人的照护风险主要由国家买单,一定程度上减轻了个人负担。但政府失灵的现象依然存在,英国在20世纪80年代呈现出的中央政府与地方政府责任失调,造成的效率低下和照顾缺失即反映了由政府承担责任主体也并非高枕无忧。帕累托最优寻求的是在多主体之间建立路径,不断改善至最接近优化的状态,那么政府责任主体的地位也应依靠法律保障,找到一条最适合本国国情的分工合作模式,一方面保持着政府财政提供长期护理津贴主要资金的原则,另一方面融入私人性质的供款和多元民间组织的服务,否则不断膨胀的高福利最终也会导致制度的扭曲和不可持续。

第4章　等级鉴定与受益对象

4.1 失能等级量表

自然人接受长期护理的主要原因是出现失能、失智的残障状态，即通俗意义上的日常生活活动能力（Activities of Daily Living，ADL）完全丧失或部分丧失。ADL是个人在居住环境（家庭与社区）或是在康复环境（机构与医院）中最基本也是最重要的生存指标，ADL存在缺陷会使得个体无法正常实现生活功能、行使个人权利，也会对周围相关人群与系统造成影响。一定历史时期如果存在大量失能人群没有及时得到妥善安置，必定会损害社会稳定，也就是说，个体的失能会出现"蝴蝶效应"。对个体失能的维护建立在自理能力的改善上，前提是对其ADL的测量。ADL鉴定不仅是医学活动领域的重要内容，更是对个人的长期护理服务提供进行评估的标准，进而制订护理目标与计划、检查护理效果、诊断是否能够返回家庭或再就业等。而长期护理制度中无论是资金的给付还是服务的供给，都依赖于根据患者的失能程度作出相应安排，体现制度的公平与效率。

在具体定义上，ADL是人们在日常活动中自主实现衣食住行等生存行为，以及维持个体整洁卫生，并能够单独开展社会活动所需的一系列具体行为能力。此外，ADL还涉及个体在社会中为维系独立性需要辅以工具开展的高级性技能（Instrument Activities of Daily Living，IADL），诸如家务活动、交通出行、理财能力以及社交事务等。

以Barthel指数为例，它对日常生活活动能力进行三级分类，以大于 60 分计为良,此等级的障碍程度为轻度,需要得到部分帮助;以 41—60 分计为中,此等级的障碍程度为中度,完成日常活动需要得到极大帮助;以小于 40 分计为差,此等级的障碍程度为重度,存在很大程度的行为障碍,需要得到他人辅助。这种测定患者日常活动能力的方法为国际上的康复医学界所通用,在信度与灵敏度上都较为准确,适用范围广泛。在敏锐反馈患者状态变化或机能改善的同时,它也能适用于护理治疗后的效果观察与判断。因此,在康复医学界使用其作为常见测评手段外,自然为长期护理领域普遍使用。Barthel 指数计分法如表 4-1 所示:

表 4-1　Barthel 指数记分法

日常活动项目	独立	部分独立,需部分帮助	需极大帮助	完全不能独立
进食	10	5	0	
洗澡	5	0		
修饰(洗脸,刷牙、刮脸、梳头)	5	0		
穿衣(包括系鞋带等)	10	5	0	
控制大便	10	5(偶尔失控)	0(失控)	
控制小便	10	5(偶尔失控)	0(失控)	
用厕(包括拭净、整理衣裤、冲水)	10	5	0	
床椅转移	15	10	5	0
平地行走 45 米	15	10	5(需轮椅)	0
上下楼梯	10	5	0	

资料来源:张志强:《康复医学》,人民卫生出版社 2010 年版,第 115 页。

另外,还有纽约大学的康复医学研究部门整理归纳出的五级分

级法①,即根据个体生活的独立程度将能力等级分成五级,分别有各自的代表符号:

Ⅰ级程度上个体能够独立活动,不需要辅助,符号是"√"。

Ⅱ级程度上个体能够活动,但需要他人指导,符号是"S"。

Ⅲ级程度上个体必须有他人实际的辅助才可以活动,符号是"A"。

Ⅳ级程度上个体丧失活动能力,必须完全依靠他人的操作或抬运,符号是"L"。

Ⅴ级程度指示不适用于患者的层级,符号是"×"。

各种不同的等级分类方法在实际的康复医疗活动中由机构专业人员有选择性地采用,在这里不作详细讨论。值得一提的是,长期护理领域的服务对象大多数是老年群体,特别是患有阿尔茨海默病的老年人,除此之外也有很多老年人受到抑郁症的困扰。因此,针对心理上的失能程度,也有较为指向性的测试量表,包括简易智能量表和老年抑郁量表。

简易智能量表的评定要素拥有回忆力(3分)、记忆力(3分)、计算力和注意力(5分)、语言和视力空间能力(9分)以及定向感(10分)这五个维度,测评结果得分大于24分属于正常。② 而老年抑郁量表则有30多项诊断条目,涉及情绪低落、易激动、活动减少和自述痛苦等等。同时,每个诊断项目后也附有显示不同抑郁程度的内容,符合其中某一条内容的得1分,11—20分范围内属于轻度抑郁,高于20分则是中度抑郁。③ 常规的日常生活能力评估无法及时发现心理层面的失能,因而也无法满足长期护理中精神障碍者的需求。在常规的机能评估量表外运用MMSE和GDS,或是PULSES这种包含对

---

① 张志强:《康复医学》,人民卫生出版社2010年版,第115页。

② 孙丽:《ADL、MMSE、GDS量表在老年患者入院评估中的联合应用》,载《护理学杂志:综合版》2013年第7期。

③ 汪向东等编:《心理卫生评定量表手册》,载《中国心理卫生杂志》1993年增刊。

患者精神与情感状况进行评定的综合量表,对精神障碍层面的护理等级分类能够起到明确的效果。老年人的机能障碍也会影响到情绪性的反应,在失能程度上会出现一定的正相关,因此在 ADL 包括 IADL 的测评中,多种量表加以配合实施来全面检测需护理对象的身心障碍程度更为符合实际的需要。

长期护理需求的分级设定是所有实行长期护理津贴制度的 OECD 国家在提供津贴补偿和开展护理服务时的主要依据。[①] 根据评估工具进行障碍程度分级为正式的护理等级鉴定打下基础,也是长期护理等级划分制度一项重要的前提。

4.2 LTCA 护理等级的鉴定程序

4.2.1 基于失能等级的护理等级鉴定

从 OECD 国家的经验出发,基本都是按照丧失独立活动能力的严重程度从低到高排序,护理时间与津贴数量也随着排序的变化从低到高设立。建立在详细标准的判定上,大部分的排序级别都可以归为能够独立的无须护理,即生活能够实现自理,在不借助他人帮助情况下能完成正常生活活动;轻度失能的需少量护理,即生活虽然能够基本实现自理,但某些特定的活动过程需要得到辅助;中度失能的需辅助护理,即无法依靠自己完成所有的自理,有一部分活动需求助护理和帮助;重度失能的需完全护理,即完全不能实现生活独立,大部分或全部活动都必须在他人帮助下完成。至于更为细化地再分出几级由各国酌情安排。全国统一的护理标准能够为长期护理津贴的

---

① J. C. Campbell, N. Ikegami, M. J. Gibson. Lessons From Public Long-Term Care Insurance in Germany and Japan. *Health Affairs*, 2010, 29(1):87-95.

发放和使用带来规范的管理,但未必能实现不同地区间的事实公平。不过,缺乏国家层级的统一分级标准也会造成各地实施情况的混乱和运行低效(这部分将在各国实际情况举例部分细述)。制定一套灵活通用并能适时改变的国家规范评估体系,是准确反映需护理者需求的最优保证。

另外,运用评估工具获得的需护理者机能障碍状况也并非制订护理等级计划所对应的全部要素,因为从个体的特殊性上升到总体属性,要从相似个体的失能或独立状况寻找到同质特征,将相似个体组成的群体在一定时间内的护理服务强度进行记录与标准化分析,再以此推算出护理服务的内容与数量。当具有相似特征的群体所需的一定护理时间和护理服务被计算出时,换算为市场购买价格,按照一定比例定量才能核定出护理津贴的多少。

基于 ADL 和 IADL 的需要辅助程度,奥地利长期护理津贴法案将失能水平划分为七个等级,并以此作为每月护理服务给付的标准。从失能等级 I 的需护理者每月需要 50—74 小时的辅助,到失能等级 IV 的需护理者每月需要至少 180 小时的辅助,法案对每一等级都作出了具体规定(见表 4-2)。另外,奥地利在护理等级设置中较具特点的部分是特殊失能类型的等级自动划分,如使用轮椅的人群就会自动被归为至少等级 III 的失能,失明的人群被自动归为失能等级 IV,既失明又失聪的人群则属于失能等级 V。[1] 在奥地利,对于接受长期护理津贴的对象,其失能程度由私人医师检查所决定。今后将有越来越多的专家与护士参与到这一评估程序中。

---

[1] J. Brodsky, J. Habib, I. Mizrahi. Long-Term Care Laws in Five Developed Countries: A Review. World Health Organization, Geneva, Switzerland, 2000:40.

表 4-2 奥地利失能等级认定

失能等级	每月需要护理的小时数
Ⅰ	50—74
Ⅱ	75—119
Ⅲ	120—179,包括拥有严重视力减损的人群
Ⅳ	180 或以上,包括失明人群
Ⅴ	180 或以上,需要经常性的高水平护理,包括失明和失聪人群
Ⅵ	180 或以上,需要永久性监护或相应护理水平
Ⅶ	180 或以上,丧失实际活动能力或相应状况

资料来源:J. Brodsky, J. Habib, I. Mizrahi. Long-Term Care Laws in Five Developed Countries: A Review. World Health Organization, Geneva, Switzerland, 2000:41。

在西班牙,评估失能等级和津贴权利的责任同样在于地区,个人的社会服务计划也会跟随评估结果来制订。不过,西班牙的皇家法令为每个等级和层次的失能程度建立了一个标准,以此来统一确定适合的服务与津贴,地方再根据实情作调整。在具体的评估过程中,亦是根据个人的依赖性程度评估其护理津贴的资格标准,评估基于依赖性量表的设定,并将失能程度分为三个等级,每个等级下还包括两个子等级。详细的规定是:依据依赖性量表的评估,得分低于 25 分的个人并不享有服务或津贴。等级一即中度失能,此等级的个人至少需要每日一次的几项日常生活基本活动帮助,或需要偶发行为下的帮助以及限于个人自主性的帮助;等级二即重度失能,此等级的个人需要每日两到三次的几项日常生活基本活动帮助,但不需要接受来自护理员的永久性帮助或保证个人自主性方面的额外帮助;等级三即高度失能,此等级的个人需要每日多次的多项日常生活基本活动帮助,并因为生理、心理、智力或自主感官的损伤,需要从护理员那里获得永久帮助或需要保证个人自主性方面的一般性帮助。另外,从 2007 年 1 月开始至 2014 年底,西班牙将等级三的服务对象由原先规定的严重依赖程度,逐渐扩大包含至等级一内的部分人群。[①]不过 2007 年以来,关于津贴可用性和依赖性评估等重要环节,西班牙的地区间差异使新体系在实际实施中出现了标准不一致、服务不统一等缺陷。

4.2.2 护理等级鉴定的方法与过程

当标尺性的护理等级标准妥善设置后,等级评定制度的第二项重要内容就是评估方法与过程。国际通常做法是,当一个达到规定年龄的老人(一般为养老金领取年龄或退休年龄)或患有指定疾患的人群需要申请护理津贴与服务帮扶时,可向当地有关部门提出要求,相关部门收到申请后派出专业医护人员、专家或社会工作者,进入申请者家庭或居住所,依据国家标准或地区标准的测量工具,对申请者的生理、精神、医疗水平与周边护理资源状况进行调查。调查一般会涵盖总体均衡性检查、基本情况检查以及个体特殊需求项目检查等。经过初次评估的结果上交至地区或更高层级的由专家组成的审查委员会,再展开二次或多次的评审。对于 OECD 国家而言,更多的是针对普遍存在的阿尔茨海默病情况进行科学评定,来合理判断生理与心理障碍程度的组合效应(当患有阿尔茨海默病等精神上存在障碍的需护理者被确定资格时,由于精神护理的特殊性,即使需护理者肢体障碍程度较轻,也会相应提高其初次评估认定的等级)。评估等级被确认后,会在一定期限内给予答复,若对评审结果存在疑问或不满也会有机会请求复审。各国对长期护理所作的评估等级都有时效性,要护理者在接受护理的时限到达时还需重新接受评估,以追踪其身心障碍康复的状态。

---

① OECD. Spain: Long-Term Care. In OECD. *Help Wanted? Providing and Paying for Long-Term Care*. OECD Publishing, 2011.

从实际运行来看,以地方政府负主要职责的国家,在护理等级的评估上也基本会按照地区标准运作,地方管理机构自行决定各自地区内的资格标准。尽管有中央政府或国家相关部门颁布的标准化工具存在,但对于现实操作而言依然显得宽泛,加上各地方政府的财政能力不同,提供的服务项目也各异,最终评估标准必须交由地方政府作调整。譬如,在评估标准方面,虽然英国皇家内科医学院和英国老年病学会早在1992年就推荐了一整套健康测量评估工具,但根据郡议会协会和大都会协会的研究数据,英国各地资格标准存在很大区别,无法系统地统一分析,虽然在等级的轻度、中度与重度界定上比较清晰,但各地的定义内容各有不同。① 丹麦也曾试图建立一项全国统一的标准体系,引入被称为"公用语言"的计算机技术,旨在将全国的需求评估作统一规定。在这项技术下,护理接受者所得到的服务内容、时间和津贴水平都被控制在数据系统中。但实际操作中依然没有被全部地方认可,因为统一标准带来的刻板反而为现实运作带来了困扰,需护理者丧失了自主选择的自由,违背了设立津贴制度的初衷。因此,对于 OECD 大部分国家的资格评估,更多的是以地方标准的形式来实施,全国统一的政策发挥指导作用,具体到地方部门则是在国家标准的大前提下自主展开评估条件设置。这并不妨碍国家统一的长期护理津贴的稳定,反而是考虑到地区差异的合理规制。这种制度设计尤其是在以地方政府为主要责任机构和以多层级政府共同作为责任机构的国家更为突出。

4.2.3 护理等级的评估者与护理计划的制订者

等级评定制度的第三项重要内容是分级制度中的操作主体,即

---

① 施巍巍:《发达国家老年人长期照护制度研究》,知识产权出版社 2012 年版,第 64 页。

护理等级的评估者与护理计划的制订者。与护理服务提供者一样，评估者和护理计划的制订者同样作为长期护理服务的提供方发挥着前期极其重要的作用。评估者一般是由OECD各国组织的专家小组或医护人员构成，此外也包括专业的社会工作者。通常是由政府财政为评估者提供资金，评估者在对评估对象作出诊断后给出相应的建议，在某种程度上评估者和护理计划的制订者拥有重合性。有的国家（如丹麦），评估者与护理服务提供者的身份也存在着重合，丹麦在早期的居家照护环节中，评估人员是资格审查者、居家护理的管理者，也是服务的提供者。当然，这种做法在发展过程中因为职责重合导致的非客观性遭到了普遍质疑并被逐步取消。而在护理计划制订的具体层面，需护理者在得到与护理等级相适应的长期护理津贴后，可以选择使用津贴购买服务或支付给非正式护理员，但也需要依赖于专业的护理计划。依托专门的计划者，可以为需护理者设计既满足其身心护理需求又符合其津贴购买能力的服务，通过量身定做的计划使长期护理津贴的作用得到有效发挥。在依托这类专业人员的建议外，还可以委托其直接代为购买服务的情况，根据地区性的资源分布状况来作出考虑。但根据OECD部分国家的实践，如果该地区的资源足够丰沛，计划者则能按照需求者的状态进行最大化满足的安排；但当该地区的资源分布不容乐观时，计划者更多是优先于需求者的选择偏好而服从于社会现实。因此，从某种意义上说，即使是津贴模式下对需护理者自由选择权利的充分尊重，也依然受制于资源充沛与否、服务计划者的专业与管理水平。

最后，关于等级评估过程的一点补充：以英国为例，如果存在没有达到资格标准的申请人，鉴定委员会也会建议转向其他护理机构而非完全的准入排斥，如建议转向非营利的护理机构或福利机构。

4.3 LTCA 护理等级设定

与责任部门所呈现出的多种模式不同,OECD 国家长期护理津贴模式的护理等级评估很少能上升至国家层面,一般都是由地方政府及其卫生机构分别开展,标准水平和设置依据也各不相同。尽管有部分国家尝试整合制定全国标准化的等级评估工具,但在现实操作中依然采用地方独自的标准。当然,也存在爱尔兰因为缺乏评估标准而使用了单一的评估工具,以及捷克使用社会服务法案确定评估标准等个案。因此,在具体探讨各国护理等级方案时,先将这些个案单独说明。

4.3.1 全国相对统一的护理等级标准

AGGIR 标准是法国针对服务机构和社区中老年人失能程度的一个全国性测量标准。它有 10 项指标:① 动作连贯性;② 方向感;③ 如厕;④ 穿衣;⑤ 吃饭;⑥ 大小便失禁;⑦ 挪动;⑧ 室内走动;⑨ 户外行走;⑩ 接打电话。AGGIR 标准将老年人失能分为 6 个级别:GIR 1 级,老年人离不开床或轮椅,心智功能严重损伤,时刻需要医疗保健人员的服务。GIR 2 级,一种情况是老年人虽然离不开床或轮椅,但心智功能没有受到严重损伤,且其日常生活大多需要帮助才能完成;另一种情况是老年人心理功能损伤,但通常情况下还能走动。GIR 3 级,老年人心智功能正常也能挪动,但有些行动需要他人帮助,譬如上厕所。GIR 4 级,老年人吃饭没有困难,但穿衣和洗澡需要帮助。GIR 5 级,老年人吃饭、穿衣都没问题,也能室内走动,但偶尔需要帮助洗衣、备餐和做家务。GIR 6 级,老年人的日常生活能够自理。①

在爱尔兰,长期护理津贴制度目前使用的是依据"通用摘要评估报告"(Common Summary Assessment Report)而设计的一般性评估工具,辅助使用一种单项评估工具。常见的是由专业的健康护理工作者来评估被服务对象的护理津贴使用资格,有时也会加入其他学科的评估方法进行多项考查。考查的项目主要包括评估对象日常生活活动能力、认知和灵活性需要、医疗需要和影响护理需要的其他相关事项等。另外,在家庭内护理的津贴资格评估大多是由公共卫生护士来进行的。②

捷克在 2007 年颁布的《社会服务法案》中,对护理津贴作出的规定反映了个人的依赖性等级,对需要护理的个人基于他的依赖等级而提供一项每月给付的护理津贴。设置津贴福利的依据是一项对个人健康和社会地位的评估,这种评估由一位医生协同社会工作者进行,近似于 ADL 和 IADL 测试。捷克的依赖性等级共有四个层次,带有福利的滑动尺度。2007 年,最低类别的等级一(即具有轻微依赖)的津贴标准为每月 79 欧元,但目前已调低至 32 欧元;最高类别的等级四(即具有完全依赖)的津贴标准为每月 471 欧元(捷克 2007 年人均收入约为 1025 欧元,同时老年退休金平均约为 400 欧元)。③

澳大利亚拥有一项联邦政府制定的评估标准,即"老年人护理资金工具"(The Aged Care Funding Instrument)。这是澳大利亚用来衡量有依赖者的日常生活活动、行为和综合医疗护理需要的一种评估工具,并且是决定机构护理中服务提供者津贴标准的工具。在机构

---

① 戴卫东:《OECD 国家长期护理保险制度研究》,中国社会科学出版社 2015 年版,第 130 页。
② OECD. Ireland: Long-Term Care. In OECD. *Help Wanted? Providing and Paying for Long-Term Care*. OECD Publishing, 2011.
③ OECD. Czech Republic: Long-Term Care. In OECD. *Help Wanted? Providing and Paying for Long-Term Care*. OECD Publishing, 2011.

护理领域,由"老年护理评估小组"(Aged Care Assessment Teams)开展,该小组由一系列卫生专业人员组成或兼任,独立地展开对机构护理资格的评估,或是依据个人需要为其设计家庭支持性的整套方案。老年护理评估小组根据调查为申请人鉴定领取津贴的资格,如果获准,那么申请人就可以获得机构护理资格或被批准一项家庭护理方案下的联邦津贴。[①] 澳大利亚联邦政府采用的评估工具,在普遍以地方工具单独运行的 OECD 国家中显得较为突出。

同样突出了中央政府制定的评估工具的国家还有爱沙尼亚。在爱沙尼亚,津贴资格的等级评估标准包括了个人的依赖水平、养老金的领取以及家庭收入。而个人护理依赖的程度则由一名医生和一名社会工作者使用中央政府制定的需求评估工具进行衡量,存在着从"无援助需要"到"无援助则无法进行日常活动"的不同依赖等级。[②] 爱沙尼亚的非正式照顾者也是通过津贴给予支持,其给付标准由地方政府设定。

在波兰,对于长期护理津贴资格,比较明确地使用巴氏量表来进行评估标准的测定,以此来判断个人日常基本生活活动的独立程度。当测试出的个人独立水平低于巴氏量表中 40% 的标准,就能够获得 6 个月的长期护理服务的资格,在有必要时还能延长这一期限。

4.3.2 地方政府主导的护理等级方案

英国和丹麦是典型。两国都曾试图颁布作为国家标准的长期护理等级方案,但最后依然是回归地方统筹。在地方统筹等级标准的同时出现了相应的问题,导致各地因标准不一带来管理困难和资源

[①] OECD. Australia:Long-Term Care. In OECD. *Help Wanted? Providing and Paying for Long-Term Care*. OECD Publishing,2011.

[②] OECD. Estonia:Long-Term Care. In OECD. *Help Wanted? Providing and Paying for Long-Term Care*. OECD Publishing,2011.

调配障碍。这在 OECD 国家的制度实践中普遍存在。

在英国，未达到 65 岁的提出申请的需护理人群能够被提供一项"失能者生活津贴"，对于这部分人群的等级评估，是通过问卷调查和进一步的医学考评来决定的。对部分患有绝症和未来有大概率患上绝症的个人，有特殊规则可以免除对他们的评估。而对那些达到并超过 65 岁提出申请的老年人，只要通过评估就向他们提供老年人护理津贴。英国卫生部曾对评估标准提出过纲领性的建议，将对有护理需求的人提供服务和支持视作地方政府的必要责任，体现在他们的经济能力、个人行动、家务活动、就业和住宿情况、休闲状况等方面，当这些能力无法正常发挥时，就有护理支持的需要。评估的维度包括社会护理、医疗服务、住宿、就业和经济水平，以及交通和公共设施的使用情况。[1] 它作为中央政府提出的措施建议有积极的指导意义，但定义宽泛，各地对护理各等级的规定依然存在很大差异，想要实现全国统一非常困难。

丹麦长期护理津贴的资格评定同样基于地方政府执行的需求评估，如第 3 章所述，丹麦也作过统一全国评估标准的尝试，但依旧回归地方安排。经过评估，个人将会被提供一项现金津贴，可以此使用个人偏好的护理援助。最常见的护理形式是居家护理，进入居家护理资格的评估并没有统一工具，而是根据该评估时段的老年人个人所处背景和整体功能来决定。每个人都会在评估后得到一份适合其个人需求的护理方案。评估团队来自于市政当局安排的服务提供者，主要由专职的居家护理评估员和专业护士组成。同时，在对丹麦 36 个市政的调查研究中，有 21 个城市都会在每一年对评估进行重新核定。[2]

---

[1] Department of Health, UK. Community Care Statistics 2000: Home Help/Home Care Services. England London: Department of Health, 2000.

[2] K. Schultz-Larsen. Institute of Public Health and Center for Elderly Research. University Hospital, Bispebjerg, Copenhagen, Denmark, 2004.

4.3.3 市政部门执行的护理等级鉴定

新西兰的等级评估工作由区域卫生局的需求评估与服务协调组织(Needs Assessment and Service Coordination)进行,对65岁以下人群中失能者的需求评估则由这一组织中的卫生部门开展。从2008年起,新西兰启用了一种新的评估工具,来对申请长期护理津贴支持的人的需求进行全面的老年医学评估;对于那些财产低于阈值的人则给予税收筹资的机构护理津贴(这一数量基本达到了机构护理用户的83%)。新西兰的评估工具能够确定临床风险和临床状态,评估的标准除了包括日常生活活动能力和失能程度,也包括一个人的生活状态、非正式支持资源和功能能力。[①]

本书第3章提及芬兰的长期护理津贴法包含在综合法内。根据芬兰《宪法》第19条的规定,芬兰的健康护理系统应用于本国国民,并没有单独的包括长期护理在内的老年人护理法,因此每个市各有具体的护理等级安排。芬兰的市政机构对个人的服务需求展开评估,并为老年人安排护理服务。这种评估将使用者的自我需要评估与一项至多项的专家评估相结合,并且每个超过75岁的老年人以及所有领取最高护理津贴的人,都需要在指定的时间内进行护理服务需求评估。[②]

挪威长期护理津贴资格亦由市政机构进行评估。同时,各市对需护理者组织开展的服务是自由的,资金上基于税收融资,但并没有对各等级范围作出护理内容的清晰规定。通常情况下,是由合格的

[①] OECD. New Zealand: Long-Term Care. In OECD. *Help Wanted? Providing and Paying for Long-Term Care*. OECD Publishing, 2011.

[②] OECD. Finland: Long-Term Care. In OECD. *Help Wanted? Providing and Paying for Long-Term Care*, OECD Publishing, 2011.

社会工作者或医疗保健人员来评估个人的护理等级和相应需求。瑞典通过市政当局确定护理管理者的资格,并估算地区内服务接受者的津贴水平和设计完整的服务类型,再由护理管理者通过对护理申请者的访谈来评估其切实需要。

加拿大的等级评估工具会随着不同省和地区而改变,使用较多的工具是照护评估系统(The interRAI Home Care)的护理评估表格。[①] 在居家护理给付领域,由公共部门来负责包括评估资格在内的全方位服务。

斯洛伐克的长期护理津贴制度对通过 ADL 审查支持并有资格获得病残或退休金的人,授予一种普遍社会福利的补充性津贴。这种现金福利免予家计调查,并根据使用者的依赖等级而变化:等级一的标准是 10 欧元,等级二是 16.6 欧元,等级三为 23.2 欧元,这种依赖等级由斯洛伐克社会保障评审协会一部分的医生团队进行评估。此外,还有一种现金津贴提供给符合资格的失能程度较高的残疾人,有护理依赖者的功能性受损程度至少达到了 50% 才能被覆盖进这一津贴。[②] 以上被长期护理津贴制度所受益对象的依赖等级,都是依靠斯洛伐克在 ADL 方面的相关法案作为标准进行资格评价,要求是有依赖者至少达到等级二。另外,斯洛伐克的需求评估都是由市级和区域办公室的医生和社会工作者展开操作。

在斯洛文尼亚,国家并没有设定统一的系统模型,接受护理津贴和服务的资格依赖于一项由多学科小组和一名医生开展的评估,并

[①] OECD. Canada:Long-Term Care. In OECD. *Help Wanted? Providing and Paying for Long-Term Care*. OECD Publishing,2011.

[②] OECD. Slovak Republic:Long-Term Care. In OECD. *Help Wanted? Providing and Paying for Long-Term Care*. OECD Publishing,2011.

根据评估结果确定相关服务。① 护理等级大致分为四个主要的目录，其中，护理等级四的指定对象被限定为处于"严重和长期持续的健康和精神问题"。

匈牙利则是根据1993年的社会护理法，将社会护理的资格界定为地方政府决定的需求等级评估，由护理机构实施。但津贴的水平还是由国家设定，并经常辅以地方当局提供的额外津贴福利。②

意大利由地方卫生当局和国家健康服务组织对需求测评负责，多学科小组进行操作。但是，需求等级在不同区域内的划分会有所不同，导致区域间护理津贴接受者的数量也存在差别。同时，每个地区都存在一个具体的等级划分体系，甚至每个区域内也可能产生区别。经过需求测评的个人还需被转移至全国社会保障研究所来作最终决定。

4.4 LTCA 受益面指标的影响

OECD国家整体对长期护理系统受益对象的确定更多倾向于人力资源和财政的可持续性，这是受到长期护理服务需求日益上升的宏观变化影响而产生的必然政策趋势，大部分国家在长期护理领域内展开的改革针对使用情况和服务提供数量方面有所紧缩。但受益率仍然是考验一个国家制度健全程度的重要指标，根据OECD一份关于人力资源和融资的问卷调查结果可以发现各国长期护理系统指标的决策影响度(见表4-3)。

---

① OECD. Slovenia: Long-Term Care. In OECD. *Help Wanted? Providing and Paying for Long-Term Care*. OECD Publishing, 2011.
② OECD. Hungary: Long-Term Care. In OECD. *Help Wanted? Providing and Paying for Long-Term Care*. OECD Publishing, 2011.

第4章 等级鉴定与受益对象

表 4-3 OECD 国家长期护理系统指标的排序

指标排序	5(最重要,%)	4(%)	3(%)	2(%)	1(最次要,%)
1. 确保财政和金融的可持续发展	85.0	10.0	5.0		
2. 鼓励安排家庭照顾	66.7	23.8	4.8	4.8	
3. 加强长期护理服务的质量标准	66.7	23.8	4.8	4.8	
4. 医疗和 LTC 之间的服务协调	52.4	28.6	9.5	4.8	4.8
5. 提供普遍受益的 LTC 费用	31.6	21.1	36.8	5.3	5.3
6. 鼓励非正式照顾	27.8	55.6	5.6	5.6	5.6
7. 只提供给有需求人群的受益	22.2	5.6	27.8	22.2	22.2
8. 全社会共同负担融资压力	21.1	31.6	42.1		5.3
9. 长期护理融资的个人责任	21.1	10.5	36.8	21.1	10.5
10. 鼓励正式照顾的能力和培训	19.0	23.8	47.6	9.5	
11. 合法的外籍照顾者的准入	5.6		11.1	22.2	61.1

注:表格内数据来自 28 个 OECD 国家给出的回应,有 4 个国家在列出的选项外还标明了其他政策和改革,包括改善功能需求评估和国际合作。

资料来源:《OECD 长期护理人力和融资问卷(2009—2010)》,http://dx.doi.org/10.1787/888932400589,访问时间:2017 年 8 月 19 日。

从表 4-3 可以看到,在 11 个指标中,最重要的排在前六位的依次是财力保障、居家照护为重、提高服务质量、医养结合的协调、倡导普惠制以及家庭成员参与等。正是这些指标所反映出的不同国力,决定了 OECD 国家长期护理津贴制度的救助模式与福利模式在各成员国之间的选择。

对于救助型津贴模式的国家而言,制度受益对象基于一定失能界定并经过严格家计审查。这种模式更多依靠完全的政府财政来无偿支持资产低于一定阈值的失能者及其家庭,大多数在受益对象的筛选上除了一般的等级认定程序外,还有对个人资产和资源考评的家计审查程序,审查过程与鉴定机构也是由政府专门设立。这类国家并非高福利国家也没有相似传统,为了保证政府财政供款和本身运作的可持续性,在制度进入要求上便相对严格,以保证体制内的受益对象皆符合各项标准,以避免资格外人群进入体制造成财政支出的负担和体制内的不公。总体而言,受益对象更针对低收入失能者,获得的津贴水平和服务项目要参照其资产能力和实际需要。

　　对于普惠型津贴模式的国家而言,其国内的老年群体与其他需护理人群的受益程度基本通过政府采取的一系列政策予以保障。在一定区域内以需求水平为基础,设计相应的长期护理津贴补助方案。受益对象包括所有达到失能标准的需护理人群,支付的津贴数额和服务内容更具高水平,受益遵循的宗旨是在很大程度上实现广受益。不过,近年来,普惠型津贴模式的国家面临不断膨胀的财政支出形势,开始削减护理津贴的财政支出数量,进入体制的人群更多倾向于失能程度严重的人群。总之,受益对象仍然无须通过家计审查,护理津贴支持程度较大,能够满足较为广泛的人群需要。

4.5　LTCA 三种模式的受益对象

4.5.1　普惠型 LTCA 的受益对象

　　普惠型津贴模式最典型的是奥地利,其国内长期护理津贴政策涉及联邦政府的津贴计划以及九个地区的现金补助规定,受益对象并不取决于人们的经济能力和家庭照顾资源可及性,只要具备心理、生理或是感官上一定程度的失能并因而拥有长期性的护理需要,所有人都可以基于该制度受益。同时,也不对年龄作出限定要求,只要符合条件,不仅老年群体,其他陷入永久性失能状态的需护理者也会被纳入制度。具体来说,受益需要达到的条件是,要求个人至少有 6 个月的护理需要,同时每个月需要护理的时间必须超过 50 个小时。

另外，受益对象在一般情况下必须是达到3岁及以上的人群，不过对于部分处于极端困苦情况下的案例，也可能会将更小年龄的人群囊括进受益对象。① 奥地利的长期护理津贴体系相比其他OECD国家显得受益范围更广，同时支付的津贴量也更大。

法国只有失能处于AGGIR1-4级的老年人才有资格接受长期护理津贴（APA）。APA的发放不需要经过家计审查，但随着收入的增加，津贴发放数量实行累进性减少（0%—80%），月收入2622欧元以上的人就不再享受津贴。2000年以来，法国政府提出以阿尔茨海默病患者为重点服务对象即"阿尔茨海默病计划"，该计划主张优先考虑精神残疾的人群。第一阶段（2001—2005年）主要针对阿尔茨海默病的诊断规范，以及对遭受这种疾病的患者及其家庭的支持。第二阶段（2004—2007年）集中发展适当的保健服务。第三阶段（2008—2012年）集中在协调保健服务与社会服务，强化家庭保健服务和非正式照顾，培训和发展新型的保健服务。

作为福利国家的瑞典，所有市民都能被市政部门提供的长期护理津贴体系覆盖，有资格获得长期护理津贴和服务。受益对象的资格评估由当地市政办公室来开展，主要是基于个人的认知和功能障碍，个人获得护理津贴的资格也免除了家计审查环节。同时，若申请人不认同护理管理者作出的评估决定，也有权向行政法庭提起诉讼。另外，瑞典作为高龄化人口居于世界首列的国家，护理需求与年龄的关联性也更为密切，随着制度的推进，津贴支付的额度被相应控制，开始逐渐缩减原先非常广泛的受益范围，更偏向于失能严重级别更高的老年群体。

澳大利亚的长期护理津贴模式主要以需求为导向。澳大利亚拥有一个国家范围内的机构护理项目与社区老年护理组合（Community

---

① J. Brodsky, J. Habib, I. Mizrahi. Long-Term Care Laws in Five Developed Countries: A Review. World Health Organization, Geneva, Switzerland, 2000：40.

Aged Care Packages,CACPs)。在机构护理领域,由老年护理评估小组审核受益对象的资格性。与奥地利类似,澳大利亚在普惠型津贴外也存在一部分救助型津贴安排,在非机构护理领域,适用联邦政府与州政府联合设置的澳大利亚家庭和社区照顾(The Home and Community Care)计划方案。这一方案只是救助性质的辅助,主要覆盖那些足以获得津贴资金优先给付的对象。[1] 在机构与非机构护理的双重设置下,澳大利亚的居民基本上都能够被长期护理津贴制度所覆盖。

葡萄牙长期护理制度将国内所有有依赖性的和需要护理支持的国民都纳入公共融资的长期护理津贴系统。当然,若想进入葡萄牙全国网络集成持续护理系统(RNCCI)的设施内,个人需要满足以下一种或多种情形:基于康复需要或类似情况的暂时性功能依赖、长期性功能依赖、体弱多病的老年人、遇到造成强烈心理影响的严重失能或严重疾病、处于临终照护阶段。葡萄牙的国民是否能拥有进入护理网络的资格,不仅是由护理队伍本身决定,还涉及医院管理团队(包括医生、护士、社会工作者等)或初级护理团队,总体上要通过综合性的队伍来评估个人的护理等级与资格。[2]

丹麦的长期护理系统在很大的范围内为国民提供全面受益的社会服务,包括家庭适配、辅助设备和家庭帮助。老年人和残疾者是受益对象中最突出的人群,对老年人和残疾者进行护理的主要目的之一是保证他们能够在自己家庭中进行日常生活管理。他们一旦无法实现自我管理行为,就可以使用津贴入住相应的护理机构和庇护

---

[1] OECD. Australia:Long-Term Care. In OECD. *Help Wanted? Providing and Paying for Long-Term Care*. OECD Publishing,2011.

[2] OECD. Portugal:Long-Term Care. In OECD. *Help Wanted? Providing and Paying for Long-Term Care*. OECD Publishing,2011.

机构。①

芬兰国家社会保障机构对养老金领取者提供基于需要的护理津贴,受益对象要求是超过16岁,住在芬兰并有资格领取提前退休金、老龄或残疾抚恤金,以及那些获得事故赔偿和移民特殊援助的人。护理津贴领取者在独立进行日常活动和移动的功能状态方面,必须是因为疾病或损伤而处于至少一年的失能状态。芬兰对护理津贴并不设置家计审查,从2010年开始,护理津贴也逐步提供给国内长期护理机构里的使用者。②

挪威尽管作为高福利普惠性质的国家,也无法保障全体国民能够得到护理。抛开非正式的护理帮助,正式的健康护理还是正常地由市政府担保。接受社会服务与自由支配现金津贴的使用者,必须因疾病或残疾等因素,需要依靠他人帮助来管理日常生活活动,即具备特殊的护理需求。③

意大利自1980年起,由全国社会保障研究所提供一项国家失能者现金津贴计划。在这个计划中,中央政府在一般税收外进行筹资,是一种普惠性质的津贴模式,被称为"津贴随附"。津贴给付既不与受益者的社会保障供款支付相挂钩,也不必对申请者进行家计审查,同时不受年龄的限制。所以,要具备津贴受益的资格,受益者首先必须经等级评估机构审核通过,达到100%的失能并无法实现自给自足,其次不能居住在收费的公共管理机构中。全国社会保障研究所还提供一种作为收入支持措施的病残抚恤金,这种支持并非社会福利性质,但属于意大利的养老金系统,用来支付给那些无法自给自足

---

① OECD. Denmark:Long-Term Care. In OECD. *Help Wanted? Providing and Paying for Long-Term Care*. OECD Publishing,2011.
② OECD. Finland:Long-Term Care. In OECD. *Help Wanted? Providing and Paying for Long-Term Care*. OECD Publishing,2011.
③ OECD. Norway:Long-Term Care. In OECD. *Help Wanted? Providing and Paying for Long-Term Care*. OECD Publishing,2011.

的个人。另外,除了津贴随附,意大利自20世纪90年代早期也通过地方卫生当局提供了一项需要家计审查的护理津贴。这项津贴在使用上没有设限,每月金额依据地区变化从240欧元到515欧元不等,但超过65岁的人接受这一津贴的份额在各地区都普遍低于2%。[1]

西班牙也是普惠型模式中的一员,长期护理津贴体系普及所有的西班牙国民,或至少在西班牙居住5年以上并至少在最后2年提交了护理申请的人。

4.5.2 救助型LTCA的受益对象

英国是最典型的救助型津贴模式国家。虽然英国拥有实现全民免费医疗的NHS系统,覆盖全体英国国民,也无须家计审查,但在长期护理领域,英国基本所有地区(除了苏格兰的个人护理会存在免费服务提供的情况)在提供长期护理服务的同时都需要对申请者展开严格的家计审查。受益范围上非常狭窄,侧重对低收入困难群体的支援。在进入机构护理的机会上,也依照个人的护理需求与资本基础。受益的具体条件是:(1) 65岁以前提出申请的个人,受益条件则是至少已存在3个月以上的实际需要,并且这种护理需要预计将至少持续6个月,受益程度是由个人所需要的护理和出行帮助的数量决定的。失能者生活津贴是财政补贴的,没有家计审查过程,其中包括对个人护理项目和日常移动活动的服务。但是,失能者要对因失能造成的额外相关费用进行私人供款。(2) 在65岁之后提出申请的个人,国家将为有个人护理需求的对象提供老年人护理津贴。受益对象应具备至少有6个月的护理需求的资格条件,但是若受益对象身患绝症,则可以对他们的资格鉴定周期不作强制性要求。2006

---

[1] OECD. Italy:Long-Term Care. In OECD. *Help Wanted? Providing and Paying for Long-Term Care*. OECD Publishing, 2011.

年英国出台规定,老年人的资产水平一旦高于21000英镑就不能进入护理津贴权利范围,除非陷入资产困境,低于12750英镑时才能具备进入机构护理的资格。同时,给予津贴援助之前,先要通过 NHS 系统基于护理等级支付相应护理费用,剩下的才使用津贴援助。① 英国的地方政府通常处于财政紧张状况,在护理服务的提供上不得不舍弃需求导向转而定量,很多地方独立开设的护理院因经费不足而关闭。②

在比利时,长期护理津贴通过公共卫生保险系统实现综合性的全民覆盖,以支付与日常活动援助相关联的所有成本。无论是在家庭内还是在机构中,都可以购买护理服务,而要获得这种福利的标准取决于个人自身贡献,这部分是保险模式的表现。其中,还存在一部分政策措施用来尽可能地减少个人对长期护理的自付费用,这部分是比利时长期护理体系中的津贴领域。其中,最主要的措施"最大收费/最大账单"就是针对低收入群体与存在慢性病的人群对较高水平的医疗护理相关服务的需要,并规定了个人自付费用的上限。除去个人的自付费用外,剩余部分就属于国家援助的长期护理津贴范畴。同时,有两项主要的现金津贴覆盖日常生活能力受限的人群。一种是在联邦层级的"老年人津贴",即对被认定 ADL 和 IADL 受限的低中收入 65 岁及以上老年人提供一项每月津贴。另一种是在地方层级,由弗拉芒政府提供的一项每月 130 欧元的津贴,这种津贴提供给被评定为独立活动能力严重减退或缺失的有资格者。③

在波兰,一旦津贴资格评估通过,获得的津贴金额是固定的且不与受益人的收入水平挂钩。另外,波兰将由国家预算融资的护理补

---

① C. Glendinning. Improving Equity and Sustainability in UK Funding for Long-Term Care: Lessons from Germany. *Social Policy and Society*, 2007, 6(3):411-422.
② M. Werth. Long-Term Care. Faculty and Institute of Actuaries, 2001.
③ OECD. Belgium: Long-Term Care. In OECD. *Help Wanted? Providing and Paying for Long-Term Care*. OECD Publishing, 2011.

助通过社会保险系统提供给养老金领取者、超过75岁的退休人员以及无法独立生活的特定人群。这一护理补助的金额同样与受益人的收入水平无关,但不允许同时使用护理津贴和护理补助。[①] 而在公共体系中,波兰还专门针对残疾人群设立了一项护理现金津贴,受益的对象包括残疾儿童、超过16岁并在21岁之前完成认证的残疾人,以及超过75岁符合资格的退休老年残疾人。

瑞士的长期护理津贴重在对于规定政策内达到一定程度的失能者的分配,就是在瑞士的《老年人和幸存者保险联邦法》(LAVS)和《伤残保险联邦法》(LAI)两重法律框架下作出限定的永久或长期失能的人。瑞士的老年人除了养老金和补充福利外,唯一有权获得的现金福利是病残津贴,这种津贴是免家计审查的,受益的先决条件是有权获得养老保险金或补充养老金。受益对象是通过津贴购买或融资获得护理服务并没有限制。归纳而言,瑞士的津贴提供给重度、中度或轻度病残的人,津贴的现金数额会依据个人的失能程度以及其是否居住在家中或机构中而有所变动,具体的现金津贴范围是从轻度失能者的1256瑞郎(998欧元)变动到重度失能者的20318瑞郎(16140欧元)。[②]

根据加拿大长期护理法律,一方面,对长期护理个人供款部分的水平是根据该个人的收入或资产来决定的;另一方面,对于那些需要财政援助的人则是通过政府来给予津贴援助。在加拿大,入住护理院等护理机构的准入资格是基于个人的健康状况和功能障碍程度的需求评估来衡量的,衡量工具在加拿大各省和地区有所不同。同时,所有省和地区都设置了一组由个案管理组成的居家护理服务,这些服务通常需要根据对个人收入的审查来计算个人供款部分的金额。

---

① OECD. Poland: Long-Term Care. In OECD. *Help Wanted? Providing and Paying for Long-Term Care*. OECD Publishing, 2011.

② OECD. Switzerland: Long-Term Care. In OECD. *Help Wanted? Providing and Paying for Long-Term Care*. OECD Publishing, 2011.

但是,在曼尼托巴省、安大略省、魁北克省和育空地区、西北地区、努纳武特地区,对于那些符合资格的个人而言,也能获得一项政府津贴,个人可以购买居家护理服务或不要津贴而免费获得相应数量的居家护理服务。①

匈牙利本身已建立强制性的健康保障系统,在这一系统的保障下,老年人根据他们的需要就能够享受到几乎免费的医疗护理。除此之外的机构护理,则受益范围很小,只提供给那些每天至少有超过4个小时需要护理帮助的个人,低于4小时但超过2小时需要护理帮助的个人可以在家中接受服务,而每日护理需要低于2小时的个人就不能成为津贴受益对象。

墨西哥国家财政支持的护理服务资金处于稀缺状态,正式的长期护理服务非常缺乏。不过,墨西哥也有一部分长期护理津贴支付,主要包括津贴支持、税收优惠以及非正式照顾者的喘息护理福利等。但是,一旦离开法定社会保障系统,政府并没有对家庭照顾者提供任何特殊的安排,在个人护理资源获取上必须依靠自身努力。老年人可用的服务分散在不同机构,在卫生服务和健康护理方面,老年人需要像其他年龄阶段的人口一样通过墨西哥卫生系统获得卫生服务。②

4.5.3 混合型 LTCA 的受益对象

对于希腊国民而言,首先,只要提出申请的老年人是国家的合法居民,就不存在津贴资格上的限制或机构性歧视。从这一层面来看,希腊的长期护理津贴系统带有普惠型的特色,不过又因为希腊不同地理区域间的长期护理服务提供者素质存在参差不齐的状况,康复

---

① OECD. Canada: Long-Term Care. In OECD. *Help Wanted? Providing and Paying for Long-Term Care*. OECD Publishing, 2011.
② OECD. Mexico: Long-Term Care. In OECD. *Help Wanted? Providing and Paying for Long-Term Care*. OECD Publishing, 2011.

中心等特殊机构也较为短缺,就使得这种受益标准在实践中的操作存在一定的偏差。另外,希腊政府也设有特定的治疗和康复性医疗津贴,受益对象是那些有身体活动障碍或存在精神缺陷问题的成年人与儿童。再次,希腊社会保障基金提供着一份非机构类的护理津贴,针对的是处于工作状态的人员或已退休成员及其家属,这部分受益对象中,第一类是患有某些疾病并因此导致至少67%病残程度的个人,每月津贴金额约为希腊国内非技术工人每日工资的20倍;第二类是患有某些疾病并因此导致至少80%病残程度的养老金领取者,获得全部病残补贴。不过,一般在老年养老金领取者中,只有失明者才可能有权得到这一福利。最后,对于无保险和财力较弱的65岁及以上老年人,包括缺乏住房的老年夫妇,希腊政府提供给他们一项住房津贴。① 这是带有救助性质的支援。

新西兰的长期护理被界定为入住"长期护理医院或专门医院的精神科、阿尔茨海默病专科机构和养老院",但也为有需要的人提供家庭支持。在新西兰,获得长期护理津贴受益的资格要经过一系列严格的限定和考核,基于个人的需要程度以及个人每年增长的资产阈值(如2010年为20万新西兰元或144305美元)。机构护理津贴的受益人则必须首先要有资格获得公共筹资的健康和失能服务,并达到或超过65岁,或者是50—64岁没有子女的人,同时也必须通过资产测试的评估。这一政策规定中对资产阈值的设定每年会依法增加直至2026年。另外,50—64岁的单身或无子女个人会被视为自动符合资产测评条件但还要接受收入测评。65岁及以上的老年人必须接受资产测评来衡量资格,但不需要经受任何收入测评。同时,对于接受退伍军人养老金或新西兰公民退休金的65岁及以上的老年人,如果有资格获得机构护理津贴并符合资产审查条件,新西兰政

---

① OECD. Greece: Long-Term Care. In OECD. *Help Wanted? Providing and Paying for Long-Term Care*. OECD Publishing, 2011.

府必须为其护理成本进行一定程度的财政补贴。①

在斯洛文尼亚,各项津贴现金根据国内不同的法案规定,基于援助和勤工津贴制度,直接支付给有护理需求的个人。受益条件是个人必须是养老金领取者,其他还包括一些在斯洛文尼亚永久居住,存在视觉障碍,或至少有70%的病残程度存在出入行动不便并无法进行日常生活活动的人。② 斯洛文尼亚还有其他一些现金福利,提供给那些从他人处获得持续护理照顾的残疾人群。这部分津贴由财政支持,以护理机构为给付对象。

4.6 小结

长期护理津贴制度的护理等级评定与受益对象有着紧密联系,一方面资格评估标准确定受益者比例多少,另一方面受益对象又需要依据护理等级判定获得相应津贴或服务。

OECD国家护理等级的评估过程,从失能量表的选择与使用、对应等级划分,到需求方提出申请、ADL鉴定与资格审查,再到评定与复审、制订护理服务方案。少数国家设定全国统一的失能与护理等级标准,大部分国家都执行地方标准,这也使得体现地区差异的优势与难以统一管理的劣势并存。不过,由国家制定一个宽泛的涉及各种类型的纲领性的等级规范,再交由地方修改适应分别执行,并设置监管控制部门将地方标准在原则上和基本标准上与宏观纲领保持一致,可能更符合各国多样化的地区需求。另外,在护理团队方面,部分国家存在护理等级评估者与护理服务提供者的身份重合,这在医

---

① OECD. New Zealand: Long-Term Care. In OECD. *Help Wanted? Providing and Paying for Long-Term Care*. OECD Publishing, 2011.
② OECD. Slovenia: Long-Term Care. In OECD. *Help Wanted? Providing and Paying for Long-Term Care*. OECD Publishing, 2011.

疗卫生领域可能更是常态,但过高评定与过度服务的缺陷在护理津贴领域也体现为较大的主观性与道德风险,因此,一些国家通常都会组织专业的第三方评估小组来避免不合理的等级判定。长期护理津贴模式的护理等级评判与保险模式,存在异同。相同点表现在失能时间、护理强度、服务广度、介入深度等方面,不同点在于津贴模式更强调津贴的分级标准。随着OECD国家老龄化程度的逐渐加深,津贴标准与护理等级相匹配政策会越来越影响政府财政的可持续发展。

在受益对象上,同样是长期护理津贴模式的国家存在着有选择的救助型与普惠的福利型两种模式之分。前者遵循资产达标前提下的个人护理需求基本满足,只有那些收入水平低于一定标准的脆弱群体才可能获得津贴补助;后者遵循普遍福利原则下的个人护理需求广泛受益,一般与国民身份挂钩。也有像奥地利、澳大利亚等典型国家,既有主体性的普惠型津贴项目,也伴随着救助式补充津贴。英国作为典型的救助型津贴模式国家的前提是,其NHS体系已是一种覆盖全国的医疗卫生服务系统并发挥着普遍的作用。无论对于长期护理津贴制度本身,还是与社会保险、商业保险模式比较,普惠型津贴模式的受益对象都是最广泛的,囊括了各年龄段的有护理需求的人群;相反,救助型津贴模式的受益对象一般要经过家计审查程序,这可以理解为追求公共资金使用效率的前提下实现了社会"底线公平"。

OECD国家长期护理津贴制度研究

第5章 资金筹集与津贴给付

长期护理津贴制度的筹资来源与津贴给付是整个制度的核心组成部分。一方面，资金筹集不充分将直接影响到津贴给付的标准。另一方面，津贴标准过高会增加筹资的压力，导致制度不可持续；标准过低又会降低国民权益的获得性，使得建制初衷难以实现。

5.1 LTCA 的资金筹集

5.1.1 多元化筹资渠道

长期护理津贴模式的本质是政府对国民护理权利的保护，主要由政府为护理服务付费，个人不需或只需承担少部分的自付费用。政府作为资金筹集的责任者，主要是发挥国家财政预算功能，通常会通过中央与地方政府共同承担。

救助型长期护理津贴模式，救助对象一般都是收入层次低、生活无保障、极易陷入贫困和灾害中、失能后很难获得照护服务资源的人。从救助制度性质而言，需要国家对这些弱势群体采取保障政策，以维护他们正常的生存环境与活动条件。政府在担负主要责任的基础上，筹资来源基本出自政府的财政预算拨款与转移支付。

典型国家如英国，护理资金的筹集渠道来自中央税收、地方税收（即议会税）和使用者一定数量的自付缴费的结合。最主要是由地方政府接受中央财政拨付的有限资金，进行区域政府间的分配、符合资格者的津贴发放，以及开支的预算设置。中央政府分配津贴数额时，会按照各地的人口数量与比例并结合资源分配情况进行划分。但在中央政府作出预算决策的同时,地方政府有权进行二次预算来决定津贴资源的分配。在20世纪80年代以前,英国NHS系统对居民一直提供全面的免费服务,但当无以为继时,长期护理的责任便被转换给地方政府来承担。英国的照顾服务安全网对大多数超过65岁的老年人提供了显著的帮助。[①] 随着老年人护理需求显著增长,英国政府对预算进行控制,即着眼于合格者和提供津贴支持的数额,根据现有的资源进行调整。同时,政策规定使用者需自付一定比例的费用,基本上所有地方政府都对社区护理服务征收一定费用。2004年地方政府支付机构护理和居家护理的资金达到6.4亿英镑,占长期护理总支出的65%,其中老年群体与家庭使用津贴支付的部分达到了35%,而使用者的自付费用占17%。[②] 另外,英国曾在1992年至1997年间为地方政府提供了一项专门性的转移拨付,以支持地方政府负担社区和机构老年人的照护费用。但目前主要依靠地方政府自行筹资、分配,所以地方政府承担的资金筹集责任非常重大。

普惠型长期护理津贴模式,覆盖范围大、对象广,同样由国家承担主要的资金筹集责任,通常来自税收收入,并由中央与地方政府共同负担,也存在部分需要服务对象自付费用,但一般会有国家设置的封顶限度。

典型国家如奥地利,长期护理项目方面最突出的特征是资金来源于一般性税收收入,而非社会保险项目所取自的特殊性供款。无论是联邦政府还是地方政府,无论是对使用者提供的直接津贴援助还是对护理者提供的津贴补助,都来自一般性税收。津贴制度并没

[①] Jose-Luis Fernandez, Julien Forder. Reforming Long-Term Care Funding Arrangements in England: International Lessons. *Applied Economic Perspectives and Policy*, 2012, 34(2): 346-362.

[②] A. Comas Herrera, R. Wittenberg, L. Pickard. Long-Term Care for Older People in the United Kingdom: Structure and Challenges. In M. Knapp, D. Challis, J. Fernandez(eds.). *Towards Equitable and Efficient Social Care*. Ashgate, 2004: 17-33.

有预算上限限制。需要注意的是,雇员和雇主的疾病保险供款从1993年开始上调,就是为了抵消引入长期护理津贴后额外成本的增加。① 根据2008年的数据,奥地利为长期护理直接拨款约3.75亿欧元并提供实物福利,占GDP的1.3%左右。在总公共支出中,60%都采取了现金津贴的形式。② 奥地利居家护理领域的筹资渠道较为复杂,在州政府与市政府的一般性社会救助预算外,主要来自州政府津贴拨付与医疗保险部门,同时也需要使用者自付一部分资金。除奥地利外,瑞典、挪威等北欧高福利国家均是由政府税收作为主要筹资来源的普惠模式。OECD部分成员国的筹资来源如图5-1所示。

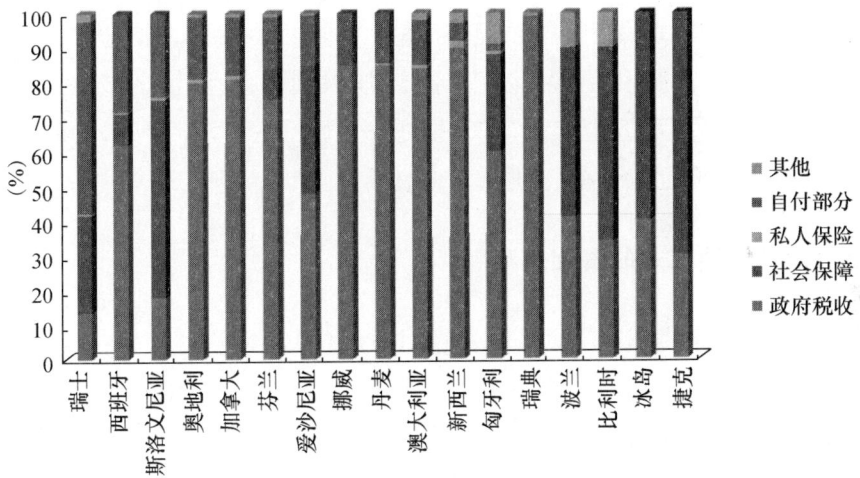

图5-1　OECD部分成员国长期护理的筹资来源(2007)

资料来源:OECD. Public Long-Term Care Financing Arrangements in OECD Countries. In OECD. *Help Wanted? Providing and Paying for Long-Term Care*. OECD Publishing,2011:231。

---

① J. Brodsky, J. Habib, I. Mizrahi. Long-Term Care Laws in Five Developed Countries: A Review. World Health Organization,Geneva,Switzerland,2000:42.

② A. Österle, G. Bauer. Home Care in Austria: The Interplay of Family Orientation, Cash-for-Care and Migrant Care. *Health & Social Care in the Community*,2012,20(3):265-273.

法国长期护理津贴的筹资责任由中央政府和地方政府共同承担,实行多方筹资机制。中央政府通过一般税和社会保障税为 APA 提供资金支持。另外,中央政府建立的国家自治团结基金会(CNSA)也提供部分资金给 APA,CNSA 基金筹资由雇主缴纳企业总收入的 0.3%(来源于所有法国企业或组织的雇员无偿贡献 1 天的工资收入)和税率为 0.1% 的一般团结税(General Solidarity Contribution,GSC)两部分所组成,基金总量的 33%(2008 年)用于 APA 支出。

在上述两种模式之外,现实中还存在更多复杂的无法明确区分的模式。国际上通常会根据长期护理的覆盖情况将长期护理制度分成三大类型,包括单一项目下的普遍覆盖、家计审查下的安全网计划和混合系统。① 奥地利可划入混合系统中与收入关联的普遍津贴福利,此外还有意大利、捷克、波兰、瑞士、澳大利亚、新西兰、爱尔兰、西班牙等;英国则可放进家计审查下的安全网计划类型。另外,北欧各国与比利时被定位于单一项目下普遍覆盖类型。

5.1.2 三种模式的资金来源

三种模式的分类依据的是覆盖对象,主要考察两项指标:一是获得长期护理津贴是通过普惠的财政筹集资金还是需要家计审查;二是长期护理津贴的给付是通过单一系统还是多元化支持的项目。同时,在各指标下可进一步细化,包括资金筹集时是来自专项税收还是来自一般性税收、项目是否属于卫生系统以及在混合系统中的构成要素。②

---

① OECD. Public Long-Term Care Financing Arrangements in OECD Countries. In OECD. *Help Wanted? Providing and Paying for Long-Term Care*. OECD Publishing, 2011: 215.

② Ibid.

5.1.2.1 家计审查下的安全网计划

在家计审查的安排下,要获得公共筹资的个人护理服务必须经过收入或资产审查,只有那些收入低于国家规定的一定标准才有权利享受长期护理津贴与服务,但也会对那些具有较高护理需求的人在政策优先权的考虑下降低门槛。资金筹集的渠道依然是政府采取的税收政策。

英国是家计审查系统的突出代表。不过,英国的残疾人津贴却是这一系统中无须家计审查、无须个人缴费的免税福利。作为救助性质的护理津贴资金由政府筹集,分别提供给 65 岁及以上的失能老人和 65 岁以下的残疾者。地方政府作为执行机构,基于中央政府的财政预算与政策倾向,决定各地的津贴分配。家计审查的安全网模式在税收筹资的前提下,有针对性地将津贴提供给低收入群体,一定程度上可以限制长期护理成本,增加使用者的负担时减轻了国家的财政压力。但同时,繁重复杂的家计审查过程加重了行政成本,也易滋生不平等,更容易使卫生系统中的全民医疗健康服务和社会服务被挪用至长期护理领域。[①] 因此,以英国为典型的这一模式也存在改进空间。

5.1.2.2 单一项目下的普遍覆盖

在这一分类下津贴体系最典型的是北欧各国和比利时。从资金筹集方式来看,具有使用单一系统覆盖使用者的特征,无论是北欧各国独立于卫生系统的设置,还是比利时作为卫生系统覆盖的设置,都会为所有符合评估资格的失能者提供公共筹资的个人与机构护理,在融资上主要由各级政府共同支付和使用者自身(使用津贴)付费两部分组成,也有部分需要私人自行付费。即使在北欧这样的普遍福

---

① OECD. Public Long-Term Care Financing Arrangements in OECD Countries. In OECD. *Help Wanted? Providing and Paying for Long-Term Care*. OECD Publishing, 2011: 228.

利国家,也会根据个人的收入来决定使用者是否需要自付或全部免费。北欧各国与比利时的区别在于,北欧国家属于纯正的以税收为基础的资金筹集模式,比利时则属于在卫生系统筹资范围下税收筹资部分用于承担对低收入人群的照护服务费用。

先来看北欧国家,瑞典的长期护理服务资金大部分都是通过当地的市政税收进行筹措的,再加上少部分的使用者付费。地方政府遵循一致费率进行征收,2010年以税收筹集的资金占到长期护理服务资金总额的85%。另外,国家再通过补助提供剩下的11%—12%。综合而言,瑞典通过对地方政府给予普遍性补贴、支付与年龄相关的补贴和对资源短缺的地方政府的补偿政策这三种方式来提供财政资金转移。其中,第三种方式带有资源调配和风险分散的性质。因此,地方政府在筹措税收的同时,中央政府转移支付的资金占市政收入的14.5%。[1]

在丹麦,同样是由地方政府通过来自中央政府的定额补贴,加上地方征税共同对长期护理津贴的资金进行筹集,调剂金则来自其他地方政府。但总体而言,丹麦各地的资金筹集差异较为明显,带有强烈的地域特征。同时,丹麦政府对长期护理津贴与服务的财政预算是整体性的,每年都进行相应调整与设定。

根据芬兰政府的政策,长期护理津贴的资金主要来源于中央政府的财政转移和市政府的税收两个部分。除了能够使用护理津贴外,芬兰也要求个人支付一小部分费用来承担一定的服务成本。2005年,市政府的税收收入是最主要的资金来源,占市政府提供的社会和健康护理服务总开支的60%,中央政府对市政府的财政转移占到31%,使用者个人支付部分占到9%。[2]

---

[1] OECD. Sweden: Long-Term Care. In OECD. *Help Wanted? Providing and Paying for Long-Term Care*. OECD Publishing, 2011.

[2] OECD. Finland: Long-Term Care. In OECD. *Help Wanted? Providing and Paying for Long-Term Care*. OECD Publishing, 2011.

挪威的长期护理津贴来自中央和地方政府两级税收筹资,国家的税收会转移至地方政府。2009年长期护理的总成本是750亿挪威克朗(87亿欧元),其中约有50亿挪威克朗(6亿欧元)由私人资金供款,其余则都出自税收系统。①

北欧各国作为单一项目普遍覆盖的最典型例子,都是在税收支持下提供整个人口的津贴福利,为所有人提供长期护理服务,体现了国家对老年和残疾群体的关怀责任。但从另一方面而言,即使国家是最大的责任承担主体,更多时候长期护理津贴包括征税权在内的资金筹集和服务组织的自主权仍然放在地方政府。根据各地人口结构和现实需求,将未指定使用范围的融资补贴转移至市政府或地方当局,前者以芬兰为代表,后者是丹麦的实践。正因为是广泛覆盖的公共长期护理,北欧国家的出资份额很大,最高为瑞典占 GDP 的3.6%,最低的丹麦也达到2%。② 对个人自付费用的要求上,北欧各国这部分比例相对较低,瑞典和挪威更是对资金筹资的私人供款设定了上限。

比利时老年人和社会福利目标的护理津贴也是由联邦政府通过直接性的一般税收筹资实现的。弗拉芒政府的医疗系统还通过对每一个超过25岁并居住在法兰德斯的居民,每年强制性征收40欧元的税款来构成强制性的分担。居家护理则通常由一般税收和现金支付来共同筹资。③ 总体来说,比利时首先拥有一个公共医疗保险制度,无论是家庭内护理还是机构护理都通过这个系统得到全面普及,使用者得到的补偿程度也与个人供款相关,自付费用有上限规定。

---

① OECD. Norway:Long-Term Care. In OECD. *Help Wanted? Providing and Paying for Long-Term Care*. OECD Publishing,2011.

② OECD. Public Long-Term Care Financing Arrangements in OECD Countries. In OECD. *Help Wanted? Providing and Paying for Long-Term Care*. OECD Publishing,2011:220.

③ OECD. Belgium:Long-Term Care. In OECD. *Help Wanted? Providing and Paying for Long-Term Care*. OECD Publishing,2011.

在公共医疗保险之外,才是长期护理发挥作用的领域,津贴针对低收入的弱势群体。另外,比利时的地方政府也有社会福利中心为养老机构或疗养机构内的长期护理人群提供食宿帮助。在比利时,每年长期护理的支出份额占 GDP 比例约为 2%。[①] 比利时长期护理系统除了津贴构成,更突出的是长期护理成本完全被卫生系统所覆盖。因为,比利时的长期护理是被视作健康风险存在的一种体现医疗模式的护理给付,这种制度安排让护理服务提供者主要集中于专业护理人员队伍内。比利时公共卫生体系融资遍及护理津贴服务与日常活动援助等各个方面,惠及人们衣食住行与失能辅助。与北欧国家纯正的基于税收的筹资不同,比利时在护理津贴方面的资金筹集虽同为税收,但被包括在卫生系统内作为惠及低收入群体的一部分。

单一项目下的普遍覆盖能够使广泛的人口得到长期护理津贴的覆盖,并且进入制度的条件并不对个人收入或其家庭亲属的资产作出限制,虽然会设置个人自付费用的比例,但有封顶限制。相比其他类型 OECD 国家的平均水平,在单一项目下的普遍覆盖类型国家,获得护理津贴支持的人更多、护理补偿额度更大、服务内容更全面,但是财政预算额度大、支出占 GDP 比例较高。再加上独立于卫生系统的长期护理,财政预算也会变成医疗卫生资金与长期护理资金相分离,某种程度上就会影响到不同提供系统下护理服务的连续使用。税收融资方式 LTCA,正面临普遍覆盖性的刚性增长挑战。

5.1.2.3 混合系统

混合系统是采取长期护理津贴模式的 OECD 国家中最为常见的一种分类。在这一系统内,长期护理服务项目与利益是混合而多重的,并不能用某一个单一特征概括。除了现金津贴,还能提供实物给

---

① A. Arnaert, B. Van Den Heuvel & T. Windey. Health and Social Care Policy for the Elderly in Belgium. *Geriatric Nursing*, 2005, 26(6): 366-371.

付,也可能会同时实施援助性服务与家计审查。在资金筹集上,对于混合系统的长期护理成本融资各国有特定的构成形式。在对混合系统进行描述时,因为复杂多样化的各国实践从而很难给予统一解释,但依然有三种类别可循:一是并行的普遍项目;二是与收入关联的普遍津贴福利;三是普遍福利与家计审查相结合。①

第一种,并行的普遍项目。

在一国长期护理领域中用不同的方案覆盖不同类型的需护理人群,不同的护理方案共同发挥作用从而实现全面覆盖。资金的筹集则遵循:个人护理以单独政策筹集,医疗护理以卫生系统筹集。这种类别下的典型国家是波兰、捷克与意大利。

波兰长期护理资金有公共和私人两项筹资。津贴属于社会救济范畴,是一种非家计审查的公共补助金,资金来自一般性税收。津贴的给付对象只是老年群体与残疾儿童。国家还覆盖了约75%的福利机构的全部成本。② 波兰在长期护理的相关服务上,尽管实施国家性质的普遍福利,但家庭帮扶护理仍处于地区政府的管辖和融资范畴。

捷克医疗服务和社会机构服务的资金来源不同,医疗健康服务费用来自健康保险资金,长期护理津贴则是社会机构服务的构成部分,由一般性的混合税收与地区预算等组成。同时,实物福利也被分割为全民医疗保健服务与社会机构服务两部分,各级政府之间也存在区分,分别开展资金筹集。居家服务,个人需缴费的部分占总费用的35%,国家预算和地方政府共同承担近一半以上的费用,分别占

---

① OECD. Public Long-Term Care Financing Arrangements in OECD Countries. In OECD. *Help Wanted? Providing and Paying for Long-Term Care*. OECD Publishing,2011:225.
② Rachel Filinson, Darek Niklas,Piotr Chmielewski. Brief Report:Long-Term Care for the Aged in Poland. *Ageing International*,2010,35(4):286-292.

30%和25%。[1] 医疗系统与社会体系是捷克在混合并行的普遍覆盖中最突出的两大领域,津贴只是在后者制度运行中依靠税收与政府预算混合筹集。

在意大利,由国家卫生服务系统、地区和市政府、全国社会保障研究所和使用者共同筹集长期护理服务资金,国家卫生服务系统、地区和市政府以及全国社会保障研究所提供的资金来自一般性税收。这些混合渠道汇集的资金运用在各个长期护理领域,比如,老年人和残疾人的护理院有一部分归于接受津贴补助的卫生系统内外的机构,家庭护理领域也是由卫生系统与社会系统共同进行资金筹集。

第二种,与收入关联的普遍津贴福利。

这一类别的典型国家包括奥地利、澳大利亚和爱尔兰等,在采取普遍覆盖津贴政策倾向的同时,考虑到使用者自身的收入状况。在这一类国家中,一旦被等级评估界定为合格的护理资格者,将由国家财政预算与税收提供公共津贴,但因为与收入水平相关联而在一定范围内会进行调整与削弱。实质上,这种调整表明的是这类国家是有选择性地去覆盖个人照护服务成本,用收入水平反映使用者的资产能力,使用者收入减弱时国家支付的公共资金越多,因而是一种逐步实现普遍性的制度安排。

作为普惠型津贴模式代表的奥地利形成了一种与收入关联的混合系统,将普遍性福利、收入相关联的津贴与实物福利结合在一起,从1993年起,普遍性津贴福利通过联邦政府、州和市政府共同筹资。这种普遍性津贴不需要与个人收入水平挂钩。而2007年推出的对残疾者的现金津贴则是一种需要结合收入测试过程的补充福利。[2]

---

[1] OECD. Czech Republic: Long-Term Care. In OECD. *Help Wanted? Providing and Paying for Long-Term Care*. OECD Publishing, 2011.

[2] OECD. Public Long-Term Care Financing Arrangements in OECD Countries. In OECD. *Help Wanted? Providing and Paying for Long-Term Care*. OECD Publishing, 2011: 224.

同时，无论是普遍性津贴还是补充性津贴都无法全部支付使用者的护理费用，不可避免地存在一部分私人自付金。另外，各州筹资的公共援助金在私人无法承担自付金时能起到救助支持的作用。

在澳大利亚，所有的公共长期护理计划都是以税收为基础的，绝大部分的长期护理成本都长期稳定地由政府通过税收进行筹资。2009 年，长期护理支出占到澳大利亚 GDP 的 0.8%。一方面，联邦对机构护理给予资金，但筹资前必须要对使用者进行收入水平评估，并且需要受益者承担一定共同支付的部分。通常需要个人对其日常护理服务费用、收入关联费用以及额外服务费用进行分担，分担多少依据个人的收入情况来定。尽管受益者并不能完全免费地获得长期护理服务，但一旦其通过家计审查和资格评定就能得到政府资助的护理津贴，津贴约占总费用的 70%。另一方面，非机构护理的津贴计划由联邦政府承担约 60% 的费用，再由地方政府承担约 40% 的比例，各级政府共同筹集资金。①

爱尔兰于 2009 年 10 月开始实施护理院支持计划，符合机构护理资格的个人在接受护理服务的同时需要进行成本分担，一般按照个人应计税收入的 80% 和护理费用价格的 5% 进行计算。② 同时，在社区长期护理服务中，根据当地资源情况对具体服务的开展作出筹资调整。

第三种，普遍福利与家计审查相结合。

在这一分类下的国家一般有普遍福利和家计审查两种方式。前者适用的条件被加以限制，更多是在机构中的健康相关护理，以及家庭护理中的个人护理等领域中运用。代表性的国家包括新西兰、加拿大和瑞士。也有如正式服务缺乏，只在机构护理等部分服务中发挥普遍福

---

① OECD. Australia: Long-Term Care. In OECD. *Help Wanted? Providing and Paying for Long-Term Care*. OECD Publishing, 2011.

② OECD. Public Long-term Care Financing Arrangements in OECD Countries. In OECD. *Help Wanted? Providing and Paying for Long-Term Care*. OECD Publishing, 2011: 223.

利作用的希腊,以及只在现金津贴方面发挥普遍性的西班牙。① 资金筹集方式基本来自税收或国家预算,也包括一部分个人支付。

在新西兰,有关长期护理的服务和津贴筹资大部分来自一般税收。2003年,长期护理的资金责任是通过中央政府的年度健康护理整体补助金先转移给地区卫生部门,再由地区卫生部门基于该地区人口需求的状况来设定地方独立的优先支付政策。2007—2008财政年度,地区卫生部门在老年相关护理上的总开支约为70.9亿新西兰元(54.5亿美元)。其中,有69.5亿新西兰元(53.4亿美元)用在老年护理机构,18.7亿新西兰元(14.4亿美元)用在家庭支持服务购买上,这当中还包括由地区卫生部门筹集的房屋管理和家庭支持服务的费用。② 新西兰的院舍护理津贴政策会为机构护理相应服务筹资。另外,在新西兰被评估确定资格的个人护理服务需求者有权享受服务的同时也要共同支付费用。不过,从2005年以来,新西兰政府逐步取消了机构护理领域的资产审查程序。

加拿大大多数省份对家庭领域内的个人照顾与护理并不收费,但对机构中的长期护理会进行家计审查。公共长期护理服务津贴的主要资金来源是省级一般税收,而长期护理系统中还有一部分融资来自联邦政府通过加拿大医疗系统的转移支付。

根据瑞士的卫生账户,长期护理融资约40%来自一个公共支持的复杂系统,个人需要分担支付费用,基本上占到长期护理总成本的60%。近些年,在联邦和地区政府支付的老年人和病残养老金的支

---

① OECD. Public Long-Term Care Financing Arrangements in OECD Countries. In OECD. *Help Wanted? Providing and Paying for Long-Term Care*. OECD Publishing, 2011: 226.

② OECD. New Zealand: Long-Term Care. In OECD. *Help Wanted? Providing and Paying for Long-Term Care*. OECD Publishing, 2011.

持下,个人筹资比例明显下降至36%。①

西班牙的长期护理系统亦是基于税收的,并由中央和地区政府筹集资金。2006年西班牙通过的法律对税收融资的长期护理系统给予了法律保证,一方面保护了有资格者接受长期护理服务的权利,另一方面也规定了对收入的家计审查义务。法律规定,长期护理的食宿服务费用需要使用者共同支付,但支付的限度被政府控制在参考成本的范围以内。接受院舍护理服务需要进行普遍的家计审查程序,为地区间不同标准的共同支付作出最低保证。

希腊正式的长期护理较为缺乏,没有广泛的家庭护理,但在机构护理上存在普遍性的覆盖。希腊混合的长期护理资金系统,包括来自国家预算资金、社会保障转移支付和私人支付。

与单一项目下的普遍覆盖型模式相比,混合模式下的长期护理津贴筹资负担相对要轻些,系统不承担全部长期护理费用,而是在筹资过程中考虑到与收入相关的个人供款。当然,澳大利亚、意大利、捷克和西班牙还是设置了个人供款的上限。

5.1.2.4 其他国家的实践

除了上述三大分类外,长期护理津贴模式还有其他国家各具特色的资金筹集方式。例如,爱沙尼亚长期护理津贴资金责任一般处于地方层级,由地方政府组织和筹资。对于国内工作适龄并有精神残疾的群体,其护理津贴则由爱沙尼亚的州政府负责筹资。②

葡萄牙长期护理的资金筹集基本属于卫生部、劳工部、社会团结部三个政府部门的责任,非机构的长期护理主要由劳工部和社会团结部负责,一小部分由卫生部融资;而机构护理服务由卫生部和劳工

---

① Alberto Holly, Lucien Gardiol, Gianfranco Domenighetti, Brigitte Bisig. An Econometric Model of Health Careutilization and Health Insurance in Switzerland. *European Economic Review*, 1998, 42(3-5): 513-522.

② OECD. Estonia: Long-Term Care. In OECD. *Help Wanted? Providing and Paying for Long-Term Care*. OECD Publishing, 2011.

部融资,社会团结部承担少部分的融资。①

斯洛伐克的长期护理服务被分为社会服务和现金津贴两部分独立筹资,现金津贴部分的资金来源于国家预算安排,社会服务部分的资金来源于斯洛伐克各地区和城市的税收征收。②

斯洛文尼亚的国家长期护理津贴资金也来自一般税收收入,通过征税形成的护理津贴用于帮助失能者的特殊护理,包括退伍军人的护理费用给付。市政当局负责家庭护理的资金筹集。③

5.2 LTCA 的津贴给付

5.2.1 澳洲的津贴支付

5.2.1.1 澳大利亚的津贴支付

2009 年,在澳大利亚接受护理机构服务的平均津贴,最低护理级别的金额约为 2 万澳元(15855 美元),最高护理级别的金额约为 52000 澳元(41222 美元)。④ 而在非机构护理领域,最主要的方案是居家与社区护理项目(The Home and Communtity Care,HACC),由澳大利亚中央政府与州政府共同筹资,针对老年人、残疾人及其家庭照顾者,根据 2008 年统计,全年平均待遇在排除特殊性服务后,相当于 1400 澳元(1194 美元)。

在机构护理与非机构护理领域外,澳大利亚为在家接受护理设

---

① OECD. Portugal:Long-Term Care. In OECD. *Help Wanted? Providing and Paying for Long-Term Care*. OECD Publishing,2011.
② OECD. Slovak Republic:Long-Term Care. In OECD. *Help Wanted? Providing and Paying for Long-Term Care*. OECD Publishing,2011.
③ OECD. Slovenia:Long-Term Care. In OECD. *Help Wanted? Providing and Paying for Long-Term Care*. OECD Publishing,2011.
④ OECD. Australia:Long-Term Care. In OECD. *Help Wanted? Providing and Paying for Long-Term Care*. OECD Publishing,2011.

置了三项方案：一是社区老年护理组合（Community Aged Care Packages）。这一方案是针对只能接受低水平的机构护理的年老体弱者所赋予的替代计划，由老年护理评估小组进行审查，合格者获得定制性的家庭护理服务。2010 年，受益人数为 55751 人，联邦政府津贴平均约为 12000 澳元（9513 美元）。二是老年居家护理拓展组合（Extended Aged Care at Home）。这一方案与社区老年护理组合相辅相成，提供给居住在家中并有超出社区老年护理组合支付能力的人，亦是由联邦政府筹资运行，目的是替代高水平的机构护理，对使用者提供拓展的服务需求，护理水平较高。2010 年获得这一辅助方案的有 7996 人，平均津贴约为 39000 澳元（30917 美元）。三是阿尔茨海默病老年居家拓展护理（Extended Aged Care at Home Dementia）。这一方案针对的是阿尔茨海默病患者，与老年居家护理拓展组合较为相似，旨在帮助因痴呆失能被迫在家中、有较高水平护理需要的老年群体。2010 年获益老年人有 3848 人，平均津贴约为 45000 澳元（35673 美元）。[①] 另外，澳大利亚的护理提供者也是政府津贴给付的对象，在上述三种非机构护理组合的情况下，护理提供者能够得到联邦政府的日常支付，由联邦政府设定给付的最高标准。

澳大利亚 LTCA 的津贴给付，基本上依靠公共和私人两类组织。以社区为基本生活单位的老年人，联邦政府与州政府都凭借两类组织进行长期津贴发放与服务传递。老年人照料护理服务通常包括对老年人提供的一系列高、低水平相区别的社区及机构护理服务，以及服务集成型的场所。对于护理提供者，澳大利亚并不对其是否具有营利目的作出严格要求，也不限制机构护理及相关服务的提供者是否来自私人部门，但对提供者的活动和服务规范都有相适用的法律标准和政策规定，以此来提高服务质量。另外，护理提供者的津贴标

---

① OECD. Australia: Long-Term Care. In OECD. *Help Wanted? Providing and Paying for Long-Term Care*. OECD Publishing, 2011.

准按照提供服务的内容以及在所处竞争环境中的位置而定。

5.2.1.2 新西兰的津贴支付

新西兰 LTCA 津贴支付有明确的标准设置。① 首先,针对长期护理使用者,主要设计了三项收入支持计划:一是失能者津贴,这是一种需要经过家计审查的每周支付津贴形式。因为残疾、疾病或受损等原因而造成功能性永久丧失或存在严重障碍的群体,每周支付的税后津贴额从单身者 203.71 新西兰元(155 美元)到夫妻 419.56 新西兰元(319.24 美元)。二是残疾人津贴,这项津贴是基于免税的每周支付,但需要对残疾人的收入和残疾程度进行测评,测评标准一般是持续六个月以上的残疾,需要对正常的日常生活进行连续性辅助,或依赖者正持续接受着一位注册医疗专业护理员的帮助。这项津贴的支付水平为每周 59.12 新西兰元(44.98 美元)。三是新西兰的养老金。在新西兰只要年满 65 岁及以上的老年人就有获得新西兰养老金的基本权利,且这项资金无须经过家计审查,给付水平根据个人是否独居或与人共居等条件。

其次,针对长期护理非正式提供者,新西兰提供两种收入支持。一是对病人或体弱者家庭的护理津贴,主要支付给那些在家庭内提供全职性护理的人。要求护理对象必须是具有高度依赖的人,即如果护理对象不能在家庭中得到照顾就必须进入机构或医院接受护理。每周津贴的税后净额要基于收入测评与具体需求程度,自 2011 年 4 月 1 日,对于一个单身 16—17 年的需求者,基本为每周 203.71 新西兰元(155 美元),对于作为单亲父母的需求者,每周 330.70 新西兰元(251.6 美元)。二是对严重残疾儿童服务者的津贴,每周 44.55 新西兰元(33.9 美元),不需要经过家计审查,同时也免税。

---

① OECD. New Zealand: Long-Term Care. In OECD. *Help Wanted? Providing and Paying for Long-Term Care*. OECD Publishing,2011.

5.2.2 北欧国家的津贴支付

在芬兰,中央政府通过转移支付的形式将津贴待遇传递给市政府,津贴总额的决定因素包括各地老年人口构成比例、发病比率以及就业率。法律规定,各市政府自行决定津贴支付的标准。另外,对于提供护理服务的私人性质人员,也给予一定的津贴支持,但要基于各市的长期护理运营与投资状况,并对私人护理员进行考核。

挪威在津贴支付上实行分类的方法:一是对患有长期疾病、损伤或畸形者,给予基本津贴,根据其消耗的额外费用水平,实施6种不同的津贴标准,2011年从7452挪威克朗(930欧元)到37260挪威克朗(4660欧元)不等。二是对非正式护理员,由市政府支付现金津贴,非正式护理员能够自由支配这份现金津贴。由于非正式护理者承担了较繁重的护理工作,市政府根据工作量决定不同的现金津贴数额。三是对有特殊护理需要的人,对应的是勤工津贴,津贴标准是12900挪威克朗(1331欧元)。其中,低于18岁的残疾儿童,津贴制度可分为三个不同的层次,最高达80136挪威克朗(10020欧元)。获得勤工津贴还需满足一个必要条件,即受益者的照护服务必须由一名非正式护理者提供。[①]

5.2.3 中欧国家的津贴支付

5.2.3.1 奥地利的津贴标准

根据2010年的数据,奥地利通过政府预算为长期护理机构直接供款,主要由地方财政预算和各州社会救助款项融资的方式共支出1.5亿欧元。正因为奥地利属于与收入关联的混合系统,对有护理

---

① OECD. Norway: Long-Term Care. In OECD. *Help Wanted? Providing and Paying for Long-Term Care*. OECD Publishing, 2011.

服务需要的个人会依据其具体等级,参照收入和资产水平共同支付。在现实中,接受服务者通常使用长期护理津贴来支付基本护理份额外附加的护理需求费用,一旦使用者所持有的长期护理津贴并不能完全支付附加护理需求费用时,还有社会服务部门来支援,提供一项每月44.3欧元的补充福利。[①] 各州和各机构之间的护理津贴待遇会存在差异,在一些州,家庭成员需要为长期护理的成本供款,各州预算也显示出私人的共同支付在家庭护理和机构护理比例上的巨大差异。

截至2009年底,奥地利的长期护理津贴支付给所有年龄层次共432748人,占总人口的5%。该比例远远超过了欧洲其他国家。[②] 各等级受益津贴随等级逐渐增高,从等级Ⅰ的154.2欧元到等级Ⅶ的1655.8欧元(见表5-1)。

表5-1 奥地利LTCA津贴数额一览表

资格	等级Ⅰ	等级Ⅱ	等级Ⅲ	等级Ⅳ	等级Ⅴ	等级Ⅵ	等级Ⅶ	总计
	>60小时	>85小时	>120小时	>160小时	>180小时	>180小时	>180小时	
额度	154.2	284.3	442.9	664.3	902.3	1260.0	1655.8	
各年龄层级使用者								
0—60	17892	23869	12842	8905	5479	4407	2866	76260 17.6%
61—80	37912	50714	22711	17966	10277	4171	2282	146033 33.8%
81+	35085	67670	37423	35410	22868	7907	4092	210455 48.6%
总计	90889	142253	72976	62281	38624	16485	9240	432748
	21.0%	32.9%	16.9%	14.4%	8.9%	3.8%	2.1%	100.0%

资料来源:A. Österle, G. Bauer. Home Care in Austria: The Interplay of Family Orientation, Cash-for-Care and Migrant Care. *Health and Social Care in the Community*, 2012, 20(3): 265-273.

---

① OECD. Austria: Long-Term Care. In OECD. *Help Wanted? Providing and Paying for Long-Term Care*. OECD Publishing, 2011.

② A. Österle, G. Bauer. Home Care in Austria: The Interplay of Family Orientation, Cash-for-Care and Migrant Care. *Health and Social Care in the Community*, 2012, 20(3): 265-273.

在奥地利，LTCA 受益者约有 2/3 是妇女，在 80 岁及以上的 351043 人中，约有 60％比例左右的人（210455 人）都享有长期护理津贴。一方面，护理津贴在使用者进入机构接受专业性服务时继续给付，也可以在家中接受服务时允许从公共养老金中提取少量的日常零用资金，额度相当于其长期护理津贴的 20％。当受益者丧失自主行为能力时，长期护理津贴的获取与使用就交由合法代理人进行管理。不过，一旦使用者患急性病在医院停留时间达到四周以上，就停止支付津贴。①

另一方面，2008 年护理津贴受益人是家庭护理使用者（占比 32％），约 14％是在护理机构内的使用者。这说明超过一半的长期护理津贴受益人依靠非正式护理安排，尤其对那些失能程度未能达到高级别又处于低收入的个人来说家庭经济困难更大。② 同时，津贴设计存在限制，人们的实际护理成本只有部分能够以津贴支付。机构护理的津贴支付比例为 50％。例如，等级Ⅰ失能者（每月至少需要 60 个小时的护理），津贴标准是 4 小时的机构护理或 8 小时的家庭帮助，换言之，津贴能承担的最多是 16％的需求。等级Ⅶ失能者（每月需要超过 180 个小时的护理），津贴标准是 40 小时的机构护理或 80 小时的家庭帮助，也就是最多能用津贴承担 44％的需求。③

5.2.3.2 瑞士的津贴标准

瑞士长期护理待遇拥有失能津贴和补充福利两种支付形式。据统计，瑞士 18 岁至 64 岁的人口中，有 6.6％接受长期护理失能津贴，

---

① A. Evers, K. Leichsenring. Paying for Informal Care: An Issue of Growing Importance. *Ageing International*, 1994,21(1):29-40.

② A. Österle, G. Bauer. Home Care in Austria: The Interplay of Family Orientation, Cash-for-Care and Migrant Care. *Health and Social Care in the Community*, 2012,20(3):265-273.

③ J. Brodsky, J. Habib, I. Mizrahi. Long-Term Care Laws in Five Developed Countries: A Review. World Health Organization, Geneva, Switzerland, 2000:42.

有37.2%接受补充福利提供的帮扶,受益人当中有11.7%是养老金领取人。

2011年,失能津贴的支付对象约为44913人。津贴支付金额超出需护理者收入和资产,包括联邦法律规定的生活费用在内,涉及护理机构和一些家庭护理成本中每日支出的护理金额,金额标准由各州根据护理机构分布与资源配备情况而定。

此外,通过非供款方式与家计审查,瑞士对有需求者支付一种补充性质的福利,对象是老年人、失能者和灾难的幸存者。这种补充福利不设置上限规定。对于居家失能老年人,补充福利金额平均每月达2500瑞郎(1985欧元)。①

5.2.3.3 斯洛伐克的津贴标准

斯洛伐克的现金津贴支付给那些失能程度较高的人,支付标准与个人救助金的水平相关,具体数额依赖个人需要护理救助的小时数。在斯洛伐克,最小时薪1.85欧元,平均时薪4.79欧元,每日最多需要20小时护理的人给付津贴每小时2.5欧元。

同时,还有与现金津贴相结合的其他福利措施,如病残养老金和出行能力受损的补偿金。此外,还免费提供一些辅助支持,包括失能者购买辅助设备、饮食餐点、住宅适应设施、交通运输、衣服和家用设备等。②

5.2.4 南欧国家的津贴标准

西班牙LTCA对失能者的津贴支付根据有依赖者的数量,由中央政府通过预算决定向各地区转移支付,再由各地区自行决定当地

---

① OECD. Switzerland: Long-Term Care. In OECD. *Help Wanted? Providing and Paying for Long-Term Care*. OECD Publishing, 2011.

② OECD. Slovak Republic: Long-Term Care. In OECD. *Help Wanted? Providing and Paying for Long-Term Care*. OECD Publishing, 2011.

的额外服务所需要的资金数量。2009年,西班牙各地区自行额外融资给付的服务金额达到2050万欧元。西班牙LTCA都是免税的,但需经过家计审查,津贴标准依据护理成本或非正式护理员提供的护理时间和内容来计算。津贴支付有三种形式[①]:一是个人援助津贴。设置这项津贴主要是针对失能等级较高达到等级Ⅲ的个人,目的在于增进个人自主性并使得有依赖者能够雇用护理员、增加进入工作与教育的机会。2009年,这项津贴待遇范围从等级Ⅲ层级1的每月609欧元,到等级Ⅲ层级2的每月812欧元。个人在雇用护理员时使用的津贴费用需要详细记录,被雇用的护理员也需要具有国家认证的专业资格。二是护理使用者雇佣服务的津贴。这一津贴待遇水平在2009年从等级Ⅱ层级1的每月400欧元,到等级Ⅲ层级2的每月831欧元。使用这种津贴的条件是,护理使用者无法利用公共服务,且津贴用于购买市场上的私人服务。三是对护理使用者提供的非正式护理津贴。这类支付对象的非正式护理员必须是接受护理服务者的亲属,支付标准从等级Ⅱ层级1的每月300欧元,到等级Ⅲ层级2的每月519欧元。要满足这种津贴待遇的条件,一方面同样是需要有依赖者在其所处环境中的公共服务不可用,另一方面也要求有依赖者与非正式护理员居住在同一城市或至少在附近地区。

希腊LTCA属于公共的、免费的由国家预算提供的资金。支付标准取决于使用者的服务是免费的还是受限的,以及提供者是公共的、私人非营利的还是私人营利性的机构。从2005年起,希腊对老年人的家庭护理津贴,以及对失能者的配套方案由国家预算筹资。津贴水平的调整依赖于卫生和社会团结部部长的酌情权,因而这种性质的调整是纯粹基于希腊政治的考量。[②]

---

  ① OECD. Spain:Long-Term Care. In OECD. *Help Wanted? Providing and Paying for Long-Term Care*. OECD Publishing,2011.
  ② OECD. Greece:Long-Term Care. In OECD. *Help Wanted? Providing and Paying for Long-Term Care*. OECD Publishing,2011.

意大利通过全国社会保障研究所负责在长期护理健康服务方面的筹资,待遇都是免费支付给病人,并不需要共同支付。根据意大利国家老龄研究中心的报告,2008年长期护理总开支中近一半都是普遍性的现金津贴,其中40%是与健康相关的护理服务,11%是地方社会福利服务。[1]

5.2.5 西欧国家的津贴标准

在西欧国家中,英国由中央政府供款的津贴大部分并非针对专门特定性服务,作为一个宏观性的资金设计与转移,主要由地方当局来决定预算和分配。国家卫生服务体系(NHS)免费提供健康护理服务,地方性社会服务需要结合使用者的经济状况酌情收费。家计审查过程主要考虑个人的收入和财产,不考虑配偶、儿童和其他亲属的收入和财产。财产储蓄低于23250英镑(约26000欧元)的个人,由长期护理津贴来承担其服务成本。[2] 另外,在苏格兰,对老年人申请家庭护理或机构护理的津贴还排除了家计审查过程。

法国政府不断加大对APA的支持力度,从2002年到2013年APA支出从18亿欧元上升到56亿欧元。2004年法国对APA进行了筹资改革,中央政府支出占APA支出比例由44%下降到15%,地方政府承担筹资85%的负担。[3] 2009年GIR 1的家庭护理每月最高补贴为1013欧元,GIR 2为790欧元,GIR 3为585欧元,GIR 4为356欧元;机构护理的GIR 1和GIR 2每月最高补贴标准为563欧

---

[1] OECD. Italy:Long-Term Care. In OECD. *Help Wanted? Providing and Paying for Long-Term Care*. OECD Publishing,2011.

[2] OECD. United Kingdom:Long-Term Care. In OECD. *Help Wanted? Providing and Paying for Long-Term Care*. OECD Publishing,2011.

[3] Blanche Le Bihan,Claude Martin. Steps Toward a Long-Term Care Policy in France:Specificities,Process,and Actors. In C. Ranci, E. Pavolini (eds.). *Reforms in Long-Term Care Policies in Europe*. Springer, 2013:139-157.

元,GIR 3 和 GIR 4 为 352 欧元,最高津贴标准随着物价指数适度调整。①

5.2.6 东欧国家的津贴标准

在东欧国家中,爱沙尼亚 LTCA 津贴给付有明确的规定。首先,对于达到养老金领取年龄的受益者,即符合津贴领取的年龄要求,根据 2010 年的数据,每月津贴的水平从重度残疾者的约 13 欧元到完全残疾者的 41 欧元。对于未达到年龄要求的需护理者,每月津贴的水平则在 17 欧元到 54 欧元之间。但是,对于入住护理福利机构的需护理者,则不能申请津贴给付。另外,非政府组织还会提供一般性的实物服务。其次,对于地方政府委任通过的非正式护理者,可以享有津贴给付,标准是每月 15 欧元到 26 欧元不等。② 同时,国家对符合领取津贴资格的照顾者提供免税优惠,即由国家来支付他们的社会税与保险费。

5.3 小结

长期护理津贴无论归属何种模式和类型,资金筹集的责任主体都是政府,并没有社会化长期护理保险模式中个人的权利与义务对等的要求。津贴支付以照护等级为基础,结合需要(或个人实际需要或现实资源需要)给予支持。

在资金筹集上,救助模式下的津贴制度着眼于对弱势群体的权

---

① Blanche Le Bihan. The Redefinition of the Familialist Home Care Model in France: The Complex Formalization of Care through Cash Payment. *Health & Social Care in the Community*, 2012, 20(3): 238-246.

② OECD. Estonia: Long-Term Care. In OECD. *Help Wanted? Providing and Paying for Long-Term Care*. OECD Publishing, 2011.

利维护,政府必然要发挥基础保障功能,以政府财政预算作为资金主要来源;普惠模式下的津贴制度致力于全民覆盖,同样需要拥有高福利传统与雄厚财政实力的国家发挥调控作用。由于各国体制与政治文化经济因素的多样化,救助与普惠并不能完全代表长期护理津贴制度,所以,家计审查下的安全网计划、单一项目下的普遍覆盖和混合系统三种划分可能更适合。而混合系统又分为并行的普遍项目、与收入关联的普遍津贴福利、普遍福利与家计审查相结合三种形式。安全网计划是需要家计审查的,混合系统则是由包含了家计审查与收入关联在内的多元化系统提供。总的来说,长期护理津贴制度的资金来源都是一种通过一般性税收融资的政府预算安排。另外,普惠模式下的资金筹集责任以中央政府与地方政府共担,而救助模式下的资金筹集大多落在地方政府层面。

津贴给付方面,与经济能力挂钩的救助型以及与护理程度(如需要护理的小时数)挂钩的普惠型制度,都支付相应等级的现金津贴,不仅针对使用者与正式护理者,也针对非正式护理者,总体上都是一种有选择的津贴支付。比如,奥地利从1995年至2004年,对护理者的津贴补助已经减少了16%。[1] 所谓"福利国家"的英国也是如此,在全民医疗卫生体系保障下护理照顾津贴被大大压缩,对于失能者尤其是老年人来说,提供的津贴数量明显不足。总之,LTCA津贴预算趋于保守且支付更加严格是OECD国家总体性的趋势。

---

[1] Clare Ungerson, Susan Yeandle. *Cash for Care System in Developed Welfare States*. Palgrave Macmilla,2006:13.

第6章 服务内容与提供方式

6.1 概况

6.1.1 LTCA 的服务内容

长期护理的服务内容包括医疗服务和社会服务两大领域。医疗服务基本涉及的是专业医疗、保健康复、姑息治疗、长期看护、补充家庭护理的医疗照顾等，直接面向患者提供治疗服务。社会服务涉及的是家庭内与机构内的社会化帮助，包括家庭帮扶、设施改造、出行与食宿辅助、辅助性照顾、机构服务等与日常照料密切相关的支持活动。具体来看，OECD 国家 LTCA 护理服务基本上体现在三个方面：现金津贴、实物福利和其他社会服务。

第一，现金津贴。以现金形式支付的津贴既提供给护理使用者，也供应给护理提供者。护理使用者通过护理津贴雇用他们认为符合自身需要的护工，也可以利用津贴入住护理机构或其他规定内的相关院舍。护理提供者接受津贴以弥补丧失的工作机会与劳动输出。使用者不仅可以自行寻找提供者，还可以选择服务方案与支付条件。不过，OECD 各国津贴赋予的政策强制性不同，奥地利、意大利等国并没有过多限制津贴用途，而墨西哥等国因长期护理津贴制度不完善而对津贴支出的控制较大，也限定了被雇用的服务提供者类型。还有些国家如西班牙等因为缺乏正式完善的实物服务系统，就用现金津贴作为一种补偿或替代形式。与长期护理保险模式国家的现金支持相比，津贴模式国家提供的现金津贴力度相对更能起到收入支持的作用。新西兰、爱尔兰、芬兰和比利时的失能者津贴大多根据残疾期限与个人收入提供较高的收入支持性质的补助。英国、斯洛伐克等也为失能者的生活设定了较充分的津贴计划。但是,在税收减免上则情况各异,大部分服务使用者得到的现金津贴是免税的,也有部分得到的是税后收益。

第二,实物福利。以实物形式开展的服务一般是家庭内护理的日常生活照料,也可以是为照顾者减轻身心负担的暂托服务。无论以现金的形式,还是以实物的形式,大多数国家都兼顾使用两种途径。同时,受益者需要接受资格审查,部分需要一定比例的共同支付。当然,也有少数国家主要采取现金津贴形式配合少量的实物服务,如奥地利和捷克;一些国家主要采取了实物服务形式,如匈牙利、新西兰、澳大利亚和瑞典。北欧一些成员国则以服务券计划雇用护理提供者。

第三,其他社会服务。如面向护理接受者提供的机构护理,机构形式大多以疗养院、护理院、老年之家、暂息护理机构、日间护理中心、残疾院、精神病院等为主;机构性质包括政府公办、私人的营利与非营利性质、慈善或宗教机构等多种团体组织的非营利性质。OECD各国在发展过程中会根据各地区情况交由地方政府自行安排,所以,各地区间的服务效果、收费标准、准入资格都有待缩小差距。

6.1.2 LTCA 的提供方式

长期护理服务的提供,包括非正式的家庭照顾者与正式的有酬工作者分别在各自的领域内提供的交叉服务。

非正式护理员,他们的身份可能是护理接受者的配偶、父母、成年子女或其他亲属,也可能是朋友或志愿者。他们与护理接受者之间的关系建立在预先存在的既定关系基础上,提供的服务也非常规、无薪资可言。因为提供的护理服务时间不确定,因而 OECD 国家的非正式护理员规模无法准确衡量,比如在不考虑时间因素的情况下,欧盟非正式护理员估计达到 100 万人,但将时间控制在每周至少照顾 20 小时的范围,这一规模就会缩减至 19 万,再提升至每周至少照顾 35 小时的时间限制时,更降低到 9.6 万人。[①] 无论以何种方式来计算非正式护理员的数量,OECD 国家中这种提供方式的人员规模都普遍超过正式照顾者的数量,从丹麦的两倍到加拿大和新西兰的十倍不等。平均而言,一国中非正式护理员的比例大致占到了 70% 至 90%。[②] 同时,非正式护理员以女性占主要比例,尤其是家庭成员中的女性配偶或成年女儿与儿媳。

正式的长期护理员,在各国的储备量实际上与现实需求量之间并没有强烈的关联,通常是高龄老年人增长趋势下对护理工作者的需求远远大于可供应量。斯洛伐克 LTCA 正式护理员只占总工作人口数的 0.25%,最高的瑞典也只占总工作人口数的 3.6%。各国全职的正式护理员比例更低,如加拿大、奥地利和英国等,相对正式护理员降幅达到 50%(见表 6-1)。另外,OECD 部分国家内的外籍护工也占据相当大的比例,替代了国内正式护理员不足的状况,突出表现在意大利等国。

表 6-1　OECD 部分国家正式长期护理工作者占劳动总人口的比例(2008 年)

国家	15—65 岁人口中 正式长期护理员人数(%)	15—65 岁人口中 全职正式长期护理员人数(%)
斯洛伐克	0.25	
捷克	0.30	0.28
爱尔兰	0.80	0.50

[①] J. Alber, U. Köhler. Health and Care in an Enlarged Europe. European Foundation for the Improvement of Living and Working Conditions, 2005:167.

[②] R. Fujisawa, F. Colombo. The Long-Term Care Workforce: Overview and Strategies to Adapt Supply to a Growing Demand. OECD Health Working Paper, 2009(44).

(续表)

国家	15—65岁人口中正式长期护理员人数(%)	15—65岁人口中全职正式长期护理员人数(%)
匈牙利	0.5	
加拿大	1.0	0.5
西班牙	1.2	
新西兰	1.4	1.0
奥地利	1.4	0.6
瑞士	1.8	1.1
英国	2.2	1.1
丹麦	2.3	
挪威	2.8	2.0
瑞典	3.6	2.7

资料来源:OECD. Long-Term Care: Growing Sector, Multifaceted Systems. In OECD. *Help Wanted? Providing and Paying for Long-Term Care.* OECD Publishing,2011:45.

6.2 LTCA 的护工支持政策

6.2.1 政策支持的重要性

在非正式护工构成各国主要护理人力资源的背景下,对长期护理非正式护工的支持政策就逐渐成为各国的焦点。不仅是对护工福利给付的考虑,也包括政府整合资源更好地发挥劳动力的作用。

首先,包括家庭成员或亲戚朋友在内的非正式护工,提供的是无偿的非组织的服务,这对于无力支付昂贵的机构费用和雇用正式护工的失能者而言,是最便利也是最有可及性的渠道。对于护理接受者体现出优势的同时,非正式护工却陷入职业与护理工作的冲突而难以平衡分配时间,造成身心压力,进而出现退出劳动力市场、丧失就业和工资机会的现象。从长远来看,对非正式护工的津贴补偿也是保证长期护理系统整体运作的一部分。

其次,对于正式护工而言,正因其专业性和组织性,能够规范地提供照料护理服务并可能在市场竞争作用下改善服务质量。护工资源的缺乏是各国突出的现实问题,保证正式护工人力资源的稳定,加大培训教育和资格认证的标准化、规模化,增强正式护理渠道的可及性是一个较长期的任务。

6.2.2 三大政策支持

各国对长期护理护工的支持政策大致包括三个方面:一是最直接的护理津贴给付;二是对护工身心健康的维护与改善;三是促进照护服务与本职工作之间的平衡。

在津贴给付的支持政策上,又分为提供给护工本人和提供给护工所照顾的对象两类。但现实情况是,OECD国家只有不到一半的成员国对护工直接提供现金支付,多数成员国先提供给护理受益者再转付给护工,也有如挪威、瑞典、斯洛伐克、新西兰和英国采取两种混合的提供方式。[①]

(1) 提供现金津贴给护工本人,不仅是一种收入支持措施,补偿其损失的工作机会和劳动成本,也是一种社会身份的象征,使其在提供非正式护理的同时也能享受到类似于正式薪酬待遇一般的社会地位,提高非正式护工的自尊与认同感。通常情况下,现金津贴是以薪酬待遇的方式提供给护工的,还有一种方式是要经过家计审查的程序。前者以北欧国家为代表,后者则以英国为典型。北欧国家基本

---

① OECD. Policies to Support Family Carers. In OECD. *Help Wanted? Providing and Paying for Long-Term Care*. OECD Publishing,2011:132.

以市级政府作为护理服务的责任机构,直接以薪资的形式雇用护工,津贴水平较高,同时也不限制护工的兼职机会。英国、爱尔兰、新西兰等国家使用家计审查的方式来为护工支付津贴,在资格上仅控制为低收入群体和护理任务艰巨的困难群体,很少人能够享受到护理津贴,同时也附加了很多限制条件,如必须是给需要全职护理人提供照顾。2008年,英国享受护理津贴的人数小于总人口的1%,未达到所有照顾者的1/10。澳大利亚和爱尔兰则是小于总人口的0.5%,未达到所有照顾者的1/5。[①] 另外,在OECD各成员国,护工津贴的受益人数和获得资格也存在很大区别,同一国内各地区间也存在不同。

(2)提供现金津贴给护工的照护对象,是超过75%的OECD国家采取的方式,因为其能够最大限度地保证受益者的独立选择自由。虽然采用这种方式的主旨是促进护理需求者的选择灵活性,而非专门为护工提供津贴保证,但一般人们还是会倾向使用护理津贴去支付给自己更愿意相信和依靠的家人或亲属,而同住在一起或拥有血缘地缘关系的非正式护工是次优选择。除了北欧国家和英国等,其他国家为一位失能的家庭成员提供护理照顾更可能选择全职的家庭主妇或退休人员,选择家庭之外的护工的不到50%(OECD国家整体情况如表6-2所示)。这种方式下的津贴分配,家庭成员会考虑到失能者的实际照护需要,一定程度上更适用于按需分配,使有限的资源能够更公平地发挥作用。

表6-2 OECD部分成员国长期护理护工与非护工的比例(%)

国家	退休		雇佣		非雇佣		主妇	
	护工	非护工	护工	非护工	护工	非护工	护工	非护工
澳大利亚	16.8	16.2	53.1	66.2	1.6	1.8	21.7	6.9
奥地利	48.9	44.0	31.8	38.9	3.3	4.0	11.6	9.8

---

① OECD. Policies to Support Family Carers. In OECD. *Help Wanted? Providing and Paying for Long-Term Care*. OECD Publishing,2011:133.

(续表)

国家	退休		雇佣		非雇佣		主妇	
	护工	非护工	护工	非护工	护工	非护工	护工	非护工
比利时	22.3	25.6	39.0	42.7	10.5	6.0	16.5	13.0
捷克	34.7	43.4	44.7	48.1	11.2	5.6	0.3	0.0
丹麦	19.1	22.2	59.0	60.6	7.0	5.9	1.3	1.7
希腊	18.7	23.3	31.4	47.2	2.4	2.8	46.0	25.1
爱尔兰	11.1	17.0	55.6	51.9	1.7	4.0	24.7	17.8
意大利	36.2	35.5	33.5	35.8	3.2	4.0	24.5	22.3
波兰	37.6	36.2	33.6	60.3	3.4	7.9	9.8	5.3
西班牙	10.0	13.8	33.0	45.1	5.9	7.5	43.9	25.7
瑞典	12.9	16.3	75.4	73.9	1.4	3.5	0.8	1.1
瑞士	7.3	10.2	67.0	69.5	3.5	2.8	15.7	10.0
英国	10.6	7.3	77.9	80.9	1.4	0.9	5.3	5.0
OECD平均	20.3	21.9	49.5	52.4	4.4	4.5	17.9	12.3

资料来源：OECD. The Impact of Caring on Family Carers. In OECD. *Help Wanted? Providing and Paying for Long-Term Care*. OECD Publishing, 2011:90.

在护工身心健康维护与改善的支持政策上，由于提供的服务属于劳动密集型，在从事体力劳动的同时很容易导致身体与精神方面的压力，如果护工处于一个并不良好的环境中，可能产生的精神压力更加严重。因此，考虑对护工压力的减缓也是必要的政策。通常情况下，护工支持政策内容大致包括暂息服务、教育培训和信息咨询。

（1）暂息服务。暂息服务是一种给予护工暂时的身心休息时间，以协助其调节压力和护理活动带来的负担，也旨在协助其恢复正常的护理提供能力。OECD国家基本上都会将暂息服务设计进长期护理系统的服务内容中，但各国直接提供暂息服务的水平和范围参差不齐。另外，在提供暂息服务的同时也很难有一个科学的测量标准来估算效果,因为护工得到的暂息与满意程度是一种心理满足感受,如何转化为可见的指标还较为复杂。

(2)教育培训。① 对于非正式护工而言,缺乏专业护理知识和教育可能会造成护理在开展过程中出现棘手状态而无路可循,这时就需要所在地域内(通常是社区)的社会培训机构或志愿组织提供及时的经验传递与知识介绍,这也是一种非正式的培训途径。大多数国家对于非正式护工的培训都依托于地方政府倡议与社区、非政府组织、志愿组织的自行开展。一般采取辅导计划和论坛交流的形式,但实际开展效果因非正式护工交流周期的不固定性与心理情绪测定的局限性而无法准确得到相关数据,也因为偏向于对非正式护工的危机介入与困境应对而无法制定常规的政策。② 对于正式护工而言,教育培训则是必须经历的并通过资格考察的过程,一般对正式护工的从业资格安排周期性的审核,也会对护工在工作过程中安排再教育与能力提升的培育计划。

(3)信息咨询。对于非正式护工而言,在正式团队之外很难充分获得周围环境中可用的资源信息,当他需要寻找其他护工或社会工作者的帮助时,信息的传递与咨询就显得格外重要。同时,护理津贴或实物服务的给付、网络信息传递的迷惑性、非正式工作领域的独自性,有时也造成非正式护工获取过多的无用信息而掩盖了真正需要的内容。当非正式护工倾向于独立解决问题的时间过久,个人很难科学协调正式职业与护理责任,也很难寻找到暂息服务或社工的帮助,会对其身体与精神都产生发展性制约。为非正式护工开设一站式的服务、设立社区的信息服务中心,或利用社会工作者定期进入区域内非正式护工的家庭,防止信息的碎片化、复杂化,是一些OECD国家采取的信息咨询服务的方式。

在促进护理与工作之间平衡的措施上,由于非正式护工面临护理工作和本职工作的双重压力,研究证明,非正式的护理工作愈发导致出现个人较低的劳动参与率、迟到早退等不规则的考勤时间、缺乏到岗长度甚至旷工等一系列现象。① 为减少本职工作和护理工作给非正式护工带来的双重压力,增强其就业能力,OECD 国家普遍采用了如给予带薪或无薪的休假、给予在职人员灵活的工作安排等平衡措施。虽然大多数国家都意识到为护工提供休假的重要性,2/3 的国家都设置了护工假期,但超过半数的国家安排的是无薪假期,时间很短,并且基本上都伴随着严格的限定条件。② 此外,灵活地安排护工的本职工作时间与护理工作时间可能更具有现实可操作性,不仅使护工能够持续留在职业领域,也能适应服务对象的护理需求。

6.3 LTCA 的服务供给

6.3.1 北欧国家 LTCA 的服务与供给

6.3.1.1 瑞典 LTCA 的服务与供给

瑞典公共财政融资的护理津贴可以用在各个领域,包括家庭护理、辅助设备、机构护理、日间照顾和对非正式护理者的支持等方面。对正式护理者提供的服务内容一般是培训项目方面的公共筹资,在全国建立劳动力质量标准,但具体的项目建设还是依据各市的情况而定。对非正式护理者的福利内容则体现在很多方面。一是对现金津贴的规定。津贴的设置又分为非正式护理者津贴与国家奖励津贴两部分。前者是通过免税的现金支付形式先提供给护理服务的需求

---

① H. Gautun, K. Hagen. Moral Squeeze? Does the Supply of Public Care Services Towards the Very Old Affect Labour Force Participation of their Children? In 8th Congress of the European Sociological Association, Glasgow, 3-6 September, 2007, Research Network Session: Ageing in Europe Session 5A Norms and Values in Ageing.

② OECD. Policies to Support Family Carers. In OECD. *Help Wanted? Providing and Paying for Long-Term Care*. OECD Publishing, 2011: 133.

者,需求者再使用现金津贴支付给提供护理的家庭成员;后者是国家提供给各市的用来发展非正式护理资源的支持。二是带薪休假政策。根据瑞典1989年的照护休假法,再经过1994年和2010年的修订,非正式护理者在照顾一位临终家庭成员的情况下,有权获得其收入80%的100天带薪休假,自1998年起法律就规定了所有政府对非正式护理者和家庭照顾者的支持责任。[①] 三是暂托护理的安排。对非正式护理者,瑞典还提供有辅导性服务与居家暂托、机构与日间照顾等暂托护理。一系列的安排都说明瑞典对非正式护理者重要性的承认与重视。

在长期护理的提供上,主要是由市政府为家庭照顾与机构护理的服务进行筹资,服务传递依靠公共组织、私人组织和补充性的志愿团体混合方式。从2009年开始,瑞典政府采取了多种措施保证长期护理在非正式护理者与私人供应商等的提供途径。对于非正式与家庭照顾者,2009颁布了新修订的《社会服务法》,明确规定了各市的社会福利委员会需为非正式护理者提供政策支持。对于私人供应商,瑞典为私人服务的提供作出一系列激励措施以刺激服务质量与工作效率,鼓励私人服务的同时也推动着各私人供应商之间的市场竞争。比如,2009年立法就规范了私人供应商的竞争,并对促进更多部门进入商业市场进行了规范。服务接受者在选择服务时拥有选择的自由权利与偏好,津贴支付方式以接受凭单作为计算标准,以此来调节市场,调高提供者的服务水平与质量,并倾向于使用这种方法来满足消费者的选择性。

6.3.1.2 挪威LTCA的服务与供给

挪威的长期护理服务内容大致包括家庭医疗护理、家庭实践性

[①] OECD. Sweden: Long-Term Care. In OECD. *Help Wanted? Providing and Paying for Long-Term Care*. OECD Publishing, 2011.

护理、辅助设备和技术提供、机构的日间和夜晚护理、非正式护理者的日间救济、非正式护理者的经济支持、社会交往援助,以及对残疾人的个人援助等方面。①

正式护理者基本隶属于市政府的护理组织中。在对护理工作者的培训方面,分为有经验和无经验两类,分别设置不同的训练计划,而对不同的训练计划的财政融资也会有不同区分。在挪威,护理工作者如果想要获得中等职业化的教育证书资格,除需要通过两年的教育时间外,还必须经历两年的实习。通过四年的理论与实践学习后,则有可能获得护士资格,不过在挪威接受进一步的职业教育以获得高等级学历的工作人员还较为缺乏。

总体而言,挪威对护理工作者设置了质量规范方面的法律条文,但并没有严格限制资格,也没有明确说明工作人员与需护理者之间数量关系上的对应。

6.3.1.3 丹麦 LTCA 的服务与供给

丹麦的长期护理是一个公共事业体系,在自由选择的目标推动下,家庭护理领域对所有具备独立性的个人而言,都可以无须共同支付而获得个人服务,包括日常生活能力支持和工具性日常生活能力辅助措施。为使个人不至于陷入机能降低后再度陷入经济困境,丹麦对那些直接因失能导致的费用支出以补充性的津贴给予补偿。而机构护理领域安排的服务内容则包括护理院、老年居民院舍、辅助性生活单位、门控类社区等。其中,护理院既指一般的常规性护理院,也指那些非营利性质的机构,还包括以津贴支付入住的机构。在护理机构中,丹麦所有符合资格的老年人都可以依照需要选择机构形式,对老年人提供这些服务时,无论机构以何种形式存在,老年人获

---

① OECD. Norway:Long-Term Care. In OECD. *Help Wanted? Providing and Paying for Long-Term Care*. OECD Publishing,2011.

得的服务都应是自由选择的结果。

2003年,丹麦实施"自由选择改革"政策,目的是让个人能够在众多的服务供应商中寻找自己需要的个人提供者或团体供应者。[①] 这项政策由地方政府与地方的私营提供者一起开展:一方面,共同提供护理服务,包括ADL支持的个人服务与IADL支持的实践服务;另一方面,私营提供者通过地方当局的政策允许才能进入市场,接受地方当局对私营服务质量的标准检查。有些地方当局还会根据各自的市政区域需要来设立市场化的服务价格。个人的选择独立还体现在2010年丹麦实施的《社会服务合并法》中,这一法案让地方当局选择服务内容的同时也为使用者提供了服务接受证明,给予选择自由的同时也给予了津贴保护。

丹麦机构护理领域中的长期护理系统就为那些希望保持活动性而并非永久停留在机构中的个人,以日间护理中心的形式留出活动的空间。一方面,在家庭服务领域,为了使老年人尽可能停留在家庭中实现自由的生活,服务内容包括耐用消费品与设备支持以及技术性援助,这样可以客观上缓解失能情况下的机械操作能力,涉及的是家庭改造与适应性的辅助;另一方面,为使受益者同样能够自由实现在家庭外的活动,服务内容也包括购置交通工具,这样可以在出行活动上大幅度地增加受益者接受教育、维持就业的机会以及参与社会活动的可能。

与其他OECD国家相比,丹麦非正式照顾者在护理系统上发挥的作用相对较小,在总人口中占到约8.3%。对于非正式照顾者提供的服务上,丹麦主要以护理津贴和替代性照顾两种形式实现。护理津贴主要针对非正式护理者丧失的工资与工作机会进行补偿,由

---

① Anna Condelius, Ingalill R. Hallberg, Ulf Jakobsson. Medical Healthcare Utilization as Related to Long-Term Care at Home or in Special Accommodation. *Archives of Gerontology and Geriatrics*, 2010, 51(3): 250-256.

地方协会进行资格认定,一旦一位护理接受者被认定可以在家中接受护理,那么他的非正式照顾者就可以获得相应的津贴补偿。替代性照顾主要针对非正式照顾者所护理的陷入失能障碍的父母、配偶与其他近亲,为失能者提供替代的或暂托的服务,以减轻照顾者的负担。

6.3.1.4 芬兰 LTCA 的服务与供给

芬兰 LTCA 服务提供包括个人、家庭和社会层面的多元化供给方式。首先,在正式护理服务方面,市政当局为个人提供一种公共筹资凭证。使用这种凭证作为支付手段,个人可以在市政府认证的非营利或私营部门中购买正式护理者提供的服务。护理服务内容包括居家帮扶、机构服务和服务性住宿等形式。2006 年,约有 1/4 的城市安排了以公共筹资凭证为基础的健康和社会护理服务,并约有 16% 的城市使用凭证来安排居家帮扶服务。① 机构服务则分为每日小时制、短期与长期等各种形式的服务。服务性住宿的供给方既可以是政府组织,也可以是非政府组织。

其次,在非正式护理服务方面,芬兰法定政策规定非正式护理者的支持性津贴,2009 年的标准大致达到 336.41 欧元,还包括养老金抵免与提供休息日等支援性服务。除了在费用上的支持外,芬兰还对非正式护理者的服务对象给予服务需要支持,如家庭护理与家庭帮扶等。

6.3.2 西欧国家 LTCA 的服务与供给

6.3.2.1 英国 LTCA 的服务与供给

在英国,长期护理津贴制度作为救助型模式的展开,购买服务的

---

① OECD. Finland: Long-Term Care. In OECD. *Help Wanted? Providing and Paying for Long-Term Care*. OECD Publishing, 2011.

预算由联邦政府下拨至地方政府,地方政府的责任主要在于开展服务需求评估、设置资格标准与具体预算安排。失能依赖者既可以选择通过需求评估得到针对性的社会部门服务,也可以选择通过私人部门购买可获取的服务与护理提供者,亦可以选择直接进入护理机构。

服务内容一般包括三大方面,即现金津贴、实物福利与机构护理。其中,现金津贴直接支付给满足资格的使用者,其可以选择购买所需的生活用品,也可以选择替换成实物服务。实物服务则包括了家庭帮扶、送餐服务、日间护理、家庭障碍改造、专业支持和院舍护理在内的众多服务形式。机构护理主要指疗养院、护理院和长期住院三种形式,其中,疗养院与护理院之间存在的差异较为微妙,并没有完全意义上的区别。英国的地方健康管理局、志愿组织协同私人机构合作分工提供服务,而对于服务的监督管理和质量控制,则交由英国的护理质量委员会进行宏观掌控。[1] 值得一提的是,在英国,地方政府是主要的公共津贴与服务支付者,无论是在公共院舍领域或在家庭服务领域,地方政府发挥的巨大作用很有可能影响一个地区内的市场护理价格。如果公共机构的津贴补助减少,可能导致护理院舍数量也相应减少,私人机构便会出现供不应求的状态,从而导致高额的收费,这样私人机构的服务使用者就会自付很大的开支,与公共机构内的使用者相比,产生不公平的差距。

在非正式护理供给领域,英国对这部分护工提供了一项专项津贴。若要接受津贴需符合的资格是,对严重失能者提供每周至少35个小时的护理,同时失能对象也必须是那些接受护理津贴、中度或重

---

[1] Martin Karlsson, Les Mayhew, Robert Plumb, Ben Rickayzen. Future Costs for Long-Term Care Cost Projections for Long-Term Care for Older People in the United Kingdom. *Health Policy*,2006,75(2):187-213.

度残疾人生活津贴或经常性护理津贴的人。① 非正式护理者津贴的获得,不需要家计审查过程,但需要纳税。非正式护理者津贴纳税后标准约为每周100英镑。

在正式护理提供领域,社会工作者构成最主要的劳动力团队。在社会工作者的资格标准上,有一整套非常严格的培养与认证过程。首先,社会工作者需要具备基本的大学一级资质或国家职业资格(NVQs);其次,每三年就要对社会工作者的资质进行更新检测与登记;最后,一般性的社会护理协会对社会工作者在现实服务的操作过程进行监督。因此,在英国,大多数有固定团队工作场所的长期护理工作者都是具备国家职业资格的正式成员。

6.3.2.2 爱尔兰LTCA的服务与供给

爱尔兰LTCA分为以社区为基础的服务提供与以机构为依托的津贴补助。在社区支持方面,爱尔兰对老年人及其家庭开展的服务内容包括家庭帮扶、送餐服务、日间或暂息护理、家庭护理组合等。其中特征最突出的是家庭护理组合,这一服务安排将主流的服务内容也包含在内,甚至超过了一般性服务内容的设计,作为一种运用多学科技能组合构成的增强性服务,为老年人提供了广泛的服务支持。这种依托于社区的服务提供,在某种程度上也能减轻爱尔兰医疗护理系统对长期住院病人给予持续照顾的压力。

在机构支持方面,爱尔兰共拥有21500间左右的日间护理中心,能满足约80万有护理需求者超过一年的需要。② 对私人护理机构的支持形式则是护理院津贴补助,补助形式分为基本补助和增强性补助。补助的前提条件是个人的财产不能超过一定阈值,同时缺乏可

---

① OECD. United Kingdom: Long-Term Care. In OECD. *Help Wanted? Providing and Paying for Long-Term Care*. OECD Publishing, 2011.

② OECD. Ireland: Long-Term Care. In OECD. *Help Wanted? Providing and Paying for Long-Term Care*. OECD Publishing, 2011.

用的居家护理资源。符合条件后,护理院津贴补助提供给符合资格者以扶持其进入私人护理机构。不过,这项制度在持续改革完善,2009年10月27日护理院津贴补助计划被替换为护理院支持计划,制度转轨前津贴覆盖的受益者一并转移到新计划中,或继续接受原补助标准。

6.3.2.3 比利时 LTCA 的服务与供给

比利时 LTCA 服务分为居家护理和机构护理两大类。(1)居家护理,适用于所有要护理的个人,在家庭内的护理活动是由联邦政府提供给全体居民的服务"支票"来作为津贴使用,提供的护理强度根据使用者的 ADL 测评而定,提供的内容也可能会涵括个人护理与工具性的生活障碍辅助。居家护理服务内容会随着地区之间的差异而产生显著变化,各地层级的居家护理根据护理对象的失能严重程度与收入资产状况来决定其是否具备护理资格以及能够得到多长时间的护理。(2)机构护理,是指通过休养院、护理院和半机构性护理院三种形式提供服务。其中,休养院针对的目标人群是低度到中度的失能者,护理院则针对的是中度到重度的失能者,不过现实操作中会考虑到一些需要特殊护理的部分人群,因而使休养院和护理院的进入资格有一定重叠的设置,也会在性质上存在相似的部分。休养院与护理院的开办形式多样,可以采取公共形式,亦可采取私人非营利或营利形式。半机构性护理院则属于便捷性的护理机构,针对的是那些在家中的中度到重度 ADL 失能对象,同时获取非正式护理资源存在限制或暂时性限制;在时间和出行上相对灵活,基本表现形式是日间护理中心或短期停留中心等机构。2006年,机构护理服务使用率达到所有长期护理使用者近一半的人数。

2006年,比利时的非正式护理者达到了685000人,占到15岁以上人口数的9.4%。对非正式护理者,比利时提供了一系列津贴与休假待遇。首先,对于家庭内的非正式护理者,法律规定了多种形式的护理者休假,希望通过这种强制性的安排保证劳动力既能够完成正常工作又能够继续提供护理服务。保障措施包括时间信贷和职业中断系统,①主要是使承担非正式护理责任的家庭成员,在有限的一段时间内可以部分或完全中断工作,并为其在中断的这部分时间内提供一项现金津贴待遇,保证其能够维持正常的生活。其次,对于劳动力市场中的职业雇员,在雇主允许及雇员本身财务状况合格的基础上,如果雇员的同住亲属陷入需护理状态或进入医院接受治疗,在理由充分的条件下,每年安排一定天数(通常是10天)的无薪假期待遇。

6.3.2.4 法国 LTCA 的服务与供给

法国长期护理服务包括疗养院服务、医院服务、家庭护理服务、家庭医疗保健服务、日间护理中心服务以及非正式照料支持等。法国有10%的老年人和2/3的失能者都生活在疗养院(房租成本占60%——属于自付;医疗保健成本占30%——由健康保险支付;生活照料成本占10%——部分由个人津贴制度支付),然而,受老年人喜爱的和政府支持的还是家庭医疗保健服务。为此,长期护理津贴给付倾向于家庭护理。政府给家庭护理和机构护理基本相同的人均补贴标准,机构护理受益者在承担 APA 自付部分以外需自付床位费,其自付护理成本高于家庭护理。2010年,政府对家庭护理的补贴额度达到34.77亿欧元,为机构护理补贴的7.6倍,占总体补贴的65.6%,其受益人数占 APA 护理总体受益人数的61.4%。②另外,减免家庭护理者的一半收入税,政府利用税收优惠来增加家庭护理服务的劳动力供给。

---

① OECD. Belgium:Long-Term Care. In OECD. *Help Wanted? Providing and Paying for Long-Term Care*. OECD Publishing,2011.

② Blanche Le Bihan. The Redefinition of the Familialist Home Care Model in France:The Complex Formalization of Care Through Cash Payment. *Health & Social Care in the Community*,2012,20(3):238-246.

在市场化制度推行中,法国将长期护理服务按照服务价格和专业化程度的不同分为三个等级:机构指定服务、半指定服务和个人指定服务。机构指定服务,价格和专业化程度最高,由服务提供机构作为雇主,指派护理者;半指定服务,个人作为雇主,由服务提供机构指派护理者;个人指定服务,价格和专业化程度最低,由个人根据需求选择护理者,和护理者签订合同。[①] 个人和护理机构之间签订合同,通过合同来约束服务提供机构的行为,保护自己的合法权益。这样,地方政府从服务提供者转变成为服务机构监管者。

6.3.3 中欧国家LTCA的服务与供给

6.3.3.1 奥地利LTCA的服务与供给

奥地利长期护理津贴的用途包括购买正式个人护理辅助或家庭服务、支付非正式护理员、护送服务费用三大类。[②] 这涉及使用者、提供者和其他护理服务相关人员。从本质上说,现金津贴最大的目的旨在增强需护理者的独立程度。津贴受益者会选择一种他认为最能够促进自己(或照顾者)机能康复,或最适合自己个人生活习惯与需求的服务,护理津贴所发挥的作用就是最大限度地保护这种选择自由与意愿实现途径。

从提供内容上看,居家护理、机构护理与社区护理构成需要护理者最主要的三种可选择方式,那么津贴服务的提供也主要在这三种领域内发挥功能。根据调查评估,奥地利各州长期护理服务使用率存在差异,比例最大的州是福拉尔贝格州,达到84%;克恩顿州的比

[①] Blanche Le Bihan. The Redefinition of the Familialist Home Care Model in France: the Complex Formalization of Care through Cash Payment. *Health & Social Care in the Community*, 2012, 20(3): 238-246.

[②] C. Badelt. Long-Term Care in Austria: An Economic and Social Challenge. In Austrian Presidency of the European Union: Proceedings of a Conference on Persons with Disabilities. Austrian Federal Ministry of Labour Health and Social Affairs, 1998: 24-30.

例最小,仅有34%。在居家护理中,针对那些在家中接受服务的人员,大致有家庭护理服务、家庭帮扶服务和送饭上门服务等,比例分别为10%、17%和14%。在机构护理中,大约有7%的受益者会倾向于进入机构接受长期护理,针对这部分人的现金津贴也会直接提供给机构内的护理提供者。在社区护理中,包括了居家护理和家庭外护理,受益者中使用了一种或多种服务的达到56%(因为护理津贴并非覆盖全部,只有一部分居家护理及社会服务被涵盖在津贴范围内),而社区护理的使用者中选择在自己家中接受服务的比例为47%,22%的人还会选择在家庭之外接受服务。[1]

从提供途径上看,基于联邦政府和州政府间的协议,州政府需要提供满足最低水平的社区与机构服务。同时,各州政府也需要合理控制与其他州之间在实施过程中产生的差距,避免在供需上造成地区差异过大。各地区在开展长期护理服务的方式上主要有三种,包括家庭成员、非组织性的工作者以及非政府组织提供的服务。其中,非政府组织的成员是社区服务最重要的提供者,大约提供了90%的社区服务。

需要补充的是,奥地利的长期护理津贴需要使用者自身使用养老金等资金支付一部分,在无法承担这种费用的情况下,社会救助系统则是最后的防线,由各地的社会救助预算提供援助。

6.3.3.2 瑞士 LTCA 的服务与供给

瑞士的正式长期护理场所大致包括医疗护理院、养老院或残疾院以及家庭。[2] 在家庭护理领域,拥有特定的名称"Spitex",指的是瑞士对国内残疾人和护理机构之外的失能老年人提供的特别援助和护

---

[1] C. Badelt, A. Holzmann-Jenkins, C. Matual, A. Osterle. Analyse der Auswirkungen des Pflegevorsorgesystems. Austrian Federal Ministry of Labour Health and Social Affairs, 1997.

[2] OECD. Switzerland: Long-Term Care. In OECD. *Help Wanted? Providing and Paying for Long-Term Care*. OECD Publishing, 2011.

理服务的缩写简称。Spitex 的成本由公共资源支付近一半,包揽了广泛而全面的健康与社会支持服务。以家庭为基础的护理活动基于各州与地区自行组织,通过非营利的私人组织提供。在机构护理领域,瑞士并没有对需护理者的障碍程度设立统一的等级评估标准,由公共机构或非营利组织为 2/3 的机构护理进行评估,并由私人营利性机构完成剩下的 1/3。各州政府基本会对所有的公共护理和一部分的私人护理提供津贴补助,以维持其正常运作,也会对一些养老院的建设给予支持。2005 年,护理机构中的总床位大约为 85200 张,出租率达到了 95%—97%。[1] 与此同时,也因为有太多老年人等待进入护理院的需要与紧缺的床位形成矛盾,造成很多老年人滞留在护理院等待名单中时间过久从而转移进医院接受护理。为了公平地提供机构护理,优先推荐入住护理院的是 80 岁及以上的老年人。

在非正式护理领域,有近 21% 的居民从事着非正式的护理工作,主要由女性构成的非正式护理劳动力发挥了重要的作用。瑞士对于非正式护理者提供的福利服务包括津贴、税收减免、休假和健康相关护理等形式。家庭中有依赖亲属提供照顾的人,可以向国家申请护理津贴,这种护理津贴是被计算在养老金内的。另外,瑞士还有"时间储蓄银行"试点项目,将护理提供者对老年人提供的非正式护理,看作对未来自身护理需求的储蓄,通过纵向平衡的方式为自己的老年风险进行预先信贷。这种方法也解决了护理资源的紧缺问题。税收减免服务也是针对非正式护理员服务成本的一项补偿。休假则包括带薪与不带薪两种形式,非正式护理者可以在职场灵活依据工作情况和雇主意愿来选择休假方式。

6.3.3.3 匈牙利 LTCA 的服务与供给

匈牙利的长期护理服务分为家庭护理和机构护理。在家庭护理

---

[1] OECD. Switzerland: Long-Term Care. In OECD. *Help Wanted? Providing and Paying for Long-Term Care*. OECD Publishing, 2011.

领域,由地方政府负责设置和传递。地方政府不仅要安排服务,保证家庭照顾的可用性和便利性,更要为长期护理津贴的融资作出投资设计。除地方政府外,地区的社会服务中心也为居民提供社会化的护理服务。匈牙利各地方政府都负责超过10万居民的护理需要。2000年,每1000个超过60岁的人中即有50人获得食物援助,20人获得家庭帮扶,20人进入老年人日间护理中心或机构。同时,在农村地区则依靠全科医生与初级保健护士来提供上门访视形式的老年人服务。[1]

在机构护理领域,匈牙利以医疗支持、特殊门诊护理和机构永久住宿三种形式展开服务。医疗支持是卫生健康系统支持的对少部分医疗护理服务提供的实践活动,特殊门诊护理则为不同类型的长期护理需求者设计特别化的服务内容,机构永久住宿的服务对象包括老年人、残疾人、精神病患者和上瘾者,各种类型的服务对象有针对性的机构设置。据统计,2008年所有机构中共有15470张康复床位、2410张护理床位和128张临终关怀床位,使用率约为80%—85%,平均使用时长为60日左右。2007年,有2.4%的达到并超过60岁的老年人接受了机构护理,其他2.1%的人则接受了专业家庭护理。[2]

匈牙利的非正式护理者大部分都没有得到过专门的教育与训练,但非正式劳动力又是匈牙利最主要的护理资源,因而对于这部分护理提供者,政府提供相应的护理津贴与养老金一起维持他们的生活与发展。对于正式的护理人力资源,不同的护理内容有各自相对应的教育标准与训练计划,具备专业资格的人员占到了护理机构工作者中的90%,但资格水平也只停留在基本的教育层面。

---

[1] OECD. Hungary:Long-Term Care. In OECD. *Help Wanted? Providing and Paying for Long-Term Care*. OECD Publishing,2011.
[2] Ibid.

6.3.3.4 波兰 LTCA 的服务与供给

波兰最主要的长期护理实施场所是家庭,因为波兰有着强大的家庭文化根源,女性是主要的护理提供者,因而波兰全部的长期护理中有超过 80% 是在家庭中开展。

在家庭护理领域,主要由地区政府负责提供家庭帮扶服务,也负责开展家庭财产调查工作。服务提供者包括医生、社会工作者和社区护士,也包括家庭的非正式护理者、亲属朋友或邻居,社区卫生服务团队可以对地域内的需护理者引入或转移服务。提供的服务内容主要包括对失能者的诊疗和帮扶措施,服务对象属于有一定独立程度的失能者。另外,若一个家庭的收入低于国家规定的最低养老金,给予其免费服务的待遇。对非正式护理者提供一系列福利待遇,包括工作休假补偿、税收减免政策和护理津贴等。其中,工作休假每年14 天为上限,护理津贴的获取条件是为家庭中的重度残疾者提供护理的家庭成员,提供约 520 兹罗提(132 欧元)的护理津贴。

在机构护理领域,波兰共有 109 所护理院,有 1 万人左右的老年群体入住,还有 175 所公益组织慈善社开办的私人性质的非营利护理院。护理机构中安排的服务内容大致包括姑息护理、治疗性护理与保健性护理三种形式。针对的目标群体主要是具有较轻失能等级的老年人,并且这部分老年人对护理没有特殊需求,因而在机构中的人数通常所占比例不大。护理服务主要是通过成人日间护理中心(DDPS)、护理院社会部门(DPS)两类机构提供,更多服务来自福利网络中的社会部门。

针对长期需护理的疾病患者与老年群体,波兰基本是通过社会援助系统来提供服务。[①]

[①] OECD. Poland: Long-Term Care. In OECD. *Help Wanted? Providing and Paying for Long-Term Care*. OECD Publishing, 2011.

6.3.3.5　捷克 LTCA 的服务与供给

捷克的医疗卫生服务分布在卫生部门和社会部门两个领域,其中卫生部门的服务是面向捷克国内所有有资格的公民,而社会部门的服务才是护理津贴用来支付的内容,其服务提供需要依靠区域内的社会设施。津贴支付的是有必要的支持性服务,也可支付非正式护理者的家庭成员或亲属以及其他提供者所开展的护理照顾。

捷克的公共筹资护理服务包括最普遍的家庭护理、机构护理和日间护理等形式。首先,捷克的家庭护理,由个人援助性服务的家庭照顾与家庭健康综合性服务的家庭看护两部分组成。不过,捷克只有非常有限的正式长期护理家庭服务,长期以来捷克也在致力于推动家庭健康护理,促进护理性质的机构为家庭护理提供服务。2009年,有 475 家护理机构面向家庭护理,给超过 145 万人的患者提供了服务。其次,捷克的健康护理机构和社会性长期护理机构提供的服务共同构成了机构护理。前者除了专门的长期护理机构外,还有医院和其他护理院等,后者则一般是养老院等护理机构。2008 年捷克的各类健康护理机构共设有 14500 张长期护理床位,社会性护理机构设有 60000 张床位。[1] 机构护理一般提供健康护理、慢性病治疗和针对性的姑息治疗等服务。

捷克的主要护理资源,非正式护理服务占比近 80%,约 20 万人从业,占总人口的 2%。但一直以来,捷克没有严格的规范对庞大的非正式护理资源进行整合,长期护理津贴是对非正式护理者最主要的支持形式,通过使用者支付给其家庭成员,同时对非正式护理者也提供了养老金信用和健康保险的支持,还可以接受护理者提出的暂缓服务申请。

---

[1] OECD. Czech Republic: Long-Term Care. In OECD. *Help Wanted? Providing and Paying for Long-Term Care*. OECD Publishing, 2011.

6.3.3.6 斯洛伐克 LTCA 的服务与供给

斯洛伐克对有依赖老年人或残疾人的长期护理服务主要偏向于非正式的护理提供,以制度化的正式护理服务作为补充。正式护理是在居民家中或机构内都有设置的专业性服务,由长期护理的专业工作者提供。

对于非正式护理者而言,斯洛伐克提供的福利内容包括护理津贴与退休或病残养老金。护理津贴主要为护理提供者设计,退休或病残养老金是授予护理接受者的补充形式。非正式护理本身基于斯洛伐克的一项"严重残疾补偿性直接支付法案",无论是处于劳动年龄的低收入群体(收入低于每月370.38欧元的标准),还是已退休的非正式护理者,只要其在为符合资格的失能成年人或儿童提供非正式的照顾,就可以接受这项津贴。对工作适龄低收入者的津贴水平约为每月200—266欧元,对已退休的非正式护理者津贴水平约为80—110欧元。[①] 斯洛伐克的市政当局还对这部分接受护理津贴的护理者设计了每年30天的暂托护理服务,以减缓其工作压力。另外,已获得长期护理津贴的护理依赖者则也能有条件地领取退休或病残养老金。

护理院、养老院、庇护所与社会服务院等是正式护理的主要提供场所。社区也是一种正式的制度化康复场所,让要护理者停留在熟悉的生活环境中,保持其最大程度的独立生活需要。制度化服务还包括对个人提供的援助项目,主要表现为对残疾人的出行活动与家庭事务开展的辅助性经济援助。

---

① OECD. Slovak Republic: Long-Term Care. In OECD. *Help Wanted? Providing and Paying for Long-Term Care*. OECD Publishing, 2011.

6.3.4 南欧国家 LTCA 的服务与供给

6.3.4.1 葡萄牙 LTCA 的服务与供给

葡萄牙在很大程度上依赖非正式护理,尤其是占家庭照顾者主流的女性。根据 2009 年欧洲在阿尔茨海默病方面的调查,葡萄牙的女性照顾者占所有护理提供者的 75%。不过,随着实践的完善,完全依赖于家庭照顾者的形势也在逐渐改变,尤其是葡萄牙拥有一个全国网络集成持续护理系统(RNCCI),在长期护理方面提供了正式的、全国范围内的持续护理,并有各地区的社会支持团队与单位。RNCCI 为葡萄牙长期护理津贴体制的服务提供了优质解决方案。

根据 2006 年 6 月 6 日 101 号法律,葡萄牙的 RNCCI 在区域和地区范围进行社会团队的组织,主要为护理需求者提供长期护理维护、康复与恢复服务、日间护理、姑息性护理和增强使用者自主性等服务。另外,在葡萄牙有一个慈善机构"Misericórdias"提供社会服务,主要包括日常生活辅助,如膳食、洗衣和获取药物等。2008 年,RNCCI 的构成有 61% 是 Misericórdias、16% 是非营利组织、12% 是营利性组织,还有 11% 是葡萄牙国民公共卫生服务体系(NHS)。[①]

葡萄牙的照护服务提供方包括国民公共卫生服务组织、私人组织和非营利组织以及 Misericórdias,四种方式的占据比例分别为 9%、23%、20% 和 48%。因此,最主要的提供方式落实在 Misericórdias 方面。

需要强调的是,葡萄牙的家庭护理逐渐占据各种护理领域的重要地位,长期护理服务主要提供给居住在家中的病人,以达到减少机构设施扩张的目的。家庭护理主要通过地方和区域的政府组织、卫

---

① OECD. Portugal:Long-Term Care. In OECD. *Help Wanted? Providing and Paying for Long-Term Care*. OECD Publishing,2011.

生部门联合非营利组织合作开展。

6.3.4.2 西班牙 LTCA 的服务与供给

西班牙的长期护理制度有现金津贴和实物服务两种实现形式,既可以选择现金津贴,也可以通过家庭护理、机构护理、日间护理、远程服务和预防性服务等多种实物形式获得。对于现金或实物的选择取决于依赖者自身,但依赖者可自由选择的前提是必须符合需求评估,也需要与其家庭成员协商达成意见。现金津贴与实物服务的获得都要经过资产及家计审查过程,但基本上以现金津贴给付为主。

在家庭护理领域,低收入群体的申请人通过资格认定后,都能获得家庭护理,主要是日常生活的护理辅助以及工具性活动能力的维持,旨在增进个人的自主生存发展权。此外,也包括一些基于社区提供的护理服务。家庭护理服务需要适当的共同支付,不过被控制在参考成本的 65% 以内。

在机构护理与日间护理领域,大部分采取的是实物服务的形式。在这些领域的护理机构中,西班牙的公共性质机构大约只占 24%,大多数的护理机构是私人性质的,使用公共津贴者中有 22% 的护理接受者被安置在私人院舍中。护理机构主要形式包括区域护理中心、市政护理中心以及私人机构。每个机构内的护理工作者与专业医疗工作者都需要保持一定比例,至少与使用者之间达到最低水平匹配。日间护理有 65% 通过私人机构提供,不过政府给予一定补贴。[①]

对非正式护理者授予特殊养老金权利和其他社会优待,并逐渐发展针对非正式护理者的暂息护理服务和支持措施。对正式护理者则要求所有的个人援助护理员、家庭护理员及护理机构负责人都必

---

① J. Garcés, F. Ródenas, V. Sanjosé, Care Needs Among the Dependent Population in Spain: An Empirical Approach. *Health & Social Care in the Community*, 2004, 12(6):466-474.

须具备相应的专业资格,同时护理员的津贴也是通过支付给护理使用者后再转移给护理员,并没有直接的支付途径。西班牙的正式护理劳动力在1996年至2006年的十年间扩张了近170%,并在2005年至2010年间至少带动了160000—262000个工作岗位的增长。但是,仍然有56%左右的护理员只拥有较低或没有专业资格。[1]

6.3.4.3 希腊LTCA的服务与供给

希腊LTCA服务包括优先安排的正式家庭护理和公共系统长期护理机构提供的实物服务。[2]

对于家庭护理的安排,希腊设置了一项"按居籍援助"的计划,由地方政府承担责任,主要是在偏远的山区与乡村实施。在这一项目下,对于独居并丧失生活自理能力的老年人,以及处于生存危机和排斥环境中的残疾人,首要考虑的是提供家庭内的援助与护理服务,以尽可能保证这些失能者的生活权利和生活质量。

对于机构护理的安排,主要包括各州机构的床位供给、日间护理中心的帮扶、开放式老年人保护中心三种方式。首先,在各州机构方面,由希腊各辖区的社会福利部门对该地区的长期护理组织进行设立与运营管理,护理机构可以是通过地方当局、慈善协会或教会开办的非营利形式,也可以是营利性的。当各州机构没有充足的床位时,依靠卫生和社会互助部通过国家预算对各州的低收入老年人给予床位支援。其次,在日间护理中心方面,由地方当局的行业联合会协同私人非营利机构和市属企业运作,主要针对非正式家庭护理者资源不可及,同时又存在失能的老年群体,为其提供护理帮助。最后,在开放式老年人保护中心方面,主要是对60岁及以上的老年人提供社

---

[1] OECD. Spain:Long-Term Care. In OECD. *Help Wanted? Providing and Paying for Long-Term Care*. OECD Publishing,2011.

[2] OECD. Greece:Long-Term Care. In OECD. *Help Wanted? Providing and Paying for Long-Term Care*. OECD Publishing,2011.

会保护的同时考虑社会娱乐活动的安排。社会保护包括医疗护理保护和医疗治疗保护,社会娱乐则包括各种形式的娱乐组织活动,这也是对老年人精神生活的服务供给。在希腊,社会医疗保险系统内外的老年人都可以接受机构护理服务。

6.3.4.4 意大利 LTCA 的服务与供给

意大利 LTCA 包括现金津贴、卫生系统的实物服务和社会部门的护理服务。现金津贴根据国家等级评估标准,用以支付护理者选择与购买的服务。在卫生系统的实物服务上,意大利的健康系统(SSN)承担主要责任,提供的服务类型包括由家庭服务和门诊服务组成的综合家居护理、院舍和半院舍服务组成的社会卫生机构与日间护理中心服务,以及精神科服务和对酒精或药物成瘾问题的服务。[①]

社会部门的服务既包括在家庭领域的照护,也包括在机构中的院舍关怀,由市政当局采取实物干预与服务辅助的措施。社会护理服务的获取,要通过市政当局建立的专业队伍展开需求评估和收入测评。标准的设置也是地方性的,有些地区是固定不变的,也有些地区之间会形成融合。其中,收入测评是基于一种专用工具"等效经济形势指标(ISEE)"在申请人的家庭经济条件方面作出检测。

意大利的长期护理服务提供从正式与非正式护理工作者两个层面来分析。对于正式护理工作者,一般组成人员是全职工作在家庭护理领域内的外国人员,所有护理工作者中的外国工作者比例达到了 72%,家庭领域中这一比例甚至达到 90%。这种特殊的人员组成也是因为意大利在政策设计和地理环境上的独特作用影响。首先在地理环境上,意大利周边国家工资水平较低,这些境外工作者便会经

---

① OECD. Italy:Long-Term Care. In OECD. *Help Wanted? Providing and Paying for Long-Term Care*. OECD Publishing,2011.

过或合法或非法的渠道进入意大利寻找工作。其次在政策设计上，由于意大利经受着快速的人口老龄化与妇女劳动力参与市场比例的持续增长，国家为维持社会稳定设计的普惠性的现金津贴也为在意工作的外国人提供福利。这一现象也逐渐引起意大利部分区域的重视，开始对移民性质的工作者完善教育培训与社会帮助，也施行了家庭护理工作的等级制度，但各地区之间依然未统一，因而执行力度不大。非正式工作者依然是意大利在家庭护理领域服务提供者的主要来源。意大利的地区差异是一个较为明显的现实难题，有些地方极度缺乏公共长期护理，低收入家庭又难以支付私人服务成本，那么非正式护理者就成为失能者的主要依靠。

6.3.4.5 斯洛文尼亚 LTCA 的服务与供给

斯洛文尼亚实施一种混合福利，为长期护理领域的成本进行供款，这种混合福利来自医院系统和社会保障体系中的财政力量，并依此衍生出社会服务部门的护理津贴，面向经过收入调查合格的护理依赖者，以及依赖者的家庭成员。

在家庭护理领域，提供服务的部门包括老年护理院、社会工作中心和其他特殊机构等地方组织，由社区护士进入家庭内实施健康护理照顾，服务内容则大致包括对 ADL 与 IADL 的辅助、社会援助和医疗服务，也涉及对服务提供的监管。

在机构护理领域，根据地区内老年人和残疾人的特征，由公共性质的疗养院等机构组成，并对符合资格的需护理者按照护理等级提供相应的服务。在偏远地区或农村，机构护理还存在资源配置的不足与差距。

对非正式护理者，斯洛文尼亚提供补偿性的长期护理津贴，以弥补其在提供护理时丧失的工资收入和劳动成本。由各市政当局对地域内非正式护理劳动力进行给付，按 2009 年的标准大致为每月

565.54 欧元。①

6.3.5 东欧爱沙尼亚 LTCA 的服务与供给

爱沙尼亚的长期护理服务内容被划分为医疗照顾、个人护理和社会护理三大领域。由政府筹资的健康保险基金负责的医疗照顾属于保险范畴。

长期护理津贴针对的是个人护理和社会护理部分,个人护理主要是由地方政府来分配与提供,政府在提供方式上通常会首先选择从公共部门或私人机构那里购买服务,再依据个人失能等级给予服务形式的提供,公共部门主要是国家与地方的政府机构,私人机构则一般包括基金会、非营利组织与企业等单位。社会护理是指以家庭为基础单位提供的机构服务与日间照顾,一般是护理保健的形式。

无论是个人护理还是社会护理,爱沙尼亚在提供方式上都依靠地方政府的社会工作者队伍,在展开对个人需求评估和财产测评的前提下,为符合资格的使用者制订计划与选择护理组合的方案。

6.3.6 澳大利亚 LTCA 的服务与供给

澳大利亚 LTCA 服务包括机构护理、非机构护理,以及社区老年护理组合、老年居家护理拓展组合、阿尔茨海默病老年居家拓展护理组合这三种拓展服务。此外,还有一些暂托护理方案,包括对严重残疾人的日间和通宵护理,也包括对教育、咨询与紧急事件等方面的服务。对那些有临时性机构护理需要的人,机构暂托护理计划在老年人护理机构或设施中提供短期的照顾。2009 年,澳大利亚有近 6 万

---

① OECD. Slovenia: Long-Term Care. In OECD. *Help Wanted? Providing and Paying for Long-Term Care*. OECD Publishing, 2011.

人进入机构,平均护理时间为23天。[①] 另外,对战争鳏寡、退伍军人等需要护理的特殊群体,政府也开设了额外的专项津贴支持方案。

对服务提供者的津贴一般都是来自服务接受者的收费,以补偿与满足提供者在开展老年人护理照顾中付出的劳动与经济成本;当服务接受者经济能力不足以补偿提供者的成本时,由联邦政府的经常性津贴给予填充,譬如机构护理中的住宿补贴。在暂托护理领域,2009年澳大利亚有超过14万名护理提供者接受了服务对象支付的津贴。联邦政府对护理对象也提供基本生活补贴,以此为机构护理或护理组合中的提供者支付报酬。另外,为了保证偏远地区护理机构能够正常运营、护理提供者能维持自身的工作条件,政府也以年度津贴补助的形式,提供了一项针对性的资金援助计划以帮助护理机构持续发展。

为加强对护理团体的治理改善与资金管理,澳大利亚政府设置了一项有条件的调整型津贴供应,促进护理机构中的工作人员加大专业培训力度,该津贴的支付也包括补偿护工在对个人开展特定服务中各类初级护理所花费的成本。

澳大利亚的长期护理供给要从正式提供者和非正式提供者两个角度来分析。首先,正式的长期护理提供者,分别聚集在护理机构与非机构性质的护理设施中,两种工作场所中的提供者都有超过一半以上的护工是全职工作的形式。2007年正式护工占澳大利亚全部劳动力的1.9%左右,并且该比例近些年仍然在持续上升,正式护理工作者作为澳大利亚一项重要的护理服务提供方式,对人才队伍的素质有着很高的要求,以个人护理者具备的老年护理证书为显著特

---

① OECD. Australia: Long-Term Care. In OECD. *Help Wanted? Providing and Paying for Long-Term Care*. OECD Publishing, 2011.

征。护理机构中约 80% 的正式护工都拥有继续教育资格。①

其次,澳大利亚最主要还是依托非正式护理者,在所有长期护理需求者中大约有超过 80% 以上的人都接受来自配偶、家人和其他无偿照顾者提供的非正式护理。澳大利亚政府对非正式护理者提供的现金津贴有两种形式,一种是免税津贴,另一种是护理提供者给付。前者是一种免税收形式的补助,也无须经过家计审查环节。提供的服务内容包括在家的日常护理与辅助,津贴标准大致为每两周 110 澳元(111 美元),主要针对的目标群体是患有严重医疗疾病或残疾的成年人与儿童。自 2009 年以来,非正式护理者的护理对象每增加一人,还能有资格获得每年 600 澳元(606 美元)的收益补充。后者主要是为了控制非正式护理者进入正式劳动力市场获取薪酬,从而以收入支持的形式为他们的劳动付出给予补偿,这种津贴补偿是以养老金率为标准进行设定的,也可以看作养老金补充。2011 年 3 月,对个人的津贴给付至少是每两周提供 689.4 澳元(696.3 美元),一对夫妇中每位符合资格的个人提供标准是 519.7 澳元(524.9 美元)。② 同时,服务的使用者也能得到政府发行的优惠卡福利,使用这种优惠卡,他们可以在共同支付的环节享受较低的处方药价格,还可以一定程度上减免在非公立医院的就诊费用,也能得到一些特许的政府服务。

6.3.7 北美 LTCA 的服务与供给

6.3.7.1 加拿大 LTCA 的服务与供给

加拿大 LTCA 的服务包括居家护理给付、税收减免、家庭照顾者

---

① V. Betihavas, P. J. Newton, H. Y. Du, P. S. MacDonald, S. A. Frost, S. Stewart, P. M. Davidson. Australia's Health Care Reform Agenda: Implications for the Nurses' Role in Chronic Heart Failure Management. *Australian Critical Care*, 2011, 24(3):189-197.

② OECD. Australia: Long-Term Care. In OECD. *Help Wanted? Providing and Paying for Long-Term Care*. OECD Publishing, 2011.

额外所得税抵免,以及提供给照顾者的其他服务。①

  首先,居家护理给付。这是作为加拿大医疗卫生十年规划协议的一部分而开展的。2004 年,加拿大联邦政府与各省和各地区为了推动医疗卫生事业的发展采取这一协议,被覆盖进协议的居家护理服务内容包括:社区护理中为期两周的短期急性心理健康个案管理和危机对应服务、居家护理中为期两周的短期急性个案管理、出院诊断护理与药物治疗、临终护理的个案管理和特定个人护理。这些居家护理服务申请人只要满足评估要求,就无须进行共同支付,由政府提供津贴支持。

  其次,税收减免。这种减免主要是针对护理提供者在提供护理过程中产生的开支进行税收支持,通过联邦所得税系统进行操作。目标对象不仅是正式照顾者也包括非正式照顾者。主要措施是医疗费用税收抵免(medical expense tax credit),抵免的部分是超出医疗清单平均额的费用。这一照顾者费用不仅包括在养老机构中开展全职护理工作的成本,也包括培训相关费用,以及在开展护理工作的同时丧失的工资。② 纳税人既可以为他们自身或配偶及未成年子女产生的医疗费用要求税收减免,也可以代替身边有依赖的亲属为他们的残疾相关费用和医疗成本申请税收减免。前者除了残疾税务补助规定的阈值(一般为 1 万加元,相当于 9860 美元)外并没有对数量上限作出强制要求;后者可申请的数额被规定为 1 万加元。要符合医疗费用税收抵免的条件,产生的医疗支出必须超过净收入的 3% 或明确规定为 2052 加元。

  再次,家庭照顾者额外所得税抵免。具体包括三个领域:第一是

---

 ① OECD. Canada: Long-Term Care. In OECD. *Help Wanted? Providing and Paying for Long-Term Care*. OECD Publishing, 2011.

 ② Albert Banerjee, Tamara Daly, Pat Armstrong, Marta Szebehely, Hugh Armstrong, and Stirling LaFrance. Structural Violence in Long-Term, Residential Care for Older People: Comparing Canada and Scandinavia. *Social Science & Medicine*, 2012, 74(3): 390-398.

对照顾者本身给予的税收减免,照顾者需要对受供养亲属开展居家护理照顾,这里的亲属被定义为65岁及以上的父母或祖父母,也包括成年子女与孙子女,以及兄弟姐妹和其他旁系亲属。第二是对提供居家辅助的人给予的税收减免,这些人为父母、未成年的有依赖子女、祖父母与失能亲属提供辅助帮扶,被称为"合格受养人抵免"。第三是对无论是否同居在一处的失能成年人提供的税收减免,被称为"失能受养人抵免",主要面向非正式的护理服务,运用税收措施予以援助。利用税收认可的形式,可以对非正式照顾者在开展护理工作时形成的费用给予补偿。突出表现在"残疾税务补助"这个概念上,为了使单一或多种身心功能障碍的个人被限制的功能得到诊疗与恢复,提高日常生活基本能力,用税收提升生存的公平程度。残疾税务补助考虑到非清单性的残疾相关费用对个人带来缴税能力的影响,在2011年个人残疾补贴为7341加元。

最后,提供给照顾者的其他服务。这部分也是提供给非正式护理者的支持性政策,包括临时性的收入支持、就业保护和税收抵免措施。收入支持与就业保护是联邦政府为无薪的照顾者提供的福利,福利内容包括达到6周的最多可为每周468加元的收入支持,还提供一项8周的职业保护给那些离开工作岗位去照顾陷入特定困境家庭成员的服务者,特定困境指的是身患重病并在26周内存在重大死亡风险。税收抵免则是联邦政府与省和地区两级政府分别采取的一种协助方案,联邦政府的所得税系统为补充地方性长期护理项目,开设了数种不可退款的税收抵免措施,以此来满足照顾者的社会服务和其他需求。大部分省与地区也为合格照顾者提供了不可退换的税收抵免以补偿提供护理产生的成本(魁北克省和马尼托巴省的税收抵免是可退还的)。此外,加拿大作为联邦国家,一方面为军队、退伍军人和原住民的照顾者提供津贴支持,如新斯科舍省为照顾者中的低收入群体通过财政拨款提供了一项每月400加元的照顾者津贴;

另一方面,各省与地区为照顾者提供了广泛的健康护理和社会服务方案,涉及居家护理、护理培训、暂息照顾、转介服务等多种形式。

6.3.7.2 墨西哥 LTCA 的服务与供给

墨西哥对老年人提供可选择的服务很少,对提供者更是仅给予一部分转账资金来解决地区之间医疗条件差异或严重贫困问题,并没有安排特殊的福利。因此,墨西哥的长期护理服务更多依靠家庭自我支撑。国民健康与护理服务更多体现在社会部门的众多其他服务当中[①]:

一是促进家庭一体化发展的国家系统(SNDIF)。这是墨西哥机构护理的典型形式,也是日间住所护理项目的代表。它主要是对庇护所、相关养老院和精神病院内的老年人提供护理,也是墨西哥重要的公共福利计划。

二是墨西哥的社会服务协会(Mexican Institute of Social Services),这是 20 世纪 80 年代后期对第三级慢性病患者设计的家庭护理计划。针对那些暂时或永久性残疾群体、患有退化性疾病、慢性病以及其他并发症的患者,运用这一计划给予其护理服务,帮助其能够自主进入医院接受治疗与康复环节。

三是针对残疾群体增进社会包容。以残疾人通用法律为基础,2005 年在国民议会中成立了专门的残疾人服务机构,目标是促进残疾人获得公正的生活,使残疾人能够便利地访问、移动和使用公共基础设施以及国家卫生系统和卫生中心内设备。

四是国家总体卫生系统中建立的伊达尔戈模型(Modelo Hidalgo)。该模型自 2005 年由墨西哥卫生部制定,主要针对精神疾病患者提供多级护理,最大限度地减少制度化约束,使患者能够重新

---

① OECD. Mexico: Long-Term Care. OECD: Help Wanted? Providing and Paying for Long-Term Care, OECD Publishing, 2011.

正常地回归社会,并在疾病的各个阶段产生积极的效果。这是一种全国模型,自2008年建立以来从7个州逐步扩展到全国。①

五是国立老年机构(INAPAM)提供的不同性质服务,包括庇护所、日间住宿和日间护理中心在内的机构进行的培训与就业指导、健康教育和心理咨询、文化中心和社会文化活动的开展等。

墨西哥还对65岁及以上老年人开展培训服务,以地区为代表,建立起老年护理团队并给予国家认证,以此充分调动劳动力资源并推动社会服务整体的发展。

在国家减贫措施上,墨西哥为老年人口提供三项具体的津贴服务战略。第一项是贫困支持津贴,老年人在申请这项津贴时需要经过每两个月开展一次的医疗检查,符合资格的老年人会有每月免税的305比索(约23美元)的津贴。第二项是提供给特定地区的70岁及以上老年人的津贴,这部分老年人生活在闭塞的地区,一般是小于等于3万人并且很难有机会提出申诉的地区,这部分津贴的标准是每月免税的500比索(约为41美元)。第三项是用于灾难性疾病保障的基金,当个人患有如肿瘤、血友病等恶性疾病,并被排除在墨西哥社会保险局(IMSS)与联邦雇员社会保障和福利局(ISSSTE)之外时,就有机会获得政府的健康保障津贴。

6.4 小结

长期护理服务内容涉及医疗服务和社会服务两个部分,在提供过程中有交叉之处。总体而言,医疗服务比社会服务更专业化与多

---

① Sarah Horton, Stephanie Cole. Medical Returns: Seeking Health Care in Mexico. *Social Science & Medicine*, 2011, 72(11):1846-1852.

样化,并且具有充足的资金保障和权利基础;社会服务更多是一种地方性自行决定的服务给付,资金基础弱且专业化不强。医疗服务领域内的多是以医院、全科医生为主的专业服务,也包括日间护理和居家护理服务等,社会服务领域则多是居家帮助之类的低技术工作和住宿服务等其他类型。此外,介于医疗服务与社会服务之间的还有短期护理和住宅型护理等服务。[1] 同时,医疗服务与社会服务之间也需要展开合作互补,通过系统联结将护理服务渗透进各等级需护理者手中并实现服务的连续性。最突出的实践比如在医院护理与社区护理机构之间设置的转诊与中介部门,将那些可以不住进医院而需要长期护理的患者从医院病床转移进社区的护理场所,一方面可以节约医院资源,合理配置长期性护理场所,另一方面也更适合患者的身心康复。OECD各国医疗服务与社会服务的整合也是政策的重心。长期护理津贴制度以现金津贴、实物福利和其他社会服务三种形式为主,但如何划分和安排三者的比例及供给标准是各国在保证社会稳定和个人护理权利的基础上作出的选择性设计。OECD国家之间LTCA模式的差异性较大。

LTCA服务的提供方式除了服务者由正式护理者、非正式护理者组成,服务有居家照料、社区帮扶、护理机构护理等外,还明显地表现为非正式护理者的双重性,即他们既提供其他人(更多是家庭成员)的护理服务,也是津贴制度的保障目标。即使是采用普惠型津贴模式的OECD国家也相当重视非正式护理系统的作用,如瑞典尽管正式护理的利用率很高,但非正式护理服务总量依然是地方政府主导的正式护理服务的两倍多。同时,居家照料的推广与倡导更强调非正式护理资源的支撑,也为地方政府缩减护理机构的数量扩张和

---

[1] Jenny Billings, Kai Leichsenring. *Integrating Health and Social Care Services for Older Person: Evidence from Nine European Countries*. Ashgate,2005:15.

减轻税收财政的压力做出了很大贡献。因此,非正式护理系统不仅是为失能者提供照护服务的重要途径,也是各国政府应对人口老龄化风险着力支持的政策领域,一般以非正式护理者照顾津贴、暂息服务和咨询培训三类服务最为常见。

OECD国家长期护理津贴制度研究

第7章 质量监管与制度改革

7.1 LTCA 的质量监管

长期护理津贴制度的现金给付和服务提供较为复杂,给予依赖者选择自由的同时,也使政府在服务质量保证和现金使用去向的监管上造成一定困难。长期护理津贴基于政府财政责任的特征,让保健服务的获得和过程管理都附有一定程度的官僚化色彩。

LTCA 护理服务和津贴资金的管理责任一般由医疗系统与专门的管理部门进行合作开展,监督则交由中央政府或地方政府的社会事务部门,或选择指定的专业评估机构与社会组织。通常情况下,OECD 各国中央政府会对制度设计与运行作出监督与建议,但涉及护理服务与津贴传递环节的监管依靠社会事务部门很难到位,必须配合地方政府和医疗部门的作用。很多国家监管领域面临的问题主要是监管标准的宽泛与实际管理责任的分散。

在医疗系统与社会系统的具体管理上,以瑞典为例,瑞典的卫生和医疗服务法案管理的是初级医疗护理体系,社会服务法案管理的是长期护理体系,再加上各级政府之间管理存在分离,所以,瑞典从 20 世纪 90 年代起在市政服务计划的改革上就针对分散的医疗系统和社会系统管理展开整合。

在公共机构与私人机构的管理上,以澳大利亚为例,澳大利亚在护理监管上依托政府与产业间的相互协作,公共部门与私人机构协商运营,因此在质量的监管标准上并不能做到统一要求。同时,在机构护理领域,一方面由联邦政府帮助机构进行资金筹集与拨付津贴补助,以及对机构服务质量标准的宏观规划与界定;另一方面,又以官方指定的第三方评估机构进行介入监管,属于政府购买市场服务,这种做法既分担了政府事务,又在一定程度上提高了服务质量。

奥地利医疗护理与长期护理亦是通过不同渠道进行管理,对医院和专业护士要依据联邦政府的法律规定进行管理,社会化长期护理则遵循社会保障部门的政策。医疗护理本身属于社会保险的资金筹集范畴,中央政府的妇女和医疗部承担监管责任;社会长期护理则由联邦劳动卫生和社会事务部来监督长期护理津贴项目,受益人需要将他们利用津贴购买的服务整理成文件报告,地方政府也有权减少或终止一名使用者的资金,或是当个人的需求被严重忽视时还会直接为其提供护理服务,虽然这类情况非常罕见。[1] 奥地利地方政府对长期社会护理的具体服务开展管理工作,包括专业护理机构(如老年人之家)及其员工的教育培训。[2] 另外,奥地利的长期护理津贴法案与社会救助法案的长期护理津贴部分,与医疗保险负责的一部分医疗康复服务,都分别包含长期护理的内容,却完全隶属于不同的监管部门。奥地利长期护理津贴制度有待进一步整合。

英国早在1990年前针对服务提供者的监管出台了一系列法律法规。1987年在社会服务部门内设有质量战略监管部门(Strategy and Quality Assurance),一方面在提供方与使用者之间起到协调、管理与整合作用,另一方面在社区护理的发展中逐渐偏向对使用者的

---

[1] S. M. Keigher. Austria's New Attendance Allowance: A Consumer-Choice Model of Care for the Frail and Disabled. *International Journal of Health Services*, 1997, 27(4): 753-765.

[2] M. Griz Wolf, C. Strumepel, K. Leichsenring, K. Komp. Providing Integrated Health and Social Care for Older Persons in Austria. In K. Leichsenring, A. M. Alaszewski(eds.). *Providing Integrated Health and Social Care for Older Persons: A European Overviews of Issues at Stake*. Ashgate, 2004: 97.

服务,发挥信息提供、质量监控、人力与资金储备等功能。[①] 1990年英国颁布的《国民卫生服务和社区护理法案》旨在对地方政府独立监管提供保障,将监管单位与护理提供者相分离,采取第三方监督。为更好监管小型的护理机构,1991年建立了居家护理协会联合咨询小组,为居家护理领域开展的机构服务提供原则性的指导和调整意见,也为地方政府对该领域护理机构的质量和环境的优劣进行评估提供参照标准。[②] 在英国,质量监管依靠准政府机构,能够更贴合使用者的需求,也能够更独立地对提供者展开科学监管,地方政府可以依照各地情况对质量监管标准进行补充。

丹麦拥有一套国家层面的较为统一流畅的监管程序:通过税收筹资的长期护理津贴是国民的普遍权利,中央政府给予立法保障后,再通过市政当局一方面直接对服务提供机构或提供者进行管理监督,另一方面进行服务级别与具体操作的规划。在对提供机构的直接监管上,服务机构又分为公共部门与私人部门,护理需求者在选择所需服务进行消费过程中如果存在异议或不满,可以向申诉委员会提出,不仅地方申诉委员会能够接受申请,也可向国家申诉委员会投诉。在对服务级别与具体操作的规划上,市政当局对津贴费用标准与监管工作的具体质量标准都作出设计,再根据既定标准为各类社会服务机构分配资金,并对护理提供方与护理使用方均作出前期评估与后期的再评估。[③]

[①] 施巍巍:《发达国家老年人长期照护制度研究》,知识产权出版社2012年版,第76页。

[②] 黄源协:《社区照顾——台湾与英国经验的检视》,扬智文化事业股份有限公司2000年版。

[③] M. Doyle, V. Timonen. *Home Care for Ageing Populations: A Comparative Analysis of Domiciliary Care in Denmark, the United States and Germany*. Edward Elgar, 2007:31.

7.2 LTCA 的制度改革

现实中暴露出的各种问题,使得 OECD 国家也在不断对长期护理津贴制度进行改革以更适应时代发展要求和更贴合人们最迫切的护理需求。制度改革强调的是对制度某个特定方面修补完善,而非从根本上改变长期护理津贴制度的主要特征。在北欧国家中,芬兰提出了国家高质量服务供给,冰岛对新型老年人照顾战略进行多次修改。在英国,2008 年政府使用公共财政建立老年工作者战略,通过津贴的提供,结合对工作负担、未来发展照顾的考虑,为老年工作者改善工作待遇与生活环境。在瑞士,体现为对长期护理正式护理团队的重视,依靠津贴制度发起人力资源培养计划以扩大护理提供的正规渠道。在墨西哥,长期护理服务缺乏津贴的状况正逐渐被改善,已在国家层级建立了老年计划以推动全国的发展。[①]

7.2.1 准入评估改革

OECD 国家长期护理津贴体系都有准入标准的设计,尽管在部分高福利国家只要有护理需要就可能获得长期护理津贴,但津贴给付多少所依据的等级层次和判定程序就涉及系统的资格审查工具。在实践中,很多国家都意识到新的影响因素不断涌现,目标群体也趋于变动中,当前评估模型有更新的需求。部分国家针对具有多重残疾问题的个人以及阿尔茨海默病患者,通过改进评估程序以增进他们的福利水平。

---

① OECD. Long-Term Care: Growing Sector, Multifaceted Systems. In OECD. *Help Wanted? Providing and Paying for Long-Term Care*. OECD Publishing, 2011:54.

例如,新西兰从 2008 年开始对准入资格采用了一项改进后的评估工具;澳大利亚对资格审查程序简化后,增强了多种形势下的适用性,也扩大了对偏远地区住户的院舍提供支持;芬兰于 2008 年实施了老年人高质量服务国家政策,为了提高政策操作的精确性开展了综合评价。另外,芬兰和爱尔兰都在社区服务上建立了长期性的目标,旨在提高社区护理照顾的质量和提供范围,通过利用服务的准入条件改革,芬兰希望通过将住宅照顾的比例从 6.5% 降低到 3%,从而鼓励社区护理的发展。①

7.2.2 覆盖范围改革

长期护理津贴是以税收和国家预算为筹资来源的制度,在高福利的瑞典等北欧国家以及典型普惠模式的奥地利,不断上涨的护理费用使国家的财政负担更加沉重,于是开始在实践中有选择性地缩小津贴给付比例。但是,长期护理津贴模式在覆盖范围上的选择与津贴获益者具备的资格相关。同时,随着国际上对阿尔茨海默病患者等特殊群体的护理服务日益重视,OECD 国家近十年内还是着力于扩大已实施的长期护理津贴的覆盖范围和服务政策。在扩大覆盖的方式上更注重调整制度的科学性,如爱尔兰在改变原先的共同支付方法以及对收入资产评估的方法后,合格的目标对象能够更容易地进入私营机构,并建立新方案以覆盖各种类型的资格者。美国于 2012 年就践行了一项名为"CLASS"的计划法案,这是一种由私人性质进行融资同时又由政府提供服务的自愿参与计划,有照顾需要的目标群体自愿担负一定成本在登记加入的五年后,政府就为其提供

---

① OECD. Long-Term Care: Growing Sector, Multifaceted Systems. In OECD. *Help Wanted? Providing and Paying for Long-Term Care*. OECD Publishing, 2011:56.

日常生活照顾的现金津贴。[1]

7.2.3 津贴使用改革

为了个人的选择自由和信息的公开透明,OECD国家针对现金津贴的使用进行改进。对于特殊人群,包括阿尔茨海默病患者以及居住在服务设施不发达的偏远地区人群,进行量身定制,在利益组合的排列上改善服务效用,如奥地利、澳大利亚、芬兰和加拿大等。澳大利亚在增加严重疾病患者的津贴利益的同时,扩大了长期护理系统和医疗系统之间的公共融资与过渡性照顾服务。芬兰将护理重心放在社区和居家领域,一方面缩小机构照顾的比例,另一方面增加居家照顾的使用量。加拿大从2004年起提出一项十年计划,以医疗服务的形式免费提供一些短期家庭护理,加强受益者在家庭内照顾服务的使用。[2]

针对现金津贴使用的改革最大程度表现在信息传播的网络化和护理供应商之间的竞争,旨在使受益者明晰该地区内津贴给付的具体情况,加强对供应商与利益组合的选择权利。比如,澳大利亚通过网站提供津贴信息,让使用者知悉津贴系统的运作过程和附加信息;法国由地方政府建立信息协调中心,协调机构护理和家庭护理的服务配置,为老年人提供信息指导和护理建议服务,协助专业人员评估老年人需求和制订护理计划,预测长期护理津贴的支付风险。北欧地区的成员国逐渐放宽津贴使用的范围,引入市场激励的机制,增强私人护理机构进入市场的可能性,营造一个竞争的环境。

---

[1] OECD. Long-Term Care: Growing Sector, Multifaceted Systems. In OECD. *Help Wanted? Providing and Paying for Long-Term Care*. OECD Publishing,2011:54.

[2] Ibid.:57.

7.2.4 护理者支持政策改革

长期护理服务提供者是质量保障的一个重要环节。各个成员国对服务提供者都制定了一些政策措施给予保护和激励。例如,加拿大运用支付方式为照顾者提供了选择,或者获取护理休假,或者延长工作时长得到补偿支付。斯洛伐克在 2009 年为收入低于一定标准的照顾者专门设置了一项津贴,保障和支持其日常生活。

还有一些国家通过辅助性政策,从就业、养老、医疗等方面保障照顾者权利,如斯洛伐克为照顾者支付养老金;西班牙为照顾者引入了特殊养老金权利;奥地利也为照顾者的养老金供款,同时还支付照顾者的医疗保险费用。英国财政部于 2008 年公布了一项照顾者战略,利用一系列财政措施支持家庭照顾者,比如扩大暂托服务、增加对年轻照顾者的支持、支援照顾者(再)进入工作市场、训练全科医生和其他相关专家来识别和支援照顾者,近些年开始实施一项对照顾者的年度健康体检试点计划,并扩大照顾者灵活安排工作时间的权利。① 法国政府则减免家庭护理者的一半收入税。

大部分 OECD 国家的照顾者支持政策都旨在为照顾者的生活环境提供保障,推动长期护理劳动力市场的多元组成,以提升依赖者在护理津贴使用上的选择自由。

7.2.5 资源管理整合改革

长期护理津贴制度在进行服务资源整合方面的改革比较突出的是法国。法国长期护理个人津贴制度(APA)体现了贝弗里奇(William Beveridge)的社会福利模式。但是,政府行政部门过多的干

---

① OECD. Long-Term Care: Growing Sector, Multifaceted Systems. In OECD. *Help Wanted? Providing and Paying for Long-Term Care*. OECD Publishing,2011:58.

预,导致部门之间难以协调。①

2009年,法国颁布了《医患卫生区域法》(Hospital, Patients, Health, and Territories Law,法语简称"HPST"),该法案设置了一些新的规则,旨在解决长期护理领域的保健服务与社会服务之间难以协调的问题。法国议会还提出了另一个特别重要的方向,那就是市镇政府之间长期护理津贴水平差距要通过改革加以缩小。

2010年1月1日,法国创立了区域健康机构(ARS),目的在于简化行政结构,以省级为单位,参与合并中央政府派出机构、地区医疗机构(ARH)以及地方社会保险服务机构。ARS管理辖区范围内所有长期护理服务的提供,包括私营单位、医疗机构和医疗社会部门。这样,辖区内保健部门、社会服务部门、医疗部门、私营部门之间都得到了有效的协调,从而改变了过去保健服务与社会服务、公立服务与私营服务之间分立的状态。②

7.2.6 护理者职业规范改革

长期护理的服务质量与长期护理提供者的专业素质密切相关。最基础的措施如为长期护理工作者增加津贴福利和休假,颁布新的质量标准等。

具体改革实践包括,一方面,在对服务提供者的规范上,加拿大的纽芬兰和拉布拉多地区采取职业发展支援性措施,让地区内医疗系统的护士义务贡献20%的工作时间投入长期护理的专业培训中;新西兰2007年开展了劳动力融资举措;奥地利和意大利均对外籍的长期护理工作者进行规范,制订护工在家庭照顾领域中的工作标准;

---

① Marie-Eve Joël, Sandrine Dufour-Kippelen, Catherine Duchêne, et al. Long-Term Care in France. ENEPRI Research Report No. 77 Contribution to WP 1 of the ANCIEN Project, June 2010.
② 戴卫东:《OECD国家长期护理保险制度研究》,中国社会科学出版社2015年版,第135页。

英国从2009年起则在多种方式(如财政出资的职业培训、资格考试)的推动下,促进社会照顾者走向专业化;西班牙、比利时等国也要求长期护理工作者具备合法资格,并改善他们的工作福利。①

另一方面,高度重视长期护理工作者提供服务的质量。奥地利针对低水平的护理工作者给予行政监督,让他们在执行医疗或护理任务时处于服务质量得以控制跟进的状态。另外,还制作了阿尔茨海默病手册,针对该病给予服务认定与控制。②澳大利亚设置了新的质量监测系统,从提供者的审查认可程序到服务提供后的诉讼处理,不断改进服务提供的监管和质量水平。③爱尔兰于2008年在政府机构内设置了老年人服务办公室,并于2009年发布了国家老年人院舍照顾设置的质量标准。捷克和斯洛伐克都实施了监管政策,旨在控制和规范护理工作者的队伍水平。

7.3 小结

在长期护理津贴制度中,医疗卫生与社会服务两个部门建立统一预算的国家以瑞典和丹麦为代表,而救助型津贴模式国家如英国与部分普惠型津贴模式国家如奥地利,两个部门都是独立筹资运作。在普惠型津贴模式国家中,通常是地方政府负责医疗护理服务与社会护理服务的协调,碎片化程度较小,管理更趋统一。奥地利属于普

---

① OECD. Long-Term Care: Growing Sector, Multifaceted Systems. In OECD. *Help Wanted? Providing and Paying for Long-Term Care*. OECD Publishing, 2011:58.

② Gustav Kamenski, Waltraud Fink, Manfred Maier, Ingrid Pichler, Sonja Zehetmayer. Characteristics and Trends in Required Home Care by GPs in Austria: Diseases and Functional Status of Patients. *BMC Family Practice*, 2006 (7):55.

③ V. Betihavas, P. J. Newton, H. Y. Du, P. S. MacDonald, S. A. Frost, S. Stewart, P. M. Davidson. Australia's Health Care Reform Agenda: Implications for the Nurses' Role in Chronic Heart Failure Management. *Australian Critical Care*, 2011, 24(3):189-197.

惠型津贴模式中的例外，由于医疗护理服务是在社会保险体制下运作，筹资和监管都与社会化的长期护理服务相独立，也就使得两个部门分割程度较高。而以英国为典型的救助型津贴模式国家，医疗护理服务主要由中央政府负责，社会化的长期护理服务交由地方政府，因此也造成筹资和监管方面的割裂，影响各部门之间的协调。不过，英国也在进行一系列改革措施，如改组 NHS、建立区域卫生局（Area Health Authorities，AHA）、联合 AHA 与社会服务部门设立信息委员会等打破管理碎片化、提高服务质量的行动。

制度改革是为了促进 LTCA 的可持续发展。OECD 国家先后在调整等级设置、扩大覆盖范围、通过预算赋予地方政府更大责任、改进津贴使用方式推动市场竞争，特别是政策支持非正式护工等方面进行一系列改革，有利于劳动者权利保护与服务质量改善。

OECD国家长期护理津贴制度研究

第8章 经济效益与社会价值

第 8 章　经济效益与社会价值

OECD 国家 LTCA 在建立与发展过程中对各国老年人的权利保障和生活改善发挥了很大作用,最大限度地体现了国家责任与福利效应。考察 OECD 国家 LTCA 的实施效果,主要可以从受益对象、费用支出、护理产业、就业岗位和社会价值五个方面来作出判断。

8.1　LTCA 覆盖的受益对象[①]

OECD 国家 LTCA 的最突出效果表现在各国受益对象的覆盖面,包括护理服务的接受者、正式与非正式的护理员,因而在考察受益人口上不仅考虑到领取津贴与服务的人群,也涉及护理工作者的数量。作为普惠形态津贴模式下的国家,长期护理制度拥有最广泛的受益面;而救助形态津贴模式下的国家也通过结合救助政策和其他全面保障政策,将有护理依赖的国民最大限度地纳入。

根据 OECD 官方网站的统计数据,2010 年英国有超过 55 万人接受了长期护理津贴,其中,超过 65 岁的人占 5.3%;低于 65 岁的人占 2.9%。根据 2009 年的数据,英国约有 550 万个非正式护理者,其中女性达到 333 万人。约有 97500 人在地方当局统计之外,其他更多是在独立部门开展工作,占 20—64 岁人口的 0.27%。这为英国独立产业部门的发展打下了基础。

2003 年,法国个人津贴(APA)的失能受益者中 75% 由家庭成员

---

① OECD 官方网站:http://www.oecd.org/health/health-systems/long-termcare.htm。

提供照料服务。受益人当中62%是家庭妇女,平均年龄为58岁。2007年法国老年人中6.5%在家中接受了医疗保健服务(OECD国家平均水平为9%),有65.7万(约6.7%)的65岁及以上老年人接受了疗养院的长期护理服务(OECD国家平均水平为4%)。2008年,111.5万人领取APA津贴约为60亿欧元。在10.6万个家庭医疗保健服务中,95%的服务对象都是60岁及以上失能的老年人。预计到2025年,法国家庭医疗保健服务需求量将达到23.2万。[①]

在挪威,2008年超过65岁的老年人中约有5.5%在机构接受长期护理,12.4%的老年人在家中接受长期护理。挪威的正式护工拥有很高的比例,在65岁及以上人口中的比例为13%,而同期OECD国家的平均水平仅为6.1%。

2008年,瑞士超过65岁的老年人中有6.4%接受机构长期护理,12.3%在家中接受服务。2007年,每1000个超过65岁的老年人有72张床位和7.6个护工。这两个指标在OECD国家中处于最高水平。

2006年,瑞典大约有9.8%的65岁及以上老年人接受了居家照顾,6.8%的人选择机构护理服务。2009年,每1000人中就有23.3个正式长期护理工作者;而在2006年每1000人中约有22个非正式长期护理工作者。和其他OECD国家相比,瑞典的服务受益份额属于最可观的。

2007年,奥地利有40万以上的人接受了长期护理津贴,受益人数约占总人口的4.9%。到2009年,受益比例占总人口的5.3%,约有43.5万人获得了长期护理津贴,其中65岁及以上老年人中有24%接受居家服务,达到11.5万人;选择机构护理的有7万人,占0.9%。另外,在家接受非正式护理的也有25万人。2006年,每

---

① France Long-Term Care. http://www.oecd.org/dataoecd/11/62/47902097.pdf, 2016-08-23.

1000个65岁及以上老年人中有16.7个护工在机构提供服务,提供居家服务的护工有11.8个。

2009年,斯洛伐克有32547人在机构接受照护服务,其中65岁及以上的老年人占3.3%。同时,共有82108人在家中接受护理。2009年,接受严重残疾赔偿津贴的达到200230人,并有52161人接受了长期护理津贴。2006年,机构护理和正式的家庭护理津贴支出占GDP的0.2%。

根据OECD卫生数据,斯洛文尼亚在2008年超过65岁的老年人中有4.8%的人在机构接受照护服务,而OECD国家的平均水平则为4.2%。2007年,斯洛文尼亚在长期护理服务上花费了3.54亿欧元,其中75%来自公共筹资,25%来自私人供款。根据2009年的统计,斯洛文尼亚在长期护理上的总花费达到2.79亿欧元,占GDP的0.7%(约2.63亿欧元)。在市政长期护理服务方面,2009年平均60%的家庭护理服务成本由市政府融资,12.4%由国家财政拨款,剩下的27.6%由使用者或其家庭成员自付。

2009年,西班牙65岁及以上的老年人中有超过0.3%的人在机构设施和医疗设施中接受长期护理服务,1.2%的人选择在家中接受照护服务。每1000个65岁及以上老年人中有4.2个正式护工提供服务。

2008年,匈牙利约有7%—8%超过65岁的老年人接受了至少一项基础社会服务;2.91%超过65岁的老年人在机构接受照护服务。每1000个超过65岁的老年人在特殊机构内有49.5人长期入住(计77400人),临时入住的老年人为12400人。全年共有10928个正式的家庭护工(其中达到并超过65岁的护工占0.7%),并有23521个非正式护工在机构中提供服务(其中1.4%达到并超过65岁)。

2008年,意大利卫生系统的机构设施内每1000人中有6人是长期护理的接受者,家庭设施内每1000人中有8人接受照护服务。超过65岁的老年人约有4.9%选择居家照料服务,选择机构服务的占3.0%。

2009年,加拿大有25万人接受机构护理,其中约75%是65岁及以上老年人。同时,约有16万名私人护理员在长期护理岗位担任全职工作,7万人担任兼职工作。

根据2009年的统计数据,澳大利亚65岁及以上老年人中有7.2%在机构或医院接受照料护理服务,8.6%则在家中接受服务。2007年,每1000个65岁及以上老年人中有70名正式护工。

2008年,新西兰超过65岁的老年人中大约有3.6%接受机构护理服务,接受居家照护的为11.6%。2006年,每1000个超过65岁的老年人中有2.3个居家照料的正式护工,机构正式护工有5个。另外,每100个超过65岁的老年人中大约有82.1个家庭成员承担着照料服务。

综上,OECD国家LTCA受益老年人口的比例较高,尤其是居家接受长期照料服务的老年人更多。同时,正式护工获得津贴标准比非正式护工要高,但非正式护工特别是家庭成员的护工在多数成员国护理提供者中承担着主体地位。

8.2 LTCA支出的费用支出

8.2.1 LTCA占GDP的比重[①]

OECD国家LTCA的费用支出一般都占到该国GDP的1%—2%,最低是捷克与斯洛伐克,占比为0.2%,最高是瑞典,占比为3.6%。OECD国家的平均水平为1.2%,其中家庭护理领域是

---

① 由于数据受限,不排除有国家的比重近年发生变化。

0.3%,机构护理占到0.9%。

根据OECD官方网站数据,[①]各国具体的情况如下:

第一类,LTCA占GDP比重在2%(含)以上,以北欧国家为主。

瑞典将GDP的3.6%用于长期护理服务,其中0.7%用于医疗护理相关的服务,2.9%用于长期护理的社会服务;绝大部分的长期护理津贴是公共筹资,另外GDP中约0.4%的份额是用于机构护理,0.3%的份额则用于居家护理;挪威将GDP的2.2%用在长期护理上,其中2%用于医疗护理相关的长期护理方面。比利时在2008年用于长期护理的开支相当于GDP的2%,其中1.7%用于机构护理。丹麦在2007年将GDP的2%用于长期护理相关服务,其中1.2%用于家庭照护,剩下的0.8%则用于机构护理;总支出当中,公共筹资的长期护理津贴则占到GDP的1.8%。芬兰在2008年将GDP的2.2%用于长期护理,其中1%用于专业的护理服务,1.2%则是长期护理的社会服务,而专业护理服务中的0.9%用于机构护理,0.1%用于居家护理。

第二类,LTCA占GDP比重在1%—2%。

瑞士长期护理的整体支出(包括公共与私人)在机构护理中估计占到GDP的1.8%,在家庭护理服务中占0.2%;2007年意大利对长期护理的公共开支估计占GDP的1.7%(256亿欧元),其中的27%投入机构护理,30%给予家庭和半院舍护理,43%则作为现金福利;加拿大2006年长期护理服务的费用支出相当于GDP的1.5%,超过80%的开支都用在机构护理上;2008年奥地利GDP的0.6%用在与长期护理有关的医疗服务上,GDP的0.7%则用于长期护理的社会服务上,共占GDP的1.3%;新西兰将GDP的1.3%用在长期护理相关的公共筹资服务上;斯洛文尼亚将GDP的1.1%用于长期护理,

---

① 数据来源于OECD官方网站:http://www.oecd.org/health/health-systems/long-termcare.htm,作者经过整理。

其中0.6%用于医疗护理相关服务,而0.4%用于长期护理的社会服务。

第三类,LTCA占GDP比重在0.5%—1%。

澳大利亚在2005年用于长期护理服务的公共开支占GDP的0.8%;西班牙将其GDP的0.8%用于长期护理的公共开支,其中,机构护理约占GDP的0.5%,家庭护理服务约占0.3%;2007年匈牙利将GDP的0.6%用于长期护理,其中的0.3%用于医疗护理相关服务,0.3%用于长期护理的社会服务。

第四类,LTCA占GDP比重在0.5%以下。

波兰2008年将GDP的0.4%份额用于公共融资的长期护理津贴;爱沙尼亚在2007年将GDP的0.2%用于长期护理服务上;捷克在2008年将GDP的0.2%用于公共筹资的长期护理。

8.2.2 LTCA费用增长的预测及其策略

在对未来长期护理需要的预测上,大部分OECD国家都将继续面临持续增长的LTCA财政支出的局面。譬如,2007年法国长期护理制度总开支预计为250亿欧元。其中,公共部门支出大约为190亿欧元,相当于当年GNP的1%。在这笔公共部门支出中,健康保险支付占60%,地方政府支付占20%,国家自治团结基金会(CNSA)支付占15%,中央政府通过转移支付占2%。这一年,支付疗养院达60亿欧元,APA支付家庭医疗保健服务达45亿欧元。据统计,2008年法国长期护理总支出占GDP的1.8%(OECD国家平均水平为1.5%)。其中,70%的支出用于疗养院的长期护理服务,如医疗服务(52亿欧元)、疗养院(14亿欧元)、房租补贴(11亿欧元)以及税收减免(16亿欧元)等方面。2009年,大约120万人接受长期护理服务,

APA 津贴共计支出 51 亿欧元,其中 40% 开支用于机构护理服务。[①]又如,新西兰长期护理的费用支出在 2025 年之前增速将达到每年 4.6%,并在 2050 年之前上升至 4.8%。典型国家的费用支出增长如表 8-1 所示。

表 8-1 OECD 国家长期护理平均支出增长与 GDP 预计增长的比较

	澳大利亚		加拿大		新西兰		OECD 的欧洲国家	
	2006—25	2025—50	2006—25	2025—50	2006—25	2025—50	2006—25	2025—50
需求驱动	3.0%	2.4%	1.83%	1.68%	3.17%	2.51%	1.8%	1.6%
成本驱动	1.6%	1.7%	1.7%	2.4%	1.5%	2.3%	1.6%	1.6%
总支出增长	4.6%	4.1%	3.6%	4.1%	4.6%	4.8%	3.4%	3.3%
GDP 增长	2.4%	2.1%	2.0%	2.0%	2.1%	2.4%	2.1%	1.5%

资料来源:OECD Health Data 2010. http://dx.doi.org/10.1787/888932401026,2014-01-30。

表 8-1 显示的是与老龄化趋势相关的必然结果。针对长期护理津贴存在资金筹集跟不上支出速度的局面也是长期护理津贴制度未来发展的最大困境之一,为下一代人群更是埋下了护理资金的隐患。尽管很多 OECD 国家已经在改变长期护理津贴的受益范围与目标人群,但正式长期护理的服务成本依然居高不下,长期护理津贴制度的实施效果必然要考察资金的可持续运作情况,各国的政策取向在提供适当与合适的津贴服务方面作出努力,同时尽力保证资金来源和财政支出的平衡,并不希望过重的财政负担转移给后代人。

一方面,长期护理津贴制度目标人群的设定更注重在有针对性的基础上实现广泛受益。对于那些具有较低的护理需求,如每周需

[①] France Long-Term Care. http://www.oecd.org/dataoecd/11/62/47902097.pdf,2016-08-23。

要10小时以内护理的中等收入人群而言,购买长期护理服务要支出的费用超过了其可支配收入的60%。而当具有更大范围内的长期护理服务需要时,如每周达到了25小时护理需要,这种费用占可支配收入的比例甚至会超过80%。即使是较高收入的老年人,长期护理的费用也会给他们的生活带来巨大压力。[1] 这些陷入失能状态的人很容易陷入贫困,所以,LTCA需要尽可能在较大范围内弥补陷入困境个人的护理费用成本。

另一方面,即使制度重心转向提高受益范围,各国政府更注意的是如果保证财政支出费用的可持续,需要选择津贴的支付定位,包括人群定位和内容设定。普遍覆盖是长期护理津贴模式中部分国家采取的模式,但也并非毫无选择地支出津贴,而是基于护理需要的基础来把握广覆盖与财政可持续性之间的平衡,一般都着眼于资格的制定、私人供款的比例和服务组合设计。如在扩大受益内容上,采取津贴普遍覆盖模式的奥地利于2010年将津贴分配对象中等级相对较低的等级一和等级二提升了每月护理时长。私人供款是长期护理津贴制度在维持财政补贴本质的前提下,各国根据形势或多或少会涉及的一种控制财政成本的方法,通过发挥较高支付能力群体对高质量服务的需求作用,平衡集体责任与个人责任间的成本,不仅减轻国家财政津贴支出的压力,也为低收入的老年人群体在公共资金转移支付下获得社会性援助。在津贴服务的组合设计上,一项挑战在于如何既能保证消费者的选择自由又能保证津贴服务指向合适的个人。

值得注意的是,机构护理费用一直是财政成本支付的重要领域,而各国一般承担机构护理费用中的护理服务和治疗成本,服务利用

---

[1] OECD. Where To? Providing Fair Protection Against Long-Term Care Costs and Financial Sustainability. In OECD. *Help Wanted? Providing and Paying for Long-Term Care*. OECD Publishing,2011:264.

者主要负担食宿部分的费用支出。虽然不同的护理机构存在住宿成本的差异,但基本上食宿费用将近达到总成本的50%。[1] 食宿成本在大多数国家都需要护理使用者花费他们的可支配收入,在芬兰、挪威、澳大利亚和爱尔兰等国甚至高达个人可支配收入的80%—85%,[2]所以通常情况下还要动用储蓄存款来解决。虽然 LTCA 对低收入群体给予一定社会援助来帮助其分担食宿费用,但大多数 OECD 国家仍然视其为个人面对的风险开支。食宿费用的变化显示着市场上食品和住房价格的现状,但部分长期护理津贴模式下的国家所采取的家计审查方式也一定程度上将个人的经济福利状况与相应机构食宿承担能力进行匹配,通过筛选有足够资产能力的人支付私人负担的食宿费用,从而保证制度整体的公平性。对于中等及以下收入的入住护理机构并容易陷入贫困的人来说,有些会选择以住房抵押或其他途径来支付食宿费用,但也有一些 OECD 国家可以贷款或住宿保留金的计划来辅助资产能力弱的人群。比如在英国,对接受机构护理人群进行的资格审查就是一项考虑到使用者住房条件的公共支持项目,在通过资产审查后,地方议会会允许这些人不用变卖家产而通过延期付款协议直到其去世后再回收家宅财产,以这种形式协助费用支付。从未来费用支出方面考虑,护理机构的食宿费用成本依然会居高不下,为体现 LTCA 财政支出的公平,不得不考虑中低等收入的机构护理者负担食宿费用的政策保护。

　　增强 LTCA 费用支出的财政效益,关键在于科学匹配需护理者的需要与一国的财政状况。相对于实施长期护理保险制度的国家专设的保险融资安排而言,多数国家在长期护理津贴制度中的融资模

---

[1] Fédération Hospitalière de France. Hébergement et services à la personne: Comment adapter l'offre aux besoins futures. Présentation Conférence Les Échos, 2010-03-10.

[2] OECD. Where To? Providing Fair Protection Against Long-Term Care Costs and Financial Sustainability. In OECD. *Help Wanted? Providing and Paying for Long-Term Care*. OECD Publishing, 2011:273.

式是作为卫生与社会服务的一部分,并随着中央与地方政府的行政职能划分作出融资调整。实施长期护理津贴制度的很多国家在财政费用上通常都会根据经济形势开展预算,每年对财政融资与支出途径重新设定,对护理津贴预算实行控制编制。控制预算的实质是控制准入资格,因而在实施效果上更偏向于有选择的普遍覆盖。例如,瑞士、新西兰、波兰、捷克、斯洛伐克等国都是在资格评估等方式下实现可持续发展与权利保障的并重。再如,比利时对护理院床位的限制,以及澳大利亚政府控制财政费用成本,其中所体现出的总成本控制和机构护理给付的控制,二者都是费用支出压力带来的紧缩性财政政策的表现。

另外,对于依靠税收融资的长期护理津贴模式而言,费用支出产生的压力还会让税收的筹资途径变得更加广泛,从原先对劳动者的工资性税收转向更大范围内的消费税等途径。

总体而言,高昂的费用支出让长期护理津贴模式在面对财政可持续的潜在风险上愈发选择更公平的给付措施。首先,当失能老年人陷入因高护理需求导致的严重护理费用危机时,在普遍保护的防线基础上,仍然要通过资格核查确定服务组合与护理成本私人分担的程度。其次,有关机构护理的食宿费用,被排除在长期护理津贴范围之外,需要护理使用者自行承担的制度设计本质上是为了防范道德风险,但是,这部分费用使入住机构的老年人耗费了大量的储蓄资产甚至陷入贫困。为达到津贴体制下的护理权利保护,各国政府尽可能地调动资金给老年贫困者以救助。当然,更直接的政策倾向依然是推进就地安养。最后,以税收融资为主的长期护理津贴筹资方式,筹资渠道较为单一。各国需要考虑整合相关部门的护理服务资源,在许多国家都存在多部门重复的资源配置,如医疗系统、公共卫生系统、老年服务系统以及残疾人服务系统等。

8.3 LTCA 驱动的护理产业

在财政成本疯涨的背景下,单纯依靠税收筹资会导致长期护理津贴面临可持续性挑战,同时也促使 OECD 各国寻找新的融资资源。

通常国际上对财政可持续性的谋求有两种途径,即减少受益人群的节流与开拓服务供应组合的开源。对于前者,依然被控制在一定范围内以使最需要护理的人群切实得到生存保障;对于后者,未来更多强调的是家庭护理、现金津贴传递和市场供应组合的改善。[1] 今后发展趋势要减弱国家在护理服务中的控制性,加强宏观监督和财政融资责任,同时注重家庭和市场的参与。当私人提供服务的网络全面建立,市场规范与竞争秩序得到有效监督,那么护理产业的形成可能是减轻政府财政与家庭照护负担的最好方法。

8.3.1 长期护理产业的内容

护理服务产业是伴随着老年长期护理制度发展共同成长起来的。从 12 世纪起,英国就为老年群体建立了近 700 所庇护设施。较长一段历史时期内,长期护理产业只是作为一种萌芽的状态缓慢发展着,20 世纪中期后,OECD 国家相继颁布法律建立完善的长期护理制度,护理产业的发展动力越来越大。譬如,2008 年法国 65 岁及以上老年人每 1000 人拥有 52 张长期护理服务床位(OECD 国家平均水平为 44 张床位)。[2] 护理产业首先表现在与老龄化催生的一系列老年护理服务安排上。正由于 OECD 国家高龄化在 2050 年几乎达

---

[1] Annamaria Simonazzi. Time, Cash and Services: Reforms for a Future Sustainable Long-Term Care. *Futures*, 2012,44(7):687-695.

[2] OECD Health Data, 2010. http://dx.doi.org/10.1787/888932401026.

到10％的水平，既带来国家护理成本翻倍的巨大压力，也带动着护理产业多元发展的兴起。

一是多样化的护理项目，包括失能产生前的预防性产业，针对处于失能状态的老年人居家式护理、机构性护理和社区护理，与失能护理相结合应运而生的辅助性健康产业。预防性产业，表现为在委托类机构或专门机构内定期对老年人的健康检查、常见老年疾病如高血压等的药物发放、为预防阿尔茨海默病设立的专业医学组织、面向机体保健的老年健身设施等。居家式护理，主要有生活照顾（清洁卫生服务、日常帮扶服务、个案管理服务、危机介入等）、医疗护理（医学诊察、用药监督、康复治疗等）、饮食护理（特殊病情下制定相应饮食菜单）、环境改造（住宅设施改建、适应化家居、打造适宜休息的环境）和心理健康知识教育。机构性护理，主要涉及疗养院、护理院、"老年之家"、暂息护理服务机构、日间护理中心、残疾院、精神病院等多种形式，运营的主体形式也存在营利、非营利或政府与慈善产业的多种形式。社区护理，最主要表现在日间或暂息护理上，伴随有家庭帮扶、送餐服务和家庭护理组合等。与失能护理相结合应运而生的辅助性健康产业，大致有家庭改修、专业支持、购置交通工具和耐用消费品等设备支持以及技术性援助等，也包括与老年人护理相关的健康食品与身心发展管理的产业。

二是利用科技进步手段，配合现代生活形态的转变所开发出的护理产业的新形式。在现代生活中，急性与慢性传染性疾病能够在先进医学的介入下得到预防与治疗，更多的焦点被放在了对慢性病和退化性症状的护理上。同时，现代生活形态也极易带来依存性的不健康的生活习惯风险，如吸烟、酗酒、肥胖等症候，这些现代病也导致特殊化的护理需求日益扩张。因此，长期护理产业不但得以完善传统类的各种护理服务，也结合现代社会特有的护理需求推出新型的科学化的护理产业，着眼于健康管理科技产品，充分发挥技术进步的优势。

三是长期护理领域的信息化产业。对于非正式护理领域内的需求者和护理员,可靠的、及时的信息能够很大程度上减轻护理负担、联系合适的护理产品和服务以及获得相应的护理津贴。信息化包括护理需求者的供方信息的搜寻、护理者对被照顾对象的健康状况的了解,以及社区和机构对服务对象的跟踪、健康信息的传送等诸多方面。信息的可及性成为至关重要的环节,因此信息化产业的成本非常巨大。从医院到机构到社区再到个人,在每一层及各层之间建立起信息网络和联合机制已是满足护理人群需要的有效手段,也是现代社会护理产业所瞄准的新商机。

8.3.2 长期护理产业的发展趋势

首先,长期护理的去机构化已是大势所趋。基本理念是用居家护理与社区护理尽可能地取代机构护理,压缩护理机构的成本,提倡人性化和可供自由选择的社区护理。英国在20世纪80年代曾一度走入社区护理发展的迷途,将在社区中开展护理的理念歪曲为由社区承担护理责任,演变成政府对护理责任的逃避,也使护理需求者的实际需要与社区资源承载力之间产生了矛盾。去机构化的实质也是护理提供的多元化,发展长期护理的混合经济,引入市场竞争机制,让政府公共部门与私人民间部门形成合力。在协同作用下,公共产业、非营利性产业和营利性产业等不同性质部门能够公平竞争。通过长期护理津贴支持,居家护理、社区护理中的使用者实现着对多样化护理服务内容的自由选择和便利使用。从1997年至2001年,英国的多元化护理产业部门就呈现出持续增长的趋势,越来越多的个人选择独立的产业部门提供的居家护理服务(见表8-2)。

表 8-2 英国的独立护理产业部门发展趋势

使用服务的家庭数量(个)	1997 年	2001 年
独立产业提供的服务	144000	205300
地方政府提供的服务	335100	194300
家庭总数	479000	399600
使用服务的时长(小时)	1997 年	2001 年
独立产业提供的服务	110 万	170 万
地方政府提供的服务	150 万	116 万
使用者服务使用总时长	260 万	286 万

资料来源：Department of Health. Using Reimbursement Funds to Increase Capacity and Reduce Delayed Transfers of Care. http://www.doh.gov.uk/reimbursement/systems.htm,2008-02-01。

其次,各类服务产业之间的联动与集群效应,更加注重信息与服务网络的构建。对于居家护理、机构护理、社区护理、医院护理多元体系,使用者在服务的选择上会考虑到经济成本与时间成本等多重因素。通畅的信息确保等待时间的缩减,也相应节省了时间成本引致的经济成本,信息网络极大增强了获取信息的快捷程度,护理产业想要在市场中赢得竞争优势必然会扩大自身的信息散发渠道。同时,拥有成熟的信息网络也意味着一国内长期护理制度的完善程度,政府也在构建制度框架时将信息网络的建设包含在内。而产业之间的集群作用在未来长期护理的持续发展中发挥着瞩目的作用,长期护理作为一种劳动密集型的产业,从人力资源、服务提供渠道、使用者、辅助护理产品研发、专业化护理设施改建等各方面都存在集群效应,加上护理对象在日常活动不便方面的特征注定了护理产业在地理上也需要集中与相互关联。这就使一定地域内护理供应商、相关护理设备制造商、劳动力提供组织以及其他具有相关交叉性的产业(如保健食品、保健器材和培训机构)构成了空间产业链。

再次,由于从事长期护理工作的正式工作者必须经过专门学科一定时间的学习并通过专业资格的认证,通常都具备护理专业学历或社会工作相关专业的学历。在接受正规教育的基础上,很多国家还要求毕业生经过至少一年严格的护理训练才符合正式工作者的要求。另外,在开展工作的时段中,也会接受护理培训机构继续深化性质的再教育。总之,护理产业自然也囊括了对护理专业培训的教育机构或组织,政府机构对学校护理本科或专科的专业设置与资金扶持是各国必然会投入的教育投资;对于市场机制而言,更宽阔的潜在发展视角在于护理从业人员在岗期间的再教育与拓展培训,这不仅是保证长期护理工作者的知识技术紧跟时代发展与人们不断变化的需要条件,也是保证护理产业在市场竞争中处于优势的必要投入。仅仅依靠市场环境自发运作来开发专业护理培训机构很难确保培训的质量与价格的公正,在专业培训产业方面必须依靠政府的宏观调控与设置。除了在医院内、正式护理机构中安排常规性或不定期的培训班外,更要加强对市场营利性护理培训产业的监管。

最后,长期护理产业将进一步加强对尖端或先进器材设备的引入与研发,并探讨更科学的护理管理模式。自长期护理产业发展以来,护理设备相关产业就呈现出爆发式的发展态势,占据着长期护理产业市场的较大份额。从预防失能阶段的防治性设备(如富有保健效用的服装、寝具或营养食品等),到失能护理阶段的物理或康复的医疗器械设备(从衣食住行与机体康复各个细节给予康复治疗和辅助的产品),再到准自理阶段的支持性或辅助性器具(如健身训练器材、视听感官强化设备、行动辅佐器械等),都对不同性质的器材设备提出了需求。OECD国家在老年人护理器材设备的研发方面基本已达到了国际上的领先水平,在一般性护理设备的市场竞争局面下,运用电子技术的器材更是逐渐得到普及并深入到老年护理的服务领域中。这不仅体现在基础护理环节的检测类设备(如血压仪、心电仪、健康分析仪等)的使用上,而且体现在专业护理机构中的高精尖技术的运用中,包括远程控制类的医疗软件系统、动态管理的检测系统和无线监控的健康统计等。管理模式的发展趋势则是各国对当前划定护理等级使用的评估标准进行更合理的改进,通过护理产业提供的信息反馈或实践评价,使长期护理制度的管理模式与长期护理服务产业相互促进。

另外,OECD国家失能老年人照护服务更多是对家庭和亲属的显著依赖,尽管如此,长期护理产业也开始有了起步性的发展,不再由公共性的机构对护理服务进行垄断,护理服务可能变得更加有效。

8.3.3 长期护理产业的困境与解决

为了防止护理产业市场失灵后的信息不对称和护理代理问题,需要政府对护理产业的运作和规划给予充足的支持。长期护理产业的市场化运作可能产生的问题,最突出地表现在长期护理服务的质量与市场竞争机制的效率并没有达到一致,以及市场竞争的失控造成集群产业无法发挥一体化作用。

对于市场环境中长期护理质量的低下问题,主要在于政府财政的支持力度有限,受到财力限制下的护理津贴不能充分给予各市场单位,因而极易造成长期护理的产品质量不同,也会使部分供应商丧失进入市场的自由,形成一种不完全的市场。长期护理产业的不完全市场使护理的使用者在选择供应商时,由于自身持有的护理津贴有限而倾向于追求低价的护理服务,对价格的考虑优先于质量。同时,供应商也不会严格依据竞争价格定价,转而依据其预算限制,又受到消费者对低价产品的偏好进而压缩价格,为保证成本不变从而使护理产品质量降低。在护理使用者和供应商双方的偏好作用下,护理产品市场逐渐形成了低价格与低质量的恶性循环,整体上陷入市场机制下长期护理质量反而很难提高的泥淖。作为市场失灵的结果,长期护理产业竞争可能丧失公平的环境与有效的服务,也无法实现推动护理使用者选择自由的初衷。

对于长期护理产业一体化功能的丧失,在市场竞争的作用下,除了可能会带来护理产品中的"劣币驱逐良币"现象,也会带来各个护理产业之间的不合理竞争与服务整合的碎片化。长期护理产业不仅包括医疗部门和政府融资的公共机构、非营利机构,还有着众多的营利机构。营利机构的异质化和复杂类型必然产生不公平的竞争局面,而政府经营的护理机构也同样会在不完全信息的网络中自发趋向对各自利益的追求。这种不公正的竞争局面一方面影响了长期护理产业链整体的持续性,另一方面也影响了对护理使用者提供一体化服务的目标。同时,在竞争的影响下,信息网络也容易混入太多虚假信息而变得不可信,各相关护理产业间的信息传播丧失信度也加剧了产业联合的分解。不同的护理机构不会轻易交换服务与产品信息,不同的护理产业不再通过合作加强服务的协同效果,最终只能让护理需求者丧失对有效信息筛选的自由,无法持续便利地选择一体整合的长期护理服务产品。政府在长期护理津贴的给付标准上由于各种因素存在一定的偏差,进一步产生了长期护理产业的公平问题。不同地域中的产业存在发展基础差异大的问题,客观上也加剧了地区间护理使用者自由选择的无序性。

为了解决长期护理产业在发展中可能出现的上述两类市场失灵问题,OECD各国未来趋势大致有以下两种路径:

第一,对消费者导向型护理津贴的倾斜。通过加大护理使用者的津贴给付力度,在科学设置津贴上限的同时充分满足消费者的选择自由。护理使用者在选择市场供应商时,一般会优先考虑优质的护理服务,再通过消费者在使用服务之后的宣传,扩大相应产业的知名程度,转而增强更多的使用者选择质量好的长期护理产品。OECD各国长期护理政策都逐渐倾向于消费者导向的现金补助给付,成为在长期护理津贴模式下普遍采取的方针。① 津贴模式的优势就体现在这种情况下,能够保证护理使用者遵循自身意志使用现金津贴,支付给非正式护理员或购买服务,这样既提高使用者的选择自由,也迫使长期护理产业的竞争市场为迎合消费者的需要不断提高服务质量。尽管消费者导向的津贴模式也会出现如对灰色产业的促进或政府责任的淡化等诸多问题,但建立严格的监管程序和加强第三方的评估力度也是 OECD 国家追求完善的领域。

第二,加强对长期护理产业质量监管体系的建设。OECD 国家面对市场机制下护理质量的低下,一般都会加强对产业质量监管体系的管理,对供应商和护理服务提供者的服务行为给予质量控制,保证消费者获得高效的合格的护理服务。目前国际上的护理质量管理体系具备较强的自我适应与完善功能,能够随着内外部环境的改变而进化,以符合新的质量要求。对于全面质量管理遵循的科学原则,通用的是 PDCA 循环概念,即一种不断改进的与持续学习的质量改进模型。P 即计划,根据护理使用者的需求来组织服务的目标和实施计划;D 即实施,根据计划具体实施护理服务;C 即检查,对长期护理产业实际开展的产品服务过程进行监测;A 即处置,针对市场机制中发生的现实问题施行新的标准和防御措施。在 PDCA 循环理论的指导下,长期护理产业的质量管理可以得到持续的监管与改进,一方面,有助于护理供应方的护理项目处于监控之下,避免不完全市场下竞争的失控;另一方面,有助于护理者提供的护理服务也处于不断发现新问题再持续得到修正的管理进程中。

OECD 国家在引入质量管理体系后依然会存在缺陷,由于居家护理领域护理服务实施的隐蔽性,导致质量监控比机构护理的更为困难,也需要政府重视居家护理服务质量,并设计合理的质量指标体系。

---

① A. Evers. *Payment for Care: A Comparative Overview*. Avebury,1994:4.

8.4 LTCA 创造的就业岗位

护理产业的发展还紧密联系着就业问题,这是对护理产业的支持也是对劳动力正规就业和工作改善的推动。长期护理产业的扩张,一方面加速不充分就业的劳动力参与长期护理产业,另一方面也在一定程度上为女性劳动者创造了更多选择性的就业空间。

8.4.1 创造更多就业岗位

世界人口老龄化使女性的社会角色伴随着越来越多对长期护理的需求而逐渐活跃在劳动力市场中,从家庭领域的无薪照顾逐渐渗透至有酬的护理服务。各国护理产业的发展对护理人员的需求到2050年前会进一步膨胀至少两倍,比适龄劳动人口的增长更为剧烈。

表 8-3 OECD 部分成员国对长期护理工作者的需求趋势

国家	年份	
	2008	2050(纯老化情况下)
斯洛伐克	0.2%	0.7%
捷克	0.5%	1.4%
比利时	0.8%	2.0%
加拿大	1.0%	1.6%
澳大利亚	1.1%	2.6%
新西兰	1.3%	3.6%
挪威	2.6%	5.6%

资料来源:OECD Health Data 2010. http://dx.doi.org/10.1787/888932401026,2014-01-30。

表 8-4 长期护理工作者与适龄劳动人口的需求增长趋势比较

年份	捷克 2008—25	捷克 2025—50	斯洛伐克 2008—25	斯洛伐克 2025—50	挪威 2008—25	挪威 2025—50	比利时 2008—25	比利时 2025—50	新西兰 2007—25	新西兰 2025—50	加拿大 2006—25	加拿大 2025—50	澳大利亚 2007—25	澳大利亚 2025—50
长期护理工作者	1.9%	2.5%	2.1%	2.8%	1.7%	2.3%	2.1%	2.1%	3.2%	2.5%	1.8%	1.7%	3.0%	2.4%
适龄劳动人口	-0.3%	-0.4%	0.2%	-0.5%	0.3%	0.2%	0.4%	0.3%	0.6%	0.3%	0.7%	0.4%	0.8%	0.5%

资料来源：OECD Health Data 2010. http：//dx.doi.org/10.1787/888932401064. OECD，2014-01-30。

这种膨胀的护理需求趋势不仅推动了长期护理产业的兴盛,而且为劳动力市场创造了一定就业岗位,提供不同水平的职位。根据统计,护理劳动力市场仍然是欧盟最活跃的部分:欧盟27国在2000年至2007年的卫生和社会服务部门创造了近330万份工作,未来还会进一步扩张。2007年长期护理所有部门的就业人口占到欧洲总就业人口9.6%的份额(达到2060万人)。[1] 未来对长期护理就业的挑战则在于如何保证创造的就业岗位能够适应护理服务的增长需要,同时对于增加的护理服务的质量也能跟上这种速度。

　　OECD各国长期护理工作中常规性护理工作依然是就业岗位中的重中之重,从整体而言卫生与社会服务部门的长期护理就业基本包括个人护理层面的工作及相关岗位与家庭护理层面的工作及相近的辅助岗位,这两种就业形势是长期护理总体工作中的两大重要领域。OECD不同国家之间也表现出了在就业偏向性上的差异,并且邻近的国家还具有产业与就业的聚集效应。奥地利最突出的就业岗位设计成就在于对长期护理职业资格认证体系上的相对成熟,无论是专业医院或机构内的护士还是专业的社会工作者,都需要经过严格的资格认证后上岗,从而一定程度地保证了护理服务提供的质量,也使人力资源得到合理分配使用。例如,法国的机构护理包括6500个传统的"老年之家"、2800个"庇护之家"和900个疗养院。这些护理机构中有57%属于公共设施,27%为私营非营利机构,16%为私营营利机构。机构护理有14万全日制护士与护工,这些人中92%是妇女。[2] 北欧国家的就业岗位优势在于拥有高度专业的社会工作者,以及具有专业技能的个人护理领域的工作者。西班牙、意大利、希腊这些地中海区域国家体现在家庭护理领域的工作,包括相关的辅助

---

[1] Annamaria Simonazzi. Time, Cash and Services: Reforms for a Future Sustainable Long-Term Care. *Futures*, 2012, 44(7):687-695.

[2] France Long-Term Care, http://www.oecd.org/dataoecd/11/62/47902097.pdf, 2016-08-23.

劳动力,以及洗衣工和清洁工这种低技术含量的工作。斯洛文尼亚、斯洛伐克、波兰、匈牙利、捷克、新西兰等国家在长期护理领域的社会工作者数量和政府对卫生事业的总体投入可能稍落后于欧盟的总体平均水平,但是由于邻近国家出于历史文化因素,移民是一大特色,很多医疗卫生专业工作者流入后,优势表现在对护士从业资格有着较成熟也较严格的考察,这就为这些后期加入 OECD 组织的国家在专业护士护理领域定下了较高的执业标准。

8.4.2　就业岗位开发

伴随着人口老龄化速度的推进,大多数 OECD 国家都普遍面临着护理从业者的短缺问题,无论是正式护理员或非正式护理员基本供不应求。为了解决劳动力的供需矛盾,一般通过鼓励家庭成员就业、提升长期护理工作岗位的吸引力、为移民创造就业环境这三种途径,来填补更强烈的护理需求岗位。

第一种途径也是最为常见的长期护理津贴手段,通过基于对个人护理需求的考察提供服务津贴,也为护理提供者创造就业。既可以是税收减免措施也可以是直接的补助措施,为家庭护理领域的低技术水平护工提供就业机会,也使正规的护理工作者得到就业补偿,以护理津贴平衡就业市场和家庭护理。比利时就针对非正式护理市场,设置了集成性的就业政策,将技术水平不高的劳动力进行整合,集中形成价格低廉的高密度的护理劳动力市场。

当然,这种做法也存在必然缺陷,注重就业的规模而忽视了劳动力资格,导致护理服务的质量无法跟上就业速度,也不适用于高层次护理需要。从护理津贴模式对护理提供机构设置的定价上限来看,护理使用者的自由选择就被护理提供者的趋利安排阻断,经营商为了获益而降低成本与压缩护理质量,很难提高护理从业者的潜在发展能力。英国在实践中很大程度依靠社会护理工作者,并且对其有专业资格的认证与权威注册。但在市场竞争逐渐扩大的形势下,出现劳动力成本相应地转向低技术和低支付的现象。根据英国卫生部门的调查,大约80%的社会护理工作者都缺乏从事专业护理工作的相关资格。[1]

第二种途径针对社会上为数众多的失业人员,将这部分人群吸纳进空缺的护理岗位不失为一种有效措施。更多的是通过培训等挖掘工作者潜力的方式,从根本上提高工作的吸引力。虽然在急性病护理、阿尔茨海默病、多重残疾等专业性较强的护理领域需要高水平的技术工作者开展服务,但是家庭护理领域中所需技术大多为体力劳动或操作简单的日常家务,可以补充一定数量需求的就业岗位。机构护理要求一定专业技能,但也未达到相当的职业吸引力,同时很多国家对长期护理在学校中的专业设置也大部分仅停留在专科或本科水平。目前OECD一些国家意识到对就业岗位的培训项目开发和从职业结构上调整长期护理的重要性,一方面改善长期护理行业的传统形象,另一方面也保证了长期护理服务质量。

在OECD国家,各国采取不同的培训计划,有些侧重于对长期护理学科教学的理论训练,有些则侧重于在就业过程中开展的或理论或实践的训练。例如,西班牙更偏向通过理论教学来提高护理员工素质,丹麦则注重通过实践性的培训以使工作者的专业技能能够在最短时间内符合工作需要。训练的时长与周期也随国家政策有很大差异,短至以小时计算长至数年。通常大部分会在国家层次上颁布和实施长期护理培训计划,也有如澳大利亚、英国、意大利等国缺乏一种全国标准的培训项目,从而使各地区间不同项目和不同护理工种下的从业人员很难在各职位或各地区间进行纵向或横向的流动。总体而言,各成员国的护工培训内容既有针对特殊病种的护理技术,

---

[1] Claire Cameron, Peter Moss. *Care Work in Europe*: *Current Understandings and Future Directions*. Routledge, 2007:140.

也有长期护理领域的人力资源管理课程,包括团体协作能力、抗压训练、冲突管理和沟通能力等。①

第三种途径是针对外籍与移民工作者的政策安排。在护理劳动力普遍短缺的形势下,外籍与移民护理工作者很大程度上填补了这一不足,为家庭护理领域发展提供了人力资源保障。

表 8-5 OECD 部分成员国外籍长期护理工作者所占比例(2005—2006 年)(%)

国家	健康与其他社会服务领域	家庭帮扶服务领域
希腊	2.3	13.9
西班牙	2.8	13.3
意大利	4.7	10.4
捷克	6.2	—
葡萄牙	8.0	4.9
斯洛伐克	8.6	—
匈牙利	8.2	—
波兰	9.3	—
奥地利	9.4	0.4
比利时	10.4	0.6
爱尔兰	10.8	1.1
瑞士	13.2	1.5
芬兰	13.9	—
英国	15.7	0.7
瑞典	19.1	—
丹麦	20.2	—
挪威	25.4	—

资料来源:OECD International Migration Outlook. http://dx.doi.org/10.1787/888932401558,2014-01-30。

---

① R. Fujisawa, F. Colombo. The Long-Term Care Workforce Overview and Strategies to Adapt Supply to a Growing Demand. OECD Health Working Paper,2009(44):33.

不过,移民工作者的就业待遇在 OECD 国家各不相同,受到各国政治、地理与文化的影响,移民工作者的从业地位与就业岗位数量有相应的变化。奥地利的现金津贴包括移民工作者在内,对家庭护理领域的移民人员给予监管下的津贴支付,鼓励邻国移民进入。虽然存在非法与无资格认证的问题,依然有很多机构愿意在短期内招聘这些人员。西班牙、意大利、希腊等国对移民工作者给予无条件的津贴转移支付,但更多支撑的是非正式护理市场中的移民,使经济状况较差的护理需求者可以承担这种低价低质的护理服务。很多国家也采用相似的政策措施,移民护工的社会地位正逐渐得到提升,激活了非正式护理市场。反过来,移民护工的涌入也促使各国对长期护理政策与移民政策的修改与完善。

8.4.3 就业待遇的多样化

由于政府财政承担有限,为了抵御未来可能产生的财政压力和融资风险,老年服务劳动力市场也经历着不断改革。一方面要保证护理服务充足的市场供应机会,增加就业岗位,吸纳数量庞大的低技能的工作者进入就业市场;另一方面也会因劳动力基数扩大而降低护理津贴给付与劳动成本。

与同期其他经济部门就业条件相比,长期护理在历史发展上一直是一种低薪资、低社会地位的工作领域,主要由低技术含量的劳动者(基本是妇女)组成,因而低支付和较差的工作环境成为长期护理就业领域的普遍特征。但与此同时,不同性质的护理工作又存在外部差异,非正式的工作者基本都符合上述特征,正式工作者却相对能获得统一的薪酬待遇与职业管理;私人经营的、营利性质的护理机构与政府公共部门、非营利性质的护理机构也存在效率与工作环境的差异。

另外,不同国家长期护理部门更是有着很大的就业模式差别,涉及专业资格的认证、潜在的培训机会、就业待遇等方面。英国、西班牙、意大利、希腊等对于长期护理工作者的待遇在 OECD 国家中基本处于较低的水平,丹麦、瑞典、挪威则在护理就业上给予最高的就业待遇,奥地利将国内高技术水平与低技术水平的就业者区分对待并给予不同待遇。从极端性标准来看,英国与丹麦就代表了就业待遇的两个典型。丹麦的就业模型被称为"工作质量锚",[1]是基于工作的广泛职业化和工会化来开展的,政府基于税收的高水平公共筹资直接导向丹麦的护理服务领域,以公共责任来确保福利机制的广泛传播,在一定条件下人们可以普遍进入服务领域。相反,英国护理就业模型则是低专业化标准,工会力量也很薄弱,公共筹资水平较低,直接导向的并非护理服务提供者而是护理接受者,津贴领取者依据最低工资标准对服务者付费。[2]

总体而言,尽管各国长期护理就业岗位存在就业人数、从业资格、工作者性质和就业待遇等诸多区别,但依然有共同的趋势即日益增强的长期护理服务需求极大地拉动了就业岗位的增长。

8.5 LTCA 产生的社会价值

虽然众多 OECD 国家都实施了 LTCA 制度,但我们很难得到一个长期护理制度社会价值的评估结果。这是因为社会护理服务价值涉及诸多抽象与尚未界定统一标准的领域,实践差异也极大,使用何种价值概念、各国的长期护理成本效益包括哪些影响元素、怎样科学

---

[1] D. Grimshaw, S. Lehndorff. Anchors for Job Quality: Sectoral Systems of Employment in the European Context. *Work Organisation, Labour and Globalisation*, 2010, 4(1): 24-40.

[2] Annamaria Simonazzi. Time, Cash and Services: Reforms for a Future Sustainable Long-Term Care. *Futures*, 2012, 44(7): 687-695.

设定具体的测量要求都无法寻求现有标准。① 因此,在社会价值评价过程中,更大程度上是探讨 OECD 国家在多年发展经验中常见的增进长期护理津贴效益的措施,而非从量化的对比与计算中得到社会价值的概率和百分比。

LTCA 的社会价值可以从三个方面得到体现,一是长期护理津贴对护理提供者的工作激励;二是在护理供给上的去机构化导向;三是长期护理产业发展推动的技术革新。

8.5.1　长期护理工作者的工作激励

OECD 国家对长期护理人员的薪酬支付存在按工作日支付常规性薪资、根据工作者的服务内容数量提供现金津贴两种方式。针对前者,很容易因支付费用与护理需求者的服务脱节造成护理员的消极怠工,无法保证护理质量。例如,加拿大和比利时等国采取的每日支付津贴的形式尽管会根据长期护理需求者的风险进行调整,但作为一种事前的预算安排,一旦护理机构或护理员接收了超出风险预期或津贴预算的患者,就很难维持工作的运营。而即使是后者,还是未能最大化激发护理工作者的工作效率。因为在一些护理机构中,采取了按服务内容付费后,也随即产生了护理服务过度的提供和服务项目的过度申报。因此,目前国际上引起关注的激励机制是将对护理提供者的津贴给付与护理提供质量紧密结合起来,这种津贴支付形式被称为"P4P 机制"(pay-for-performance schemes)。但 OECD 国家一般只是在卫生系统内展开运作,还未能在长期护理津贴领域得到推广,只有美国的爱荷华州与明尼苏达州显示了有限的经验,说明按 P4P 机制给付护理薪资不仅能够提升护理员的就业积极性和工

---

① OECD. Can We Get Better Value for Money in Long-Term Care? In OECD. *Help Wanted? Providing and Paying for Long-Term Care*. OECD Publishing,2011:296.

作时长,也能提高使用者的满意度。① 尽管 P4P 机制的实践有限,同时护理机构中存在护理服务提供的合约时限,限制着对机制长期的监督与效率核算,但作为能够界定长期护理提供质量的指标,以业绩评估津贴的方式还是具有潜在的优势。

而在市场竞争方面,长期护理津贴模式的特征之一即在于提供了护理需求者选择的自由,间接就为长期护理市场上的供应商们创造了竞争激励的环境,使供应商们努力从改善服务和降低服务价格两个方面来提升竞争优势。以北欧国家为典型,致力于开发更具激励意义的合理竞争方式,采取"护理券"作为一种尝试。护理券的性质和长期护理津贴无异,需护理者能够使用护理券购买政策监管内的所需服务。② 护理券的形式可以是印刷材质,也可以是电子卡片或通过权力当局颁布的支付合约,北欧国家通过便捷的护理券使用,旨在尽可能保证使用者享受到高质量与最适合的服务,从而提升使用者和供应者两方的满意程度。但针对护理券,也有学者提出了其必然存在的缺陷,认为消费者在使用护理券带来方便的同时也会受市场既存的非对称和不完全信息的影响,③从而造成护理服务提供者在护理过程中区别对待是否持有护理券的消费者人群。芬兰与丹麦在实践操作中发现护理券的使用者,尤其是选择了私人护理提供者的人群普遍具有较高的满意程度。但与此相反,依然有很多人尚未知悉所在地区的政府是否提供了护理券的服务方式;同时,很多偏远或农村地区因为缺乏私人护理提供者,即使拥有护理券的行使选择权,也无资源可寻。如丹麦就有 16% 的护理使用者并没有意识到自己

---

① G. Arling. Medicaid Nursing Home Pay for Performance: Where Do We Stand? *The Gerontologist*, 2009, 49(5):587-595.

② C. E. Steuerle. *Vouchers and the Provision of Public Services*. Brookings Institution Press, 2000:150.

③ S. Folland, A. C. Goodman, M. Stano. *The Economics of Health and Health Care*. Prentice Hall, 2001:107.

第 8 章　经济效益与社会价值

拥有选择护理提供者的机会。① 这部分没有得到及时信息的使用者，更倾向于接受他人推荐的供应商，也就很少会行使长期护理津贴模式的自由选择权。再如瑞典的部分乡村地区，护理提供者被一些私人供应商垄断控制，更是直接阻碍了自由的竞争环境。另外，护理券还会带来庞大的行政费用支出，这是阻碍护理券形式广泛推广的因素之一，但目前发展的科技水平可以用电子技术来弥补这一缺陷，实现电子信息的一体化管理。从宏观上看，护理券这一市场竞争下的新型产物，在特定地区内起到了提升护理满意度和津贴选择自由的作用，但依然存在被限制的因素，从可能存在的垄断和不可及的信息两方面阻碍其优势的发挥。

8.5.2　长期护理供给方式的去机构化导向

OECD 国家几乎都在长期护理的发展中推行了就地安养的政策，在这种政策趋势的影响下，居家护理一直是长期护理形式的优先选择。在政策设计伊始，居家护理就被认为是能够增进需护理者心理熟悉程度和整体满意度的良好方案，比起机构护理所需成本、环境氛围以及较长的等待时间，居家需护理者的生活质量能够得到改善。根据统计，2008 年的机构护理占到长期护理总体成本的 60%，但所有 OECD 国家平均而言每十个人中只有三个人在机构接收护理服务，这也是因为居家护理领域中劳动力和资本成本的低廉，而且需要进入机构接收护理的人群也有很多是存在较高失能程度和护理需要的。② 一方面，从历史过程到未来发展趋势，居家护理都是政策投入的重点，包括家庭护理和基于社区的护理，OECD 国家在扩大居家护

---

① Ankestyreseln. Frit valg i ældreplejen-landsdækkande brugerundersøgelse. Ankestyrelsens undersøgelser, 2005, http://www.fritvalgsdatabasen.dk/indhold?system=fritvalg&id=fritvalg.publikation, 2016-01-20.

② OECD. Can We Get Better Value for Money in Long-Term Care? In OECD. *Help Wanted? Providing and Paying for Long-Term Care*. OECD Publishing, 2011:297.

理的覆盖和支持政策上比较典型。比利时更是注重开发社区护理的效益,依靠社区邻里与社会工作者来保证老年人在熟悉环境内的生活,同时也倡导护理机构中的专业人员进入老年人家中提供服务。另一方面,出于对机构护理高昂津贴成本的考虑,很多 OECD 国家政府也运用政策限制机构的进入,如匈牙利在护理院的成本预算和资格标准上都加以严格限制;瑞典颁布的特定功能障碍人群支持与服务法案就将很大一部分失能者从医院设施转移到所在地区机构来缩减医院成本;捷克和芬兰只允许那些有较高护理需要的人进入机构;奥地利 2007 年颁布的居家护理法案对那些有资格的全职家庭护理工作者建立了法律基础的保证;英国 2009 年发布一份成人社会护理资源使用报告,证明在机构护理与家庭、社区组成的居家护理之间取得一个政策的倾向性平衡,发展家庭支持政策,有益于节省护理的财政成本。① 法国在 2004—2008 年,75 岁以上老年人增长很快,达到 14% 的比例。2008 年,75 岁以上老年人每 1000 人拥有 127 张床位,而 2003 年、1996 年分别为 140 张/千、166 张/千。② 可见,在"去机构化"改革形势下,法国长期护理服务床位并没有随人口老龄化同比或相应幅度增加,反而有下降趋势。另外,长期护理津贴所具备的优势效益促使失能者停留在家庭中接受服务,体现了津贴支付与个人预算在自由选择上的作用。对于家庭内非正式护理工作者提供的长期护理津贴,使居家护理在人力资源上得到了保证,比起护理对象进入护理机构更加灵活。部分国家在实践中将就地安养的优先政策通过长期护理津贴的倾斜进行强化,家庭领域的护理者还能够得到金额更高的财政支持,也缓解了机构护理床位紧张、资源稀缺的矛盾。

---

① OECD. Can We Get Better Value for Money in Long-Term Care? In OECD. *Help Wanted? Providing and Paying for Long-Term Care*. OECD Publishing, 2011:298.

② Marie-Eve Joël, Sandrine Dufour-Kippelen, Catherine Duchêne, *et al*. Long-Term Care in France. ENEPRI Research Report No. 77 Contribution to WP 1 of the ANCIEN Project, June 2010.

例如,2003 年法国大约有 10% 的居家需护理者受到 APA 的补偿津贴。

不过,在大力发展就地安养和提高居家护理津贴的政策导向的同时,现实生活中人们对于机构护理的选择反而维持着相当的比例。居家护理与机构护理之间处于消费者选择下的自发平衡,同样是一种市场化的供需状态。如果一国内家庭护理提供者的规模小于机构护工规模,那么居家护理资源必定处于供不应求的形势,迫使机构护理人数居高不下,典型国家如希腊。如果家庭护理领域的信息机制未能得到良好发展,使用者即便被给予现金津贴却无法得到需要护理的情形,市场上又存在多重家庭护理提供者的选择,那么使用者很可能错误选择了超出自己护理需要或未及护理标准的服务,造成居家护理领域资源的浪费或匹配失衡。同样,当政府缺乏协作,对居家护理的管理出现了地区间的碎片化,甚至出现多数的家庭护理者同时跻身于某个使用者的服务过程的现象,因此长期护理效益提高的关键还在于加强对长期护理信息方面的管理与各地区、各产业间的合作力量。[1] 因此,居家护理的发展趋势也存在效益低下的风险,需要政府在信息使用方面加强监管。此外,还存在一种情况即合适性问题,对于居家护理而言,前提条件是需护理者具备在家庭中接受护理的低级失能状况。若对于那些失能程度高、有高度的护理需求的,就必须进入专业护理机构接受全天监护或高强度的护理照顾,或者偏远地区的失能者,即使想要在家中也存在条件的限制,必须通过护理机构提供服务。

整体而言,居家护理比机构护理在成本上拥有优势。尽管就地安养在政策推行初期会因为转型或行政费用引起财政成本的上升,

---

[1] W. M. Caris-Verhallen, Ada Kerkstra. Continuity of Care for Patients on a Waiting List for Institutional Long-Term Care. *Health & Social Care in the Community*, 2001, 9(1): 1-9.

但随后能带来长期性机构护理领域成本压力的消减。① 居家护理使用规模一定程度上有利于机构护理使用率的降低。实行长期护理津贴制度的国家选择以居家护理为重点发展领域,同时结合适当的机构护理,在很大程度上提高了财政成本的可持续能力。

8.5.3 长期护理领域的技术革新

长期护理工作者在服务过程中要承受时间的损耗与身心的负担,往往面临双重的压力。OECD国家的实践证明,护理技术革新可将过去单纯依靠人力劳动无法胜任的特殊化的精细操作得以成功带进对失能者的治疗护理,不仅缓解了工作者的就业压力,也为失能者营造良好的生活质量。具体而言,长期护理产业技术的革新能够带来两方面的优势:一是能够提高服务效率。对于长期护理的药品治疗和监测器械创新,无论是对药品研发还是施药过程的追踪,以及对需护理者所需治疗药物的信息提供,都能带来工作效率的大大提升。像目前经常使用的远程监控和人体状态检测仪等高精尖的电子设备,通过它们能够快速了解需护理者的需要,即使远距离也能给予建议和管理。二是能够改善长期护理需求者的康复环境与安全自主的生活。现代技术构造的社会化网络,失能者在这张网络中可以便利地寻觅到康复器械和体能检测方式,也能够加强与社会的联系与交流,选择所需的护理方式。在信息辅助下,不仅能为需护理者提供及时准确的信息,便于其选择护理服务,也能在护理提供方之间交换患者信息,还能实现对护理工作者的远程培训和工作监控。

英国苏格兰地区的社区护理领域,在使用通信技术后很大程度上减轻了非正式护理工作者的工作压力。芬兰的护理机构中通过使

---

① H. S. Kaye, M. P. LaPlante, C. Harrington. Do Non-Institutional Long-Term Care Services Reduce Medicaid Spending? *Health Affairs*, 2009, 28(1): 262-272.

用一种语音通信技术,将失能或脆弱群体与护理提供者紧密联系在一起,当失能群体存在需要时,护理提供者能快速及时获取信息,并给出服务建议或采取最有效的方式,节省工作时间。这种通信技术一方面提高了长期护理组织体系的工作效率,另一方面也强化了需护理者的心理安全感,在这种实践下紧急电话求助的比例也下降了至少60%。节省出的时间则有益于吸纳更多的有需要者进入体系获得帮助。[1] 瑞典经过调查,得出信息与通信技术的使用能够改善阿尔茨海默病患者的个人生活,也能够响应改善照顾者的工作任务与劳动积极性。[2] 挪威的家庭护理者在信息和通信技术上亦受到很大良性影响,从获取信息和情感支持的角度方面,护理提供者运用与他人更便捷的知识沟通与信息交换掌握失能者的需求和相应的护理知识,也能够更好地应对未来可能出现的风险变化和新的技能所需。[3] 另外,澳大利亚也从反面证明了过度的低技术含量的文件工作会浪费工作者大量的时间,也使其与有需求患者之间无法及时沟通,降低了工作效率和长期护理的工作满意度。

但与此同时,信息与通信技术在其他OECD国家也存在一定缺陷。如在芬兰,调查发现如果是存在精神障碍的失能者,无法通过言语沟通时,使用信息与通信技术依然无法传达准确的建议,因而不适用于对这类失能人群的护理服务。对于拥有高度失能,无法独立完成日常生活,必须借助他人进行最基本的衣食住行活动时,远程的通信也显得作用甚微。再如,斯洛伐克在引入通信技术后,护理工作者

---

[1] Noora Valkila, Arto Saari. The Productivity Impact of the Voice Link Between Elderly and Nurses: An Assisted Living Facility Pilot. *Archives of Gerontology and Geriatrics*, 2011, 52(1): e44-e49.

[2] Maria Engström. Staff Perceptions of Job Satisfaction and Life Situation Before 6 and 12 Months After Increased Information Technology Support in Dementia Care. *Journal of Telemedicine and Telecare*, 2005, 11(6): 304-309.

[3] OECD. Can We Get Better Value for Money in Long-Term Care? In OECD. *Help Wanted? Providing and Paying for Long-Term Care*. OECD Publishing, 2011: 307.

的知识技能没有跟上技术的发展,反而为了学习通信技能在工作岗位上花费了更多时间。[①] 信息技术的学习应该在护理人员上岗之前进行。但是,如果让护理人员在学习后通过职业资格认证再正式上岗,那显然有相当比例的护理人员因为经济、技能等原因而没有机会学习,有机会学习者也将有不少人不能通过职业资格认证的考试,直接导致护理服务供给更加不能满足需求的状况,且不说服务质量问题。所以,信息与通信技术的使用和推广必须建立在患者的独立程度以及工作者的知识技能、护理服务供需的大环境等都达到一定标准的基础之上。否则,过度强调信息与通信技术对当面访问或辅助的替代作用只能导致更大的财政负担与管理混乱。

总体而言,OECD很多国家都在实践中验证了长期护理技术层面的革新将带来长期性的经济和社会效益。北欧国家的信息与通信技术的运用较多,目前广泛运用的技术革新主要表现在药品治疗和监测器械上。显然,信息与通信技术无法取代护工当面的服务,仅仅是对劳动力的补充与辅助,也无法改变长期护理的劳动密集型产业特征。长期护理的技术革新,要考虑需护理者的失能类型,还包括护理提供者自身的素质能力。当然,随着生活水平的提高与失能老年人口的增多,治疗设备与护理方法的革新将直接地提高工作效率,减轻护理工作者身心压力的同时也体现出人性关怀。

[①] R. Söderlung. The Role of Information and Communication Technology in Home Services: Telecare Does Not Satisfy the Needs of the Elderly. *Health Informatics Journal*, 2004,10(2):127-137.

OECD国家长期护理津贴制度研究

第9章 总结评价与借鉴启示

第 9 章　总结评价与借鉴启示

9.1　总结

OECD 国家长期护理津贴制度的建立及其改革是全球老龄化进程中风险管理的产物。在人口结构快速老龄化的大背景下,伴随着各国工业化以来的家庭小型化、老年人居住"空巢化"、女性就业职业化以及离婚率和慢性病患病率居高不下的社会结构转型,老年人失能演变成新生的社会风险。在各国原有化解风险的制度路径依赖的惯性下,部分 OECD 国家采取了以公共财政为筹资渠道的长期护理津贴制度。长期护理津贴制度的安排不仅着眼于解决老年人因失能而陷入的护理缺失或不足,而且也致力于帮助老年人摆脱面临高昂护理成本可能导致的贫困境地。这两大社会风险就是长期护理津贴制度的目标。

尽管长期护理津贴制度与保险模式相比存在单纯依靠财政税收导致政府压力过大和费用难以遏制等缺陷,但结合各国的经济实力与福利传统,北欧等采用普惠型津贴模式的高福利国家为国民提供了一个令人羡慕的全面覆盖的护理津贴网络,英国等采用救助型津贴模式的国家为保障低收入人群的护理权选择了政府财政压力较小又无偿提供支援的安全网。无论是普惠式还是救助式,长期护理津贴在资金方面发挥了社会福利选择中受益者易产生偏好的方式。自由程度高的现金津贴的使用与流动,在个人的护理服务选择层面不断实现"帕累托最优";对非正式护理员的津贴补偿与相关服务,从补偿原则上将获得护理服务受益者的津贴直接转移给护理提供者,以填补他们就业的机会成本并缓解其身心压力。长期护理津贴模式使老年人的照护服务在一定程度上得到国家责任的强力保障,使长期护理津贴模式与其他国家采取的保险模式共同解决全球性的老龄护理危机。

同时,OECD国家长期护理津贴制度在发展中也表现出相似的趋势,即对于政府财政承担的津贴费用的缩减、增强地方政府责任和个人共同付费的比例、进一步扩大长期护理服务的受益范围,以及对居家社区照护模式主流化和去机构化的倡导与激励,更好地整合医疗服务与社会服务。同时,长期护理津贴体系的不断完善,也创造了就业岗位并激发护理技术革新,推动了老年护理产业的发展,成为各国产业经济不可小觑的新增长点。

在人口老龄化发展、经济形势变化以及财政税收结构和劳动力结构转变等多种因素的共同作用下,OECD国家长期护理津贴制度体系也需要不断强化监督与管理,在相互学习借鉴的基础上进行调整和创新。

9.2　LTCA 的评价

OECD国家中有二十多个成员国采用了长期护理津贴的模式并且每个国家各有其独自特色,但宏观上依然有强烈的共性与经验,同时制度发展至今与最初的形态有了修改与完善。若要从他国长期护理津贴制度的推行中得到相应启示,就必须首先分析该制度的优缺点。

9.2.1 LTCA 的优势

帕累托最优、补偿原则和社会福利函数三项理论有助于我们洞察长期护理津贴制度本身的特质。帕累托最优形式是津贴制度下的自由选择与国家责任;补偿原则的核心思想是对非正式护理员的补偿和多元化护理方式的整合,以及广泛的覆盖范围;社会福利函数是立法保障下的服务内容组合与体制创新改革的公平及效率。具体的制度优势表现如下:

第一,财政保障与给付灵活,即拥有国家筹资责任的保障与津贴给付方式下的自由选择。

筹资方式是长期护理制度下国家与个人间护理资源分配的重要影响因素。长期护理津贴制度通过一般性税收进行筹资,形成长期护理津贴的政府财政专项资金,通常由中央政府或地方政府或两级政府共同承担。从资源配置角度而言,普惠型津贴配置遵循需求导向,将资产富足者与贫困者的缴税比例指向资源最优配置目标,转移富人的税收责任给予贫困者共享,从而追求社会福利的最佳分配状态。在 OECD 国家的宏观层面也体现为中央政府向地方政府的资金补助转移以及地方政府对护理接受者费用的较高支付比例,如瑞典 2001 年通过中央政府对地方政府补助 50 亿克朗,相当于地方总收入的 14.5%,同时地方政府也通过税收解决了接受护理服务者费用的 80%。[1] 救助型津贴配置则在家计审查的基础上,将津贴补助提供给最需要帮助的人群,在一定程度上是最适度的分配与最不改变大多数人福利状态的形式,某种意义上是接近帕累托最优的分配。

此外,长期护理津贴的使用方式也充分保证了消费者的灵活选

---

[1] Quality and Efficiency in Swedish Health Care. http://english.skl.se/publications_and_reports. swedish association of local authorities, 2014-01-30.

择自由，按照被护理者的偏好购买不同护理服务组合，这是一种选择性优势。从理论上讲，现金支付允许需求者根据个人偏好作出多种选择，现金支付的个人福利至少与服务供给相等，甚至优于服务提供。① 对于普惠型津贴模式下的消费者来说，更大程度享受着需求导向带来的自由权利，在居家护理和机构护理中满足个人的偏好。政府是筹资责任主体也是一种优势，因为经济弱势的受益者或普遍被覆盖的受益者可以享受政府融资对个人负担的减少。

第二，制度整合与覆盖广泛，即拥有多元化津贴补偿服务下的双重受益与津贴覆盖下的公平与效率。

从多元服务整合安排而言，一方面，是对非正式护理员的补偿。非正式护理员在居家护理领域起到巨大作用，填补了最多的照护空缺，相对机构护理来说节省了更多的护理成本。对非正式护理员的资金补助，使家庭成员在家中照顾老年人又不因就业机会的丧失而陷入贫困，具有保护与促进的双重功能。与社会保险、商业保险模式不同，津贴制度不仅直接针对需护理者，也将需护理者身边的护理人力资源纳入补偿目标，因此创造了新兴的就业岗位和挖掘潜在的劳动力资源。一定程度上在补偿非正式护理者的同时，也推动居家护理和就地安养的被接纳程度，符合未来各国在长期护理选择上的政策趋势，为重度失能者进入机构护理节省等待时间。另一方面，是对各方护理力量合作能力的引导以推动护理产业的规模化。长期护理津贴模式下政府将公共部门、非政府部门、营利组织、非营利组织、慈善机构、家庭等多元化的护理组织纳入一条产业链，并建立跨越的、网络式竞争机制，增强了使用者的选择权利，同时促进着长期护理产业的规模效益。

从覆盖范围而言，普惠型津贴模式在所有制度模式中都属于覆

---

① B. Da Roit, B. Le Bihan. Similar and Yet So Different: Cash-for-Care in Six European Countries' Long-Term Care Policies. *Milbank Quarterly*, 2010, 88(3): 286-309.

盖范围最为广泛的,如北欧国家、奥地利等都基本实现了对有护理需要国民的全覆盖。同时也不需要家计审查,国民能够无偿地获得现金津贴,这种覆盖优势使老年人的护理危机被降至很低。福利的普遍性也使长期护理津贴权利附上公平性特征。而救助型津贴模式的覆盖优势并不体现在广泛性上,而是体现在目标群体选择的效率上,通过筛选出社会中最需要护理的人群,在财政负担较轻的同时,更倾向效率意义的模式。

第三,法制健全与组合完善,即拥有法律政策下的有效监督与津贴护理服务组合的协同功能。

OECD国家通过法律,规范着津贴的给付与使用过程,将国民的长期护理权利作为人的一项必要权利给予保障。以一般性税收为筹资渠道的津贴法律有着悠久的历史,作为救助与福利性质共存的长期护理津贴在英国济贫法时代就已开创了最早的法律基础。至今,二十多个实施长期护理津贴制度的国家法律,从责任机构、护理等级、覆盖对象、资金筹集、待遇给付、服务内容、提供方式、质量监管等各方面加以明确和强制执行,从而保证津贴制度顺利发展。另外,长期护理津贴法律可能是专门性质的法律,也可能作为综合法的一部分存在,但都或多或少体现出对劳动力资源的规范。在监管上,长期护理津贴制度通过医疗系统管理资金、中央或地方政府社会部门监督资金的方式,提供多方监管形式,也体现了政府机构与医疗系统、社会部门以及第三方监管组织的协作共管优势。

根据社会福利函数理论,津贴制度对各种因素的不同组合达到了制度优化的函数效应。在普惠型津贴模式中,国家财政支出力度大,构成了公民普遍的资格与相对公平的获益标准;遵循需求导向,构成了护理使用者的自由选择和护理提供者在国家控制下不牺牲护理质量的有限竞争;强调消费者导向,构成了居家护理与雇用亲属非正式护理服务的最大利益。在救助型津贴模式中,国家财政支出力度小,构成了公民资产限定下的资格与严格关联经济条件的获益标准;遵循生存权利导向,构成了护理使用者在有限的资源下针对性更强的服务目标;强调政策导向,构成了提供者的多元化与价格优先于质量的状态。两种形态的津贴模式都具有各自的优点,基本达成了提供者竞争效率与消费者选择效率的福利最大化追求。

9.2.2 LTCA 的劣势

一是体现在费用增长上。无论是社会保险、商业保险模式还是津贴模式,长期护理制度日益增长的费用支出已构成了大多数 OECD 国家最突出的承受能力问题,很显然,由国家财政作为主要筹资渠道的长期护理津贴制度面临更大的考验。在普遍覆盖的国家,津贴预算要高于其他任何国家。例如,2000 年瑞典与丹麦的长期护理支出就已经分别占到 GDP 的 2.8% 和 3%,远远超出了大部分 OECD 国家 0.5%—1.6% 的水平。[①] 虽然带来广覆盖的优势,但也带来政府财政可持续困境的劣势。同时,中央与地方政府之间资金的分配也产生了效率的低下,地方政府面对资金压力进而通过过度预算向中央政府上报资金。即使是在津贴救助形态的国家,长期护理的费用支出也是捉襟见肘。救助形态下的长期护理大部分以地方政府作为主要负责机构,人口老龄化带来因失能而陷入贫困的大量低收入人群,这些潜在救助对象是政府不得不应对的风险。

二是体现在评估标准难以统一上。无论是需要经过严格家计审查的救助型津贴模式,如英国、爱尔兰、加拿大,还是具有普惠特征的高福利国家如丹麦、芬兰、挪威,等级评估通常保持在地方政府或区域范围内进行。这必然造成各地间基于资源导向政策下的标准各

---

① OECD. Long-Term Care: Growing Sector, Multifaceted Systems. In OECD. *Help Wanted? Providing and Paying for Long-Term Care*. OECD Publishing, 2011:47.

异、管理困难、资源配置难统一,地域间的差异还会带来更大范围的不平等。从救助型模式下的需求评估来看,对需护理者的评估包括资产、失能状况,如何核查其隐性资产和失能等级的模糊状况本身就比较复杂,逆选择的现象不可避免。从普惠型模式下的等级评估来看,普遍资格下对失能等级的评估成为津贴给付的主要依据,但地方的等级界定随当地政策而变,就很难上升至全国规范的标准。即使部分国家尝试推广一种统一标准化的评估工具,因难以执行依然回归了地市层级。虽然说等级评估标准因地而异是地区经济发展差异的必然,但其中的负面影响显而易见。

三是体现在市场化程度较低上。尽管 OECD 国家的护理产业化与市场化发展已得到很大推动,但在高福利国家瑞典、丹麦等国内,地方政府发挥着极大作用,营利性质的市场化长期被压制在小范围内发展,造成多元整合的市场机制难以形成。市场化比不上社会保险模式的准市场,更不及商业保险模式竞争下的多元市场规模。这种劣势在普惠津贴模式的 OECD 国家中还突出体现在地区间也存在市场化差异,只在较大规模城市中拥有私人性质的长期护理提供。另外,政府通常会对普惠模式下的津贴费用设置上限额度,私营组织也被相应限制了扩张能力。当然,多元化的整合机制也在缓慢形成,如瑞典的私人护理领域已与市政当局签署了长期的协定,其中 9 家大型企业占据 70% 的护理服务市场份额,并逐渐发展出分支机构与广泛的服务范围。[①] 此外,在救助模式的国家中,市场化程度较普惠模式高,但由于界定的服务目标是通过家计审查的贫困者,因此服务的市场范围也受消费者资产状况的限定。政府针对护理救助对象给付的津贴数额也很大程度上制约着私营性质产业的运营。

四是体现在救助型津贴模式下家计审查带来的社会影响与道德

---

① 施巍巍:《发达国家老年人长期照护制度研究》,知识产权出版社 2012 年版,第 163 页。

风险上。对于不得不接受家计审查的贫困者,想要获得机构护理权利或护理津贴资格,就必须承受"贴标签"的污名化。部分贫困者尽管难以维系生活,也不愿被施以救助的名义来获得津贴服务帮扶。救助型津贴水平仅仅是维持贫困者最基本的生活,低收入群体在达到资产阈值标准后接受的护理津贴也仅能实现很低程度的服务。与此相反的是,有些低收入群体为了符合资产条件,还会刻意隐藏家庭实际经济状况,变卖或调配财产以获得本就有限的护理资源,从而固化阶层利益,其收入再分配效应失效。[①] 同时,采取救助式的津贴模式国家出于财政能力有限的考虑,在潜在的道德风险和选择性错位的影响下,津贴资源的配置愈发变得不公平,护理服务价格与实际服务需要脱节,导致资源浪费和保障不公的可能性危机,也抑制了贫困的失能者在津贴福利下自由选择的权利。

五是体现在津贴的消费者导向与救助模式下选择能力有限的矛盾上。津贴制度,旨在依赖消费者导向,实现需护理者自由选择的权利。但救助形态的津贴数额少,选择空间有限。例如,英国地方政府在老年人的护理服务购买中作为代理角色,这种管理角色与代理角色发生重合后,政府宏观管理与微观购买就产生相矛盾之处,实践证明消费者导向难以发挥应有效用。加之救助模式的财政资源有限,即使鼓励了营利或非营利性机构参与市场竞争,需护理者只能保证基本生存的津贴水平,不得不偏好价格低廉的服务。这反过来极大限制了护理提供者的自由市场竞争,以降低护理质量获得消费者青睐的低价。同时,政府也因资源有限而压缩政策目标,为应对人口老龄化危机和膨胀的财政支出而严格控制进入资格,抬高门槛缩减服务,从本质上将需求导向扭曲成供给导向。这与普惠型津贴模式下的消费者能够使用津贴自由选择服务提供者有较大落差,在护理服

---

① A. E. Georgantzi. The Impact of the Crisis on Cash-for-Care Schemes for Dependent Elderly. Catholic University of Leuven, 2010.

务质量上也差别较大。

六是体现在津贴普惠模式下对储蓄和商业保险的挤出效应上。普惠型津贴模式的国家依靠财政支出保障公民高福利,支出的增加会引起公民应对风险心理的降低,同时也会挤出公民为老年准备的私人储蓄与购买商业保险等投资行为。普惠型国家在税收筹资基础上对公民高额征税来实现高福利,相对减少了公民的个人收入,进而私人消费与投资都有一定减少。在普惠津贴模式下只有高资产能力与特殊需求的公民可能产生投资商业保险的行为。这对拥有普遍护理津贴福利的民众缺乏吸引力,因而限制了长期护理市场上多元筹资模式的发展。

在上述六个方面的劣势当中,前四个方面属于制度实践中存在的缺陷,后两个方面则属于偏向理论上的探讨。在不完全市场竞争和社会保障改革中,长期护理津贴制度普遍存在成本高、效率低下、管理碎片化、支出刚性、扭曲资源配置等问题。[①]

9.3 LTCA 的启示

9.3.1 根据国情定位

长期护理是一个全球性的问题。正是由于人口老龄化在世界范围快速发展,女性社会地位的提高在很大程度上促进劳动力市场参与,家庭结构的小型化使得失能老年人生活难以获得依赖,所以失能老年人的照护成为一个新的社会问题,这些都成为 OECD 各国推行长期护理政策的直接原因。纵观全球,长期护理的制度模式被分为长期护理津贴模式、长期护理社会保险模式与长期护理商业保险模

---

① E. Pavolini, C. Ranci. Restructuring the Welfare State: Reforms in Long-Term Care in Western European Countries. *Journal of European Social Policy*, 2008,18(3): 246-259.

式。长期护理津贴模式又分为救助型津贴模式与普惠型津贴模式。

OECD国家在开展长期护理制度时,政府是构建制度框架的主体。基本上所有国家都有维护国民权利的养老保险、医疗保险和失业保险等制度,而着眼于长期护理,虽然有些国家将其归入医疗卫生系统内统一管理规范,但对于老年阶段机体能力的变化,长期护理仍然不能简单地等同于医疗卫生服务。政府责任除了一般性的制度设计与监督管理外,还肩负着主要的资金筹集与津贴给付责任。

20世纪末,我国迈入人口老龄化国家的行列,与国际人口相比,我国老年人口具有基数大、增长速度快的特征。同时还存在城乡二元结构壁垒打破后的人口流动现象与实施多年的计划生育政策,这些催生了空巢家庭与核心家庭的主体地位,使传统社会中以妇女为主体的亲属护理资源变得不再触手可及。更重要的是,我国未富先老的状况显然不能完全依靠政府的融资与高福利的给付来支撑老年护理服务。2016年6月,我国人力资源和社会保障部办公厅发布了《关于开展长期护理保险制度试点的指导意见》(人社厅发〔2016〕80号),决定在全国14个省(直辖市)的15个城市实施社会化长期护理保险试点。[①] 该文件表明我国采用社会保险筹资的方式来解决老年人长期护理服务的社会问题。但目前还处于试点阶段,相关政策架构没有完全搭建起来。面对两亿多老年人口,尤其是四千多万失能老年人的生活照料、保健康复以及心理抚慰等方面的服务,长期护理保险的筹资比例、覆盖对象、受益资格、服务供给、监督管理等重要设计,已经到了政府不能不作整体谋划的关键时刻。

---

① 《人力资源社会保障部办公厅关于开展长期护理保险制度试点的指导意见》, http://www.mohrss.gov.cn/SYrlzyhshbzb/shehuibaozhang/zcwj/201607/t20160705_242951.html,访问时间:2016年7月21日。

9.3.2 政府决策先行

任何国家在推行一项制度之前都要经历长期缜密的考察与规划,对于OECD国家的长期护理制度而言更是通过先颁布法律再依法推行的过程。长期护理津贴制度的发展从英国的济贫法时期就为政府治理奠定了理念基础,瑞典在发展居家护理前也经历了就地安养理念的宣导,奥地利更是从联邦与州级两类法律的设计逐步完善为整合的全国性长期护理津贴法律,芬兰在《患病者地位与权利法案》的基础上又出台了一系列福利计划与公共卫生健康报告。可以说,OECD国家对长期护理津贴制度的推行是在系列法律规范下逐步开展起来的。

纵观我国社会保障发展历史,社会保障体系缺乏完善的法律基础建构,走的是先制度实践再上升为法律的路径。新中国成立以来关于老年人权益保障和养老保障大多体现在《宪法》和《老年人权益保障法》等宏观上的法律条文里,具体政策则体现在民政部、财政部、老龄委等一些部门的规划里,至今没有颁布《社会服务法》,更谈不上颁布专门的"失能老年人服务和权利地位法案"。相比之下,OECD国家长期护理能得到长期稳定执行就在于法律保障的巨大作用。20世纪末我国进入人口老龄化之前,政府着重解决的是生存保障问题。现在,随着人口结构、经济结构和社会结构的变化,国民生活从以生存保障(或经济保障)为主转向经济保障与服务保障并重。所以,国家法律和政府政策理应顺时应变,针对老年人失能这一新生的社会风险,进行顶层设计,整合部门资源,在老年人长期护理服务方面制定出台相关的法律,指导并推进老年人照护服务体系的建设和完善。

9.3.3 长期护理独立

长期护理津贴支出占OECD国家GDP的比重一般在1.2%左

右,并且还有上涨的趋势。例如,英国仅护理院的平均费用在 2007 年至 2011 年的近五年内涨幅接近 31%,每年的支付金额平均约为 26000 英镑。因此,进入护理院的老年人有的只能变卖房产才能负担得起自付的费用。同时,长期护理在老年人福利资金中不平衡的支出比重挤占了其他福利政策的空间,这就是很多 OECD 国家将长期护理制度作为单独的政策进行预算安排的原因。即使有些国家长期护理体系置于医疗卫生的整体体系操作,但依然将长期护理的资金单独划出独立运作。这种安排是避免长期护理的高比例支出影响到其他福利政策的给付,或者使医疗卫生保障难以维系。除了一些国家将部分资金给付的责任安排在卫生系统,如意大利对老残群体护理院的支出有部分归于卫生系统责任,还有一些国家转移一部分医疗卫生系统的资金,如加拿大联邦政府会从医疗系统中转移支付一部分融资给长期护理领域,基本上都将长期护理资金筹集实行专项融资。

我国也面临巨大的个人卫生费用负担。《2015 年我国卫生和计划生育事业发展统计公报》显示,2015 年全国卫生总费用预计达 40587.7 亿元,其中政府卫生支出 12533.0 亿元(占 30.88%),社会卫生支出 15890.7 亿元(占 39.15%),个人卫生支出 12164.0 亿元(占 29.97%)。人均卫生总费用 2952 元,卫生总费用占 GDP 的 6%。[①] 数据表明,在卫生支出的人均费用方面,年均增长率(2014 年人均卫生总费用 2586.5 元)很大程度上超越了人均收入,卫生消费水平排在仅次于日常食品支出和教育支出之后成为我国居民第三大消费领域。同时,对于我国居民而言,只有急症(住院)医疗护理费用由医疗保险负担,而生活照料以及慢性病保健康复方面的费用并不

---

① 《2015 年我国卫生和计划生育事业发展统计公报》,http://www.nhfpc.gov.cn/guihuaxxs/s10748/201607/da7575d64fa04670b5f375c87b6229b0.shtml,访问时间:2017 年 8 月 19 日。

能依靠医疗保险来解决,事实上也不应由医疗保险来承担。从资源分配角度看,我国需要结合传统的养老服务来建立一种新型的长期护理的专项制度。目前,人社部启动的长期护理保险试点,筹资来源于社会医疗保险统筹账户和个人账户的结余资金,这种将长期护理保险绑定在医疗保险的筹资办法不符合长期护理保险的本质特征。无论从失能风险角度,还是从医疗保险基金安全角度考虑,长期护理制度都应该是一个独立的制度安排。

9.3.4 夯实制度基础

从国外经验来看,长期护理津贴制度完善的 OECD 国家多数是人口较少、拥有雄厚经济实力的国家。与我国的先老后富特征相反,这些国家的人均收入普遍较高,长期护理产业相对成熟。推行普惠型津贴模式的国家,广泛覆盖对应的是能够支撑这一覆盖面的人力物力,包括护理机构与场所的基础设施以及数量充足的正式与非正式护理员。在人力方面,非正式护理员发挥的重要作用以及正式护理员的专业培训得到了大多数国家的重视,为了扩大就业规模、吸纳护理从业人员,致力于招募入境的外籍护理工作者;在物力方面,OECD 国家老年群体平均每一千人占有的护理床位就有 50 至 70 张。从人力和物力两方面,都足以为 OECD 国家建设长期护理津贴制度提供坚实的事业基础。

我国未富先老的背景下除了人均收入水平不够,也极其缺乏长期护理方面的专业工作人员与设施配备,我国社区服务项目也处于供需很不平衡的状态。截至 2016 年底,全国各类养老服务机构和设施 14.0 万个,比上年增长 20.7%,其中注册登记的养老服务机构 2.9 万个,社区养老服务机构和设施 3.5 万个,社区互助型养老设施 7.6 万个;各类养老床位合计 730.2 万张,比上年增长 8.6%(每千名老年人拥有养老床位 31.6 张,比上年增长 4.3%),其中社区留宿和日间照料床位322.9万张。① 在养老护理员方面,2011年至2014年,养老护理员职业技能鉴定合格的初级养老护理员累计人数为8001人,中级养老护理员累计5832人,高级养老护理员累计1763人,技师累计人数为52人。② 养老护理员数量与失能老人所需的护理人员数量之间存在巨大差距。

我国建立长期护理制度,就必须认识到事业建设的力量基础绝不可或缺,一方面发展专业的长期护理员,完善护理从业资格体系;另一方面推动长期护理基础设施建设,适度扩充护理机构数量与床位。同时,还要充分考虑到农村与西部偏远地区护理资源的短缺,否则长期护理的传递依然是一种基于不平衡状态的地区差异扭曲。目前,很多养老护理机构对老年失能者的进入资格都设定了或经济条件或体能条件的限制,很多低收入群体或重度失能老年人反而无法选择机构护理服务,③这种现象违背了长期护理制度建立的初衷。

9.3.5 多元资源整合

政府筹资责任对于OECD国家长期护理津贴制度的资源整合起到关键作用,这就涉及中央与地方政府之间的权责分工,即使如英国、芬兰、瑞典、加拿大等以地方政府为主要责任机构的国家,依然离不开中央政府的宏观指导,英国为严格规范地方政府行为也颁布了《地方政府法》等。大部分OECD国家对两级政府的实践经验,均表现在中央政府对津贴的设计或财政支持以及地方政府的执行或具体安排上。我国构建长期护理制度,特别要关注地区差异较大、贫富差

---

① 《2016年社会服务发展统计公报》,http://www.mca.gov.cn/article/sj/tjgb/201708/20170815005382.shtml,访问时间:2017年8月19日。
② 民政部职业技能鉴定指导中心:《历年养老护理员职业技能鉴定工作报告(2011—2014年)》。
③ 青连斌:《我国养老机构基本情况的调查与初步分析》,载《晋阳学刊》2017年第1期。

距悬殊背景下中央政府与地方政府如何协调分配护理资源。我国两级政府在分税制基础上反映出很多问题,若将长期护理制度交由地方政府独立负责很可能加剧地区间不平等,中央政府要在制定法律强制规范的基础上对偏远、贫困地区给予资金与服务的政策倾斜。

从长期护理制度运行来看,必然涉及医疗服务、社会事务部门、民间组织等各方之间的合作关系,需要对各类实施主体进行管理整合。从 OECD 国家的经验可以看出,医疗服务和社会服务是长期护理实施过程中最突出的主体,除了受到来自社会事务或卫生管理等部门的监督协调,还要依靠民间组织或慈善组织辅助实施。对于我国而言,构建长期护理制度必然需要依靠医疗卫生与民政部门的联合作用,发挥医疗卫生在长期护理中的保健康复以及民政部门在生活照料方面供给的功能。减轻医疗卫生体系的压力与社会服务部门资源的不足,就要整合协调多部门的资源,加强合作。在学科设计上,也要充分考虑到医疗护理专业与社会服务专业的综合,培养跨学科的养老护理专业人才。

在人力资源方面,OECD 国家非常重视对正式护理员的培养和训练,而非正式护理员历来都是长期护理领域不可或缺并承担大部分护理责任的重要保障。目前,对非正式护理员的保护主要是通过津贴给付、假期提供与服务支持等福利保障来吸引家庭成员留在非正式护理领域。我国女性从业比例大、正式就业意愿高,在财力有限的前提下如何发挥家庭成员承担照护老年人的责任是一个重大政策课题。在经济欠发达的中西部地区,地区财政能力有限并且失能老年人比例较高,中央财政运用转移支付并且地方政府配套以相关优惠政策,针对低保家庭、低收入家庭、失独家庭以及重度失能老年人的家庭照护者,给予一定的经济支持和就业保护。

在服务供给方面,OECD 国家就地安养与居家护理的主流趋势推动护理模式以家庭与社区为重心。从我国实际情况来看,家庭规模的缩小与传统养老功能的弱化流失了一部分可及的家庭资源,高成本的机构服务又不符合我国老年人的传统养老观念,我国最适合的照护模式更倾向于以社区为承载的居家养老。另外,OECD国家长期护理津贴模式在我国作为养老保障的配套措施,应考虑如何与长期护理保险制度衔接,如何与目前财政、民政、人社、保监会、慈善等部门合作,以便发挥各部门掌管的资源做到最大效度的整合。

9.4 我国长期护理制度的模式与政策

OECD国家长期护理津贴制度对我国养老服务制度的完善有很大的启示作用。截至2016年8月,我国大部分省市已经实施了高龄老年人津贴制度,[①]下一步是实现高龄老年人津贴与长期护理津贴的整合。在构成主体的长期护理保险制度之外,以长期护理津贴作为辅助性手段,并积极推动商业长期护理保险是我国未来长期护理制度的基本框架。国家和地方政府共同承担财政筹资责任,拓宽服务组合传递途径,以家庭为基础、社区为依托、机构为补充、医养相结合,充分发展社会化养老服务。

9.4.1 国情审视

首先,我国人口老龄化压力自2000年起发展迅速,至今已呈现明显的未富先老和地区差异特征。截至2016年底,全国60岁及以上老年人口为2.3亿人,占总人口的16.7%,其中65岁及以上人口

---

① 《民政部:我国已有26个省份出台高龄津贴政策》,http://news.xinhuanet.com/politics/2016-08/23/c_1119441120.htm,访问时间:2016年8月23日。

为1.5亿人,占总人口的10.8%。① 同时,人口老龄化与高龄化并存。有学者通过建立精算模型预算得到了2011—2040年我国高龄人口即80岁及以上老年人的具体人数:到2015年,我国80岁及以上总人数达到23664055人,占老龄人口比例约11.1%;到2020年,我国80岁及以上总人数达到32221631人,约占老龄人口的12.4%;到2040年,我国80岁及以上总人数将达到58762561人,其中80—89岁老人有52003812人、90—99岁老人有6608634人,100岁及以上老人达到了150115人。② 与此同时,失能和部分失能老年人越来越多,残疾老年人逐年增加,2015年失能和部分失能老年人约4063万人,占老年人口总数比例为18.3%。③ 与OECD大部分国家相比,我国严峻的老年护理形势与尚未建成的国家层面制度安排给失能老年人生活造成了很大的困境。同时,个人收入水平不高。从2017年1月1日起国家开始调整企业和机关事业单位退休人员基本养老金水平,总体上调5.5%左右。到2017年8月,全国31个省(区、市,除港澳台外)已全部公布养老金调整方案。调整后,西藏、北京、上海、青海等地企业退休人员月均养老金超过3000元,位居全国前列,四川等地垫底。④ 较低的退休工资收入使老年人难以购买市场上的机构养老服务。加之地区间人口老龄化的分布不均衡,从东部向西部的过渡中,1979年上海最早步入人口老龄化行列,2012年宁夏进入老龄化社会,从而表现出明显的东快西慢、东高西低的老龄化特征。时代跨度大、规模差异大,地区之间形成长期护理的失衡。

---

① 《2016年社会服务发展统计公报》,http://www.mca.gov.cn/article/sj/tjgb/201708/20170815005382.shtml,访问时间:2017年8月19日。
② 何文炯、洪蕾:《高龄津贴:制度定位与财务可行性》,载《学术研究》2012年第7期。
③ 全国老龄委:《第四次中国城乡老年人生活状况抽样调查成果》,http://njd.mca.gov.cn/article/zyjd/xxck/201610/20161000886652.shtml,访问时间:2016年10月9日。
④ 《31省份养老金调整方案出炉 四省月均超3000元》,http://news.china.com/socialgd/10000169/20170820/31134594.html,访问时间:2017年8月20日。

这就使我国建立长期护理制度需要审慎决策,量体裁衣。

其次,我国家庭规模缩小与社会化养老的趋势。儒家文化浸染着中国传统的家庭养老观念,但在20世纪80年代开始的计划生育政策的影响下,家庭结构普遍以核心家庭为主,并出现逐渐增长的"丁克家庭"与"空巢家庭"。在第六次全国人口普查的数据中,我国平均每个家庭户中的人口已下降至3.10人,比第五次全国人口普查统计出的平均每个家庭户的3.44人又有所减少。同时,农村地区的留守老年人约占农村老龄人数的37%,达到4000万人。这使我国一定比例的老年人面临老无所依、无亲可及的老年护理境况。在家庭非正式养老资源趋弱的同时,社会化养老变成必不可少的途径。2010年由全国老龄工作委员会组织实施的针对城乡老年人口状况的调查所发布的《中国城乡老年人口状况追踪调查》研究报告显示,城乡共有空巢老年群体的比例达到49.3%,城市中占到54.0%,农村则有45.6%。在城镇中,愿意和子女共同居住的占38.8%,不愿同子女共住的占36.5%;农村则分别是53.6%和24.9%。而在对进入照顾机构的意愿上,城镇中愿意进入机构的占11.3%,农村是12.5%。对比2006年实施的同样调查,城镇与农村在入住照顾机构的意愿方面分别是16.11%和15.12%,都有所下降。[①] 这种趋势表明老年人对家庭养老的依赖与家庭资源难以顾及的矛盾,一方面需要扩大社会化养老服务,另一方面需要国家尽快建立多元筹资方式的长期护理保障体系。

最后,我国现有社会保障制度比较薄弱、相关法律基础缺失,并且资源浪费严重。养老保障的省级统筹和医疗保障的市级统筹,不仅统筹层次低,而且城乡二元体制分割。长期护理制度是一种融合了养老保障与医疗保障的老年护理体系,与医疗保障存在更紧密的

---

① 《〈中国城乡老年人口状况追踪调查〉研究报告》,http://www.china.com.cn/news/txt/2007-12/17/content_9392818.htm,访问时间:2014年1月30日。

联系,也需要二者间进行资源优化配置的整合与协作。另外,到2011年我国才正式出台《社会保险法》,在此之前,各项社会保险制度都依靠条例与政策对体系进行维护、建构。根据OECD国家经验,在实施一项制度前都依靠法律的先行,我国在构建长期护理制度时就应吸取国外经验,努力推动长期护理方面相关法律制度的基础建设。如果缺乏等级标准与获益资格的规范,护理机构的运作就会出现滥收费的状况,护理给付数量模糊必将影响长期护理制度的可持续运行。

考虑到OECD国家长期护理津贴制度的筹资模式是以一般税收为主要方式,我国在前期实施高龄津贴或以现金为支持形式的相关救助型津贴政策时,需要考虑到多种津贴项目的统筹管理。就高龄津贴来说,不仅标准差异大,而且津贴项目也不一致。享受高龄津贴的有26个省(直辖市、自治区):北京、天津、河北、山西、内蒙古、辽宁、吉林、黑龙江、上海、江苏、浙江、安徽、福建、山东、河南、湖南、广东、海南、贵州、云南、西藏、陕西、甘肃、青海、宁夏、新疆。享受养老服务补贴的有20个省(直辖市、自治区):北京、天津、山西、辽宁、吉林、上海、江苏、浙江、安徽、山东、河南、湖南、广东、海南、重庆、四川、贵州、西藏、青海、新疆。享受护理补贴的有17个省(直辖市、自治区):北京、天津、山西、辽宁、吉林、黑龙江、上海、江苏、安徽、山东、河南、广东、重庆、四川、贵州、西藏、新疆。[①] 可以看出,其中有13个省份在高龄津贴、养老服务补贴、护理补贴三个项目上都重复补贴,一定程度上造成了资源浪费。

9.4.2 模式选择

建立以财政为主要筹资渠道的普惠型长期护理津贴制度,对于

---

① 《2016年高龄津贴政策出台:哪些省份的老人可以享受高龄津贴?》,http://news.cngold.com.cn/20160825d1903n79208874.html,访问时间:2016年8月25日。

我国而言并不合适。前文已述,我国长期护理津贴制度建构的模式选择应是以面向全体国民的长期护理社会保险模式为主体,以面向高收入人群的长期护理商业保险和面向低收入困难群体的救助型长期护理津贴为补充,打造完善的社区居家养老服务体系。① 2016 年 5 月 27 日,中共中央政治局就人口老龄化的形势和对策举行了第三十二次集体学习。在会上,习近平总书记提出要"落实支持养老服务业发展的政策措施",建立"相关保险和福利及救助相衔接的长期照护保障制度",②为我国长期护理保障制度建设指明了方向。

第一,救助型的长期护理津贴不应该是我国长期护理保障制度的主体。具体原因在于:一方面,由于老年人在长期护理支出上费用高昂,给付周期长,再加上老龄化人口基数大,政府没有足够的财政能力保障两亿多老年人的护理给付;另一方面,也由于失能老年人易陷入资产耗尽境遇而选择低质低价的护理机构,产生逆向选择。从采取长期护理津贴制度的 OECD 国家经验来看,包括奥地利、瑞典、挪威等普惠型津贴模式典型国家在内,更多的国家都开始有选择性地给付救助津贴。我国虽然不能将长期护理津贴模式作为主体制度使用,但要认识到救助型的津贴本身对低收入人群和作为最后一道防线作用的优势与必要性。对于没有能力参加长期护理社会保险与投保商业保险的失能者,国家必须发挥宏观调控的保障功能来维护贫困者的基本生存权利,给予救助型的现金补助或护理服务。这就需要我国在界定津贴救助对象上制定适当的资格标准与津贴水平,将有限的社会护理资源分配给最有护理需要的人群,以此来缩小贫困人群、减轻财政压力、实现长期护理制度的可持续发展。

尽管我国长期护理保障制度不能以津贴模式作为主体,但是

---

① 戴卫东:《长期护理保险制度理论与模式构建》,载《新华文摘》2012 年第 4 期。
② 《中共中央政治局就我国人口老龄化的形势和对策举行第三十二次集体学习》,http://www.gov.cn/xinwen/2016-05/28/content_5077706.htm,访问时间:2018 年 5 月 31 日。

OECD国家长期护理津贴制度的法律规范、选择自由、承认家庭照护的社会价值、整合多元照护资源、护工专业化与职业化以及信息化建设等诸多方面非常值得我们学习和借鉴。

第二,我国应以社会化长期护理保险制度为主体,建立普遍的惠及全民的社会保险制度。结合我国国情,长期护理保险制度的开展一方面可以满足大量失能老年人对护理的社会性需要,另一方面也有利于缓解护理费用挤占医疗保险资金的压力。据中国保险行业协会调研,中度、重度失能老年人选择"在医院长期病房"接受护理服务的比例分别达到10%和13%。[①] 这部分人群以住院治疗代替照护需求的"社会性住院"现象将给医疗保险基金带来很大的负担。[②] 目前,长期护理保险在试点过程中,下一步重点是确定稳定的资金来源,并逐步完善护理服务的供给体系。

第三,针对高收入人群,鼓励推进长期护理商业保险的发展。同样作为补充性的长期护理制度,商业保险的覆盖对象仅限于资产能力高的人群,但在很大程度上解决了供需关系中按资产平衡进行的资源分配,将高收入者从基本保障体系中分离出去,给有需要的人进行预先自我防范保障。同时,推动长期护理商业保险的发展,能够为长期护理市场注入活力,促进市场竞争环境。考虑到商业保险的逆向选择性,政府在鼓励长期护理商业保险发展的同时更要注重对市场规范的监督管理,通过设计强制性的法规条例来规制参与市场竞争的供给主体的义务与保障购买商业保险的高收入者的权利。我国保险业的发展大致从1995年颁布《保险法》开始得到了一定激励,但保险市场的风险控制能力还较弱,推出长期护理商业保险的公司在目前仅有以中国人寿健康保险为代表的少数几家。目前,主要任务

---

① 中国保险行业协会:《2016年中国长期护理调研报告》(2016年12月30日发布稿)。

② 戴卫东:《"社会性住院"现象及其干预路径:一个文献分析》,载《中国社会科学文摘》2015年第7期。

是商业保险公司要设计出符合国民需求的产品。

第四,在家庭养老面临家庭结构变化的挑战、机构护理承受高昂费用的情况下,适合我国国情的长期护理服务供给模式在于结合社区与家庭功能的社区居家养老服务方式。社区的熟悉环境与传统居家养老观念的融合,不仅能应对家庭功能弱化趋势下的缺陷,又属于就地安养理念下的低服务成本选择。我国已从2001年正式启动了"全国社区老年福利服务星光计划",该计划正是以社区为依托,新建扩建社区中的老年福利场所与活动设施,为老年人的日间护理、紧急援助、入户服务、康复保健等方面提供了多种服务功能,是社区居家养老护理服务的现实体现。[①] 这种介于机构养老与家庭养老之间又综合了二者功能的新型护养模式,也是将传统的居家护理引向社会化、专业化护理的可行路径。社区居家养老在我国目前还只是起步阶段,在"十三五"规划的引导下应该逐步走向完善。

9.4.3 政策设计

9.4.3.1 立法先行

从奥地利的《长期护理津贴法》到瑞典的《社会服务法》,OECD国家的长期护理津贴制度都有严格的法律依据作为保证,而日本、德国等采用长期护理保险制度的国家也均在长期护理保险法律的强制实施下得以规范制度。奠定一种完善的法律体系是我国构建长期护理制度实现可持续的根本保障,因而在制度构建早期应尽快出台有关长期护理保险的法律,目前人社部办公厅〔2016〕80号文的发布级别不高,是一个部级文件。截至2016年,在上海、北京等26个省份的高龄老年人津贴项目,不仅标准差异大,而且津贴项目也不一致。

---

① 杨洪斌、高灵芝:《"星光计划":作为一项老年社会福利政策的实施效果评析》,载《北京科技大学学报(社会科学版)》2005年第4期。

第9章 总结评价与借鉴启示

根据我国国情,应出台长期护理保险法以明确规定长期护理保险体系的覆盖范围、评估手段、支付标准、服务方法和监督管理等程序标准,并以此筑牢长期护理市场发展的基础。同时结合我国地区差异大、城乡二元体制的状况,不能用同一种标准束缚所有地区的实践,而是应在宏观统一的法律框架下灵活机动地因地制宜作出调整。在保险法律之外,还要健全相关护理津贴支付与护理服务的标准法,对提供护理的从业人员资格要求、入行考试与审查申诉等配套程序给予法律定义。另外,为了促进市场化的服务供给体系,对符合条件的服务提供方(养老机构或集团)给予税收优惠政策。

9.4.3.2 地区公平

构建长期护理体系不可忽视的一点是我国地区间、行业间的差异。尤其要考虑到东部地区与西部地区的经济发展程度差异、城市地区与农村地区的资源配备差异、金融水电行业与服务餐饮行业的收入薪资差异,并结合不同领域中公民的资产能力条件进行有差别的制度设计。

在东部地区、经济发达的城市与高薪资的行业中推行统一的长期护理社会保险,包括政策鼓励个人投保长期护理商业保险;在西部地区、经济欠发达的农村地区,推行长期护理救助性质的津贴模式,对低保家庭和重度失能者由政府财政进行供款补助;对于无能力参加社会护理保险的贫困者,可以用一定比例的津贴救助资金支持贫困者参加社会保险;在津贴水平不高的地区,由中央政府承担参保资金。

各地区受益者长期护理保障的水平有高低之分,可以有差别。但是,要做到的是不同地区之间财政公平、权利公平和受益公平。公平不等于平均。

9.4.3.3 管理创新

首先,在筹资途径上,我国的长期护理制度最终需要依靠政府财政、企业缴纳与个人供款三方面组成(当前长期护理保险试点阶段,采取划拨社会医疗保险结余资金的做法只能是权宜之计),正如我国养老、医疗等其他社会保险一样,政府财政的转移支付起到基础的作用,个人缴费应该发挥主体作用。在对131个发达国家与发展中国家的调查中,有129个国家的城乡养老保险都是由政府与雇主作为资金的全部或主要来源,个人的缴费比例只占较小部分。[①] 我国在长期护理制度筹资渠道中必须发挥企业主导性,只有这样才能保证制度的可持续性。企业作为经济与责任的主体为雇员的长期护理保险进行缴费,缴费比例则依据企业性质(如同工伤保险对不同风险行业设置不同的费率,失能风险在很大程度上也与企业性质相关,如采掘业、高辐射行业、制造业等)与地区经济特征给予区别设置以保证公平性和避免企业负担过重。个人承担一定比例的护理保险缴费也是社会保险的权利与义务体现,即使在实施长期护理津贴制度的国家中也对个人的自付部分作出了规定,长期护理社会保险体系下个人应根据缴费义务确立受益标准。

其次,在资金管理上,为了实现长期护理体系中老年人能够最大限度地实现自主独立的生活、基本护理权利受到保护的目标,满足制度的长期可持续以及资金的供需平衡,参照国外社会保险制度,长期护理保险在推行时采用现收现付制。我国养老保险的个人账户[②]和医疗保险个人账户[③]的制度在实践中已经导致了许多问题,长期护理保险不能重蹈覆辙。

最后,在服务提供上,针对资产能力不高、无力支付长期护理保险筹资的低收入人群,一方面采取国家财政救助形式的津贴扶持,另

[①] 何丰:《养老保险筹资方式的比较研究》,载《当代经济研究》2003年第11期。
[②] 王新梅:《用积累制提供公共养老金的改革的国际实践与反思》,http://www.caoss.org.cn/2article.asp?id=776,访问时间:2017年8月20日。
[③] 葛延风、丁宁宁、贡森等:《对中国医疗卫生体制改革的评价与建议(概要与重点)》,载《中国发展评论》2005年第1期。

一方面还可以考虑建立一种基于劳动能力的时间储蓄,在其提供护理服务劳动时给予劳动时间数量的记录,当其有护理服务需要时等量换取护理服务。这种方法在中西部欠发达的农村地区比较适合,具体的界定标准如劳务能力与护理受益的换算标准与条件由基层政府(社区或村)负责实施。对于那些没有足够经济能力参加保险的贫困群体,"时间储蓄银行"的做法有利于他们将在个人健康阶段服务他人的时间积累起来便于自己将来使用,减少机构设施建设的成本浪费,也增加了熟人护理的服务质量。

9.4.3.4 资源整合

一是将家庭照护与社区护理进行整合。我国的家庭照护作为传统的养老资源渐渐失去了原有的优势,而人力资源的短缺与高昂的护理费用压力使家庭照护必须与社区护理相结合,为此,需要充分调动社区中的现有人力与物力资源。利用家庭既有的资源降低护理成本,利用社区服务的专业人员提升护理质量,这就将社会化专业化的社区护理与心理熟悉度、依赖度高的家庭照护相结合,使老年人在居家护理领域满足基本的护理需求。在社会化长期护理服务的同时,需要加大社区护理服务的基础设施建设,依托如"星光老年之家"类型的社区服务,重点推进家政服务、康复项目和信息系统,弥补家庭照护功能的不足。

二是将正式护理与非正式护理整合起来。正式护理包括卫生系统和社会系统提供的照料和护理服务。针对老年慢性病患者,社区卫生服务中心和社区医院提供药品、康复以及保健方面的服务;针对重度失能老年人,依托社区的养老机构等提供入住老年人的生活照料、用药服务。但是,以家庭成员为主体的非正式护理服务仍然不可替代,特别是在农村地区和欠发达地区。虽然可以由正式护理来提供家庭的照护服务,但是无论社会发展到哪个阶段,老年人需要的亲情抚慰,只能来自家庭成员。随着社会的进步,如何借鉴 OECD 国家护理津贴制度制定对非正式护理者身心健康的保护政策是一个不可忽视的主题。

三是协调公共部门与私人部门的共生共赢。在我国发展长期护理保险,就必然牵涉到民政部门与医疗卫生部门之间的协调合作,除此之外,还要注重发展公共部门与私人部门的协同,以及鼓励志愿者和非营利组织的参与。在护理服务中引入多方合作的供给方式,尤其是促进民间机构的准入空间,在公共部门和私营部门之间展开公平竞争,提升服务效率。在引入私人部门竞争的同时,要加强法律框架下的监督管理,防止恶性竞争或部门垄断导致的市场失灵。

四是将保险服务与资本市场结合起来。近几年来,有些国家商业保险公司把长期护理保险作为寿险的一个组成部分出售。这种类型产品出现在美国、法国、加拿大、澳大利亚等。2008年,法国大约有15万人(占保险市场投保者的5%)购买了这种寿险组合产品。[1] 另有一些金融产品为老年人将自己的净资产转换成现金提供了可能性,如反向抵押产品,通过与保险公司签约,该产品能够为那些继续住在家里接受长期护理服务而不必卖掉房子来支付服务费,或免除现金支付的老年人提供服务。这些金融产品在美国、英国、澳大利亚、丹麦、爱尔兰、西班牙和瑞典先后都有出售。在美国,有2/3的反向抵押金融产品是由政府担保的。[2] 我国商业保险公司也可以借鉴其他国家的实践经验。

五是在产业开发中加强风险控制。长期护理服务是一个庞大的体系,这其中可能会产生需方的逆选择、道德风险,也可能产生供方的合谋、垄断、压价或劣质等风险。在长期护理产业发展中,除了政

---

[1] FFAS-Fédération Française des Sociétés d'Assurance. Les principales caractéristiques des contrats dépendance en 2008-Contrats individuals. Étude et Statistiques, Paris. December, 2009.

[2] OECD. Private Long-Term Care Insurance: A Niche or a "Big Tent"? In OECD. *Help Wanted? Providing and Paying for Long-Term Care*. OECD Publishing, 2011.

府职能部门的监管之外,还可以引入第三方监管机构;供方也可以通过建立行业协会的自我管理方式,维护自己的合法利益不受损。一旦完善的服务供方体系形成,所有参与者都处于一个完全竞争的市场环境中,在"用脚投票"的规制下,良性的服务市场就会逐步形成。

六是结合护理等级注重专业人才的分级培养。目前,我国部分城市试点长期护理保险过程中,基本上按照《日常生活能力评定量表》,将低于60分(或40分)且有慢性疾病明确诊断(或经过不少于6个月治疗)的参保人分为两个失能等级。缺乏细化的指导标准,在实践中导致失能程度不同的申请人享受同一服务标准,在支付上产生了不同失能人员"低者高就"的待遇水平。① 在日本,护理员一般分为三级。其中,一级护理员的职责为护理兼管理,其级别较高;二级护理员主要从事实际护理工作,属于一线技能工作人员;三级护理员只能从事简单的家政服务、身体护理等,属于低级别的护理人员。② 所以,我国在建立长期护理保障制度的同时,亟待分级培养培训护理员队伍。譬如,三级护理员的服务对象是需要生活照料的重度失能老年人,二级护理员的服务包括生活照料和慢性病护理,一级护工的工作除了照护服务外还能胜任机构管理事务,以避免护理岗位不匹配导致的人力资源浪费现象。此外,社会工作者、志愿者等也是长期护理服务体系中重要的人力资源。

七是整合不同政府部门的资源和不同老年津贴项目。2018年3月,十九届三中全会作出了国家机构改革的重要决定,组建了国家卫生健康委员会、国家医疗保障局等机构,重在推动医改和"健康中国"

---

① 戴卫东:《长期护理保险的"中国方案"》,载《湖南师范大学社会科学学报》2017年第3期。
② 戴卫东:《日本、韩国长期护理教育培训体系比较及思考》,载《老龄科学研究》2015年第10期。

的进程。① 其核心要义是整合资源，优化配置，避免政出多门，提高制度效率。作为"健康中国"的制度建设之一，长期护理津贴也是如此。我国不同政府部门掌管着相关的资源，如城乡慢性病患者接受的门诊费用通过人力资源和社会保障部门的社会医疗保险支付，特定慢性病预防、筛查与保健服务由卫生与计划生育部门的国家财政来承担，民政部分管老年服务的机构管理，老龄委和残联部门分别管理一部分养老服务资源，工商部门掌管着营利机构的注册和运营，等等。而长期护理服务体系的生活照料、慢性病保健与重病康复服务，以及营利机构和非营利机构的服务供给都与这些政府部门相关联，整合这些资源需要国家发改委层面的顶层设计。另外，目前全国各地实践中存在高龄津贴、养老服务津贴、护理津贴以及残疾津贴等，津贴名目繁多，不仅导致财政资源浪费，而且产生巨大的行政管理成本，有必要进行整合。如果实施救助型护理津贴制度，那么养老服务津贴、高龄津贴、护理津贴以及残疾老年人津贴就应该整合为长期护理津贴，各省(直辖市、自治区)分别制定年龄、失能、收入方面的受益资格标准，这样才能体现制度的公平与效率。

---

① 《国务院机构改革方案》，http://www.gov.cn/xinwen/2018-03/17/content_5275116.htm，访问时间：2018年7月12日。

参 考 文 献

一、中文文献

[1]〔美〕阿夫纳·格雷夫:《家庭结构、制度和增长:西方自治组织的起源和含义》,杨依山译,载《制度经济学研究》2012年第2期。

[2]〔美〕彼得森:《世界人口老龄化》,韩建军译,载《现代外国哲学社会科学文摘》1999年第11期。

[3]陈晓安:《公私合作构建我国的长期护理保险制度:国外的借鉴》,载《保险研究》2010年第11期。

[4]褚劲风:《世界人口老龄化进程的特点》,载《地理教学》2001年第1期。

[5]戴卫东:《长期护理保险的"中国方案"》,载《湖南师范大学社会科学学报》2017年第3期。

[6]戴卫东:《长期护理保险——理论、制度、改革与发展》,经济科学出版社2014年版。

[7]戴卫东:《长期护理保险制度理论与模式构建》,载《新华文摘》2012年第4期。

[8]戴卫东:《OECD国家长期护理保险制度研究》,中国社会科学出版社2015年版。

[9]戴卫东:《国外长期护理保险制度:分析、评价及启示》,载《人口与发展》2011年第5期。

[10]戴卫东:《日本、韩国长期护理教育培训体系比较及思考》,载《老龄科学研究》2015年第10期。

[11]戴卫东:《"社会性住院"现象及其干预路径:一个文献分析》,载《中国

社会科学文摘》2015年第7期。

[12] 范娟娟：《浅析OECD主要成员国护理保险的制度安排》，载《中国保险》2010年第5期。

[13] 葛延风、丁宁宁、贡森等：《对中国医疗卫生体制改革的评价与建议（概要与重点）》，载《中国发展评论》2005年第1期。

[14] 何丰：《养老保险筹资方式的比较研究》，载《当代经济研究》2003年第11期。

[15] 何文炯、洪蕾：《高龄津贴：制度定位与财务可行性》，载《学术研究》2012年第7期。

[16] 华迎放：《我国城乡居民高龄津贴政策分析与发展建议》，载《中国劳动》2013年第4期。

[17] 黄源协：《社区照顾——台湾与英国经验的检视》，扬智文化事业股份有限公司2000年版。

[18] 季晓鹏、王志红：《家庭护理成本核算的方法及其意义》，载《中华护理杂志》2007年第8期。

[19] 金炳彻：《从机构福利到社区福利——对国外社会福利服务去机构化时间的考察》，载《中国人民大学学报》2013年第2期。

[20] 赖两阳：《社区工作与社会福利社区化》，洪叶文化事业有限公司2002年版。

[21] 林晓红：《21世纪世界人口面临的主要问题与挑战》，载《人口学刊》2000年第2期。

[22] 刘瑞常：《世界人口老龄化警钟敲响》，载《经济参考报》2002年4月22日第3版。

[23] 刘子培：《城镇居民老年津贴制度研究》，浙江大学2010年硕士论文。

[24] 青连斌：《我国养老机构基本情况的调查与初步分析》，载《晋阳学刊》2017年第1期。

[25] 沈雨菲、陈鹤：《中国高龄津贴政策评述与实证分析》，载《人口与经济》2016年第1期。

[26] 施峰：《人口老龄化及其国际视野》，载《经济研究参考》2005年第43期。

[27]施巍巍:《发达国家老年人长期照护制度研究》,知识产权出版社2012年版。

[28]《世界人口老龄化速度加快》,载《城市规划通讯》2002年第7期。

[29]世界银行:《全球经济展望(2009)》,王辉等译,中国财政经济出版社2009年版。

[30]孙丽:《ADL、MMSE、GDS量表在老年患者入院评估中的联合应用》,载《护理学杂志》2013年第7期。

[31]汪向东:《心理卫生评定量表手册》,载《中国心理卫生杂志》1993年第1期。

[32]王家宝:《法国人口与社会》,中国青年出版社2005年版。

[33]萧文高:《英国社区照护政策发展之研究——福利多元主义的观点》,暨南国际大学1998年硕士论文。

[34]晓侠:《经济协力开发机构(OECD)经济预测》,载《现代日本经济》1993年第6期。

[35]肖友平、任小红:《护理成本核算及护理收费概况》,载《护理学杂志》2007年第6期。

[36]谢红、尚少梅、侯淑肖、王志稳、金晓燕、王敏:《国内外护理院资金筹措现况及启示》,载《中国护理管理》2010年第2期。

[37]杨洪斌、高灵芝:《"星光计划":作为一项老年社会福利政策的实施效果评析》,载《北京科技大学学报(社会科学版)》2005年第4期。

[38]杨立雄:《高龄老年津贴制度研究》,载《中州学刊》2012年第2期。

[39]殷俊、李晓鹤:《法国长期护理津贴制度分析与经验借鉴》,载《保险研究》2015年第11期。

[40]曾莉、周兰姝:《国外老年人长期护理的政策分析及启示》,载《护理研究》2010年第3期。

[41]张志强:《康复医学》,人民卫生出版社2010年版。

[42]郑功成:《社会保障学——理念、制度、实践与思辨》,商务印书馆2009年版。

[43]中国保险行业协会:《2016年中国长期护理调研报告》(2016年12月30日发布稿)。

[44] 周以光:《战后法国第三产业的发展和妇女就业》,载《世界历史》1999年第1期。

[45] 周召梅、程晓明:《我国及OECD国家卫生费用增长与经济发展规律的探讨》,载《中国医院管理》2006年第9期。

[46] 朱火云、夏会琴、李利娜、高和荣:《基础普惠型高龄津贴制度研究》,载《人口学刊》2015年第1期。

[47] 朱微微、黄成礼、郭岩:《国际老年人口长期护理筹资机制及启示》,载《中国老年学杂志》2011年第2期。

二、外文文献

[1] A. Arnaert, B. Van Den Heuvel & T. Windey. Health and Social Care Policy for the Elderly in Belgium. *Geriatric Nursing*, 2005, 26(6):366-371.

[2] A. Comas-Herrera, R. Wittenberg, L. Pickard. Long-Term Care for Older People in the United Kingdom: Structure and Challenges. In M. Knapp, D. Challis, J. Fernandez(eds.). *Towards Equitable and Efficient Social Care*. Ashgate, 2004:17-33.

[3] A. E. Georgantzi. The Impact of the Crisis on Cash-for-Care Schemes for Dependent Elderly. Catholic University of Leuven, 2010.

[4] A. Evers, K. Leichsenring. Paying for Informal Care: An Issue of Growing Importance. *Ageing International*, 1994, 21(1):29-40.

[5] A. Evers. *Payment for Care: A Comparative Overview*. Avebury, 1994.

[6] Albert Banerjee, Tamara Daly, Pat Armstrong, Marta Szebehely, Hugh Armstrong, and Stirling LaFrance. Structural Violence in Long-Term, Residential Care for Older People: Comparing Canada and Scandinavia. *Social Science & Medicine*, 2012, 74(3):390-398.

[7] Alberto Holly, Lucien Gardiol, Gianfranco Domenighetti, Brigitte Bisig. An Econometric Model of Health Care Utilization and Health Insurance in Switzerland. *European Economic Review*, 1998, 42(3-5):513-522.

[8] Anna Condelius, Ingalill R. Hallberg, Ulf Jakobsson. Medical Healthcare Utilization as Related to Long-Term Care at Home or in Special Accommodation.

Archives of Gerontology and Geriatrics,2010,51(3):250-256.

[9] Annamaria Simonazzi. Time, Cash and Services: Reforms for a Future Sustainable Long-Term Care. *Futures*, 2012,44(7):687-695.

[10] Anthea Tinker. The Social Implications of an Ageing Population. *Mechanisms of Ageing and Development*,2002,123(7):729-735.

[11] A. Österle, G. Bauer. Home Care in Austria: The Interplay of Family Orientation, Cash-for-Care and Migrant Care. *Health & Social Care in the Community*, 2012, 20(3):265-273.

[12] Axel Heitmueller, Kirsty Inglis. The Earnings of Informal Carers: Wage Differentials and Opportunity Costs. *Journal of Health Economics*,2007, 26(4): 821-841.

[13] B. Da Roit, B. Le Bihan. Similar and Yet So Different: Cash-for-Care in Six European Countries' Long-Term Care Policies. *Milbank Quarterly*, 2010, 88 (3): 286-309.

[14] Blanche Le Bihan,Claude Martin. Steps Toward a Long-Term Care Policy in France: Specificities, Process, and Actors. In C. Ranci, E. Pavolini (eds.). *Reforms in Long-Term Care Policies in Europe*. Springer, 2013:139-157.

[15] Blanche Le Bihan. The Redefinition of the Familialist Home Care Model in France: The Complex Formalization of Care Through Cash Payment. *Health & Social Care in the Community*,2012, 20(3): 238-246.

[16] Byung-Kwang Yoo, Jay Bhattacharya, Kathryn M. McDonald, Alan M. Garber. Impacts of Informal Caregiver Availability on Long-Term Care Expenditures in OECD Countries. *Health Services Research*, 2004,39(6):1971-1992.

[17] C. Badelt, A. Holzmann-Jenkins, C. Matual, A. Osterle. Analyse der Auswirkungen des Pflegevorsorgesystems. Austrian Federal Ministry of Labour Health and Social Affairs, 1997.

[18] C. Badelt. Long-Term Care in Austria: An Economic and Social Challenge. In Austrian Presidency of the European Union: Proceedings of a Conference on Persons with Disabilities. Austrian Federal Ministry of Labour Health and Social Affairs, 1998.

[19] C. E. Steuerle. *Vouchers and the Provision of Public Services*. Brookings Institution Press, 2000.

[20] C. Glendinning. Improving Equity and Sustainability in UK Funding for Long-Term Care: Lessons from Germany. *Social Policy and Society*, 2007, 6(3): 411-422.

[21] Claire Cameron, Peter Moss. *Care Work in Europe: Current Understandings and Future Directions*. Routledge, 2007.

[22] Clare Ungerson, Susan Yeandle. *Cash for Care System in Developed Welfare States*. Palgrave Macmillan, 2006.

[23] D. Grimshaw, S. Lendhorff. Anchors for Job Quality: Sectoral Systems of Employment in the European Context. *Work Organisation, Labour and Globalisation*, 2010, 4(1): 24-40.

[24] E. Pavolini, C. Ranci. Restructuring the Welfare State: Reforms in Long-Term Care in Western European Countries. *Journal of European Social Policy*, 2008, 18(3): 246-259.

[25] Fédération Hospitalière de France. Hébergement et services à la personne: Comment adapter l'offre aux besoins futures. Présentation Conférence LesÉchos, 2010-03-10.

[26] FFAS-Fédération Française des Sociétés d'Assurance. Les principales caractéristiques des contrats dépendance en 2008-Contrats individuals. Étude et Statistiques, Paris. December, 2009.

[27] G. Arling. Medicaid Nursing Home Pay for Performance: Where Do We Stand? *The Gerontologist*, 2009, 49(5): 587-595.

[28] G. P. Marchildon. Health Systems in Transition: Canada. Copenhagen WHO Regional Office for Europe on Behalf of the European Observatory on Health Systems and Policies, 2005: 99-100.

[29] Gustav Kamenski, Waltraud Fink, Manfred Maier, Ingrid Pichler, Sonja Zehetmayer. Characteristics and Trends in Required Home Care by GPs in Austria: Diseases and Functional Status of Patients. *BMC Family Practice*, 2006(7): 55.

[30] Harold Wilensky, Charles Lebeaux. *Industrial Society and Social*

Welfare. The Free Press, 1965.

[31] H. De Castries. Ageing and Long-Term Care: Key Challenges in Long-Term Care Coverage for Public and Private Systems. *The Geneva Papers*, 2009, 34: 24-34.

[32] Henning Øien, Martin Karlsson, Tor Iversen. The Impact of Financial Incentives on the Composition of Long-Term Care in Norway. *Applied Economic Perspectives and Policy*, 2012, 34(2): 258-274.

[33] H. Gautun, K. Hagen. A Moral Squeeze? Does the Supply of Public Care Services Towards the Very Old Affect Labour Force Participation of Their Children? In 8th Congress of the European Sociological Association, Glasgow, 3-6 September, 2007, Research Network Session: Ageing in Europe Session 5A Norms and Values in Ageing.

[34] H. S. Kaye, M. P. LaPlante, C. Harrington. Do Non-Institutional Long-Term Care Services Reduce Medicaid Spending? *Health Affairs*, 2009, 28(1): 262-272.

[35] Ian W. H. Parry. Comparing the Welfare Effects of Public and Private Health Care Subsidies in the United Kingdom. *Journal of Health Economics*, 2005, 24(6): 1191-1209.

[36] J. Alber, U. Köhler. Health and Care in an Enlarged Europe. European Foundation for the Improvement of Living and Working Conditions, 2005.

[37] J. Brodsky, J. Habib, I. Mizrahi. Long-Term Care Laws in Five Developed Countries: A Review. World Health Organization, Geneva, Switzerland, 2000.

[38] J. C. Campbell, N. Ikegami, M. J. Gibson. Lessons From Public Long-Term Care Insurance in Germany and Japan. *Health Affairs*, 2010, 29(1): 87-95.

[39] Jenny Billings, Kai Leichsenring. *Integrating Health and Social Care Services for Older Person: Evidence from Nine European Countries*. Ashgate, 2005.

[40] J. Garcés, F. Ródenas, V. Sanjosé. Care Needs Among the Dependent

Population in Spain: An Empirical Approach. *Health & Social Care in the Community*, 2004, 12(6):466-474.

[41] J. Jenson, S. Jacobzone. Care Allowances for the Frail Elderly and Their Impact on Women Care-Givers. OECD Labour Market and Social Policy Occasional Papers, OECD Publishing, 2000(41).

[42] Jose-Luis Fernandez, Julien Forder. Reforming Long-Term Care Funding Arrangements in England: International Lessons. *Applied Economic Perspectives and Policy*, 2012,34(2):346-362.

[43] Jozef Pacolet, Bouten Ria, Lanoye Hilde, Versieck Katia. *Social Protection for Dependency in Old Age: A Study of the Fifteen EU Member States and Norway*. Ashgate, 2000.

[44] K. Chevreul, K. Berg Brigham. Financing Long-Term Care for Frail Elderly in France: The Ghost Reform. *Health Policy*, 2013, 111(3): 213-220.

[45] K. Schultz-Larsen. Institute of Public Health and Center for Elderly Research. Copenhagen University Hospital, 2004.

[46] Lina Maria Ellegard. Making Gerontocracy Work: Population Aging and the Generosity of Public Long-Term Care. *Applied Economic Perspectives and Policy*, 2012, 34(2):300-315.

[47] Maria Engström. Staff Perceptions of Job Satisfaction and Life Situation Before 6 and 12 Months After Increased Information Technology Support in Dementia Care. *Journal of Telemedicine and Telecare*, 2005, 11(6):304-309.

[48] Marie-Eve Joël, Sandrine Dufour-Kippelen, Catherine Duchêne, *et al*. Long-Term Care in France. ENEPRI Research Report No. 77 Contribution to WP 1 of the ANCIEN Project, June 2010.

[49] Martin Karlsson, Les Mayhew, Robert Plumb, Ben Rickayzen. Future Costs for Long-Term Care Cost Projections for Long-Term Care for Older People in the United Kingdom. *Health Policy*, 2006(75):187-213.

[50] M. Doyle, V. Timonen. *Home Care for Ageing Populations: A Comparative Analysis of Domiciliary Care in Denmark, the United States and Germany*. Edward Elgar, 2007.

[51] M. Griz Wolf, C. Strumepel, K. Leichsenring, K. Komp. Providing Integrated Health and Social Care for Older Persons in Austria. In K. Leichsenring, A. M. Alaszewski(eds.). *Providing Integrated Health and Social Care for Older Persons: A European Overviews of Issues at Stake.* Ashgate, 2004.

[52] M. M. Hofmarcher, H. M. Rack. Austria: Health System Review. *Health Systems in Transition*, 2006, 8(3):1-247.

[53] M. Strandberg-Larsen, S. Vallgarda. Health System Review: Denmark. Copenhagen WHO Regional Office for Europe on Behalf of the European Observatory on Health Systems and Policies, 2007.

[54] M. Werth. Long-Term Care. Faculty and Institute of Actuaries, 2001.

[55] Nicole Dubuc, Réjean Hébert, Johanne Desrosiers, Martin Buteau, Lise Trottier. Disability-based Classification System for Older People in Integrated Long-Term Care Services: The Iso-SMAF Profile. *Archives of Gerontology and Geriatrics*, 2006, 42(2):191-206.

[56] Noora Valkila, Arto Saari. The Productivity Impact of the Voice Link Between Elderly and Nurses: An Assisted Living Facility Pilot. *Archives of Gerontology and Geriatrics*, 2011, 52(1):e44-e49.

[57] OECD. Ageing in OECD Countries: A Critical Policy Challenge. Organisation for Economic Co-operation and Development, 1996.

[58] OECD. Ageing in OECD Countries: A Critical Policy Challenge. Organisation for Economic Co-operation and Development, 2010.

[59] OECD. Employment Outlook Paris. Organisation for Economic Co-operation and Development, 2003.

[60] OECD. *Extending Opportunities: How Active Social Policy Can Benefit Us All.* OECD Publishing, 2005.

[61] OECD. *Help Wanted? Providing and Paying for Long-Term Care.* OECD Publishing, 2011.

[62] Philip Haynes, Michael Hill, Laura Banks. Older People's Family Contacts and Long-Term Care Expenditure in OECD Countries: A Comparative Approach Using Qualitative Comparative Analysis. *Social Policy &*

Administration,2010,2(44):67-84.

[63] R. A. Atun, N. Menabde, K. Saluvere, M. Jesse, J. Habicht. Introducing a Complex Health Innovation-Primary Health Care Reforms in Estonia (Multimethods Evaluation). *Health Policy*,2006,79(1):79-91.

[64] Rachel Filinson, Darek Niklas, Piotr Chmielewski. Brief Report: Long-Term Care for the Aged in Poland. *Ageing International*,2010,35(4):286-292.

[65] R. Fujisawa, F. Colombo. The Long-Term Care Workforce: Overview and Strategies to Adapt Supply to a Growing Demand. OECD Health Working Paper, 2009(44).

[66] R. Söderlung. The Role of Information and Communication Technology in Home Services: Telecare Does Not Satisfy the Needs of the Elderly. *Health Informatics Journal*,2004,10(2):127-137.

[67] Sarah Horton, Stephanie Cole. Medical Returns: Seeking Health Care in Mexico. *Social Science & Medicine*,2011, 72(11):1846-1852.

[68] Sari Teeri, Helena Leino-Kilpi, Maritta Välimäki. Long-Term Nursing Care of Elderly People: Identifying Ethically Problematic Experiences Among Patients, Relatives and Nurses in Finland. *Nursing Ethics*,2006,13(2):116-129.

[69] S. Folland, A. C. Goodman, M. Stano. *The Economics of Health and Health Care*. Prentice Hall, 2001.

[70] S. M. Keigher. Austria's New Attendance Allowance: A Consumer-Choice Model of Care for the Frail and Disabled. *International Journal of Health Services*,1997,27(4):753-765.

[71] Sven Heinrich, *et al*. Service Utilization and Health-Care Costs in the Advanced Elderly. *Value in Health*,2008,11(4):611-620.

[72] Teppo Krŏger, Anu Leinonen. Transformation by Stealth: The Re-targeting of Home Care Services in Finland. *Health & Social Care in the Community*,2012,20(3):319-327.

[73] Theresa Boyle. Nursing Home Hike Criticized as Replacement for Subsidies. *Toronto Star(Canada)*, 2002-07-04.

[74] Thomas J. Hoerger, Gabriel A. Picone, Frank A. Sloan. Public

Subsidies, Private Provision of Care and Living Arrangemnets of the Elderly. *The Review of Economics and Statistics*, 1996, 78(3):428-440.

[75] UK Department of Health. Community Care Statistics 2000: Home Help/Home Care Services. England London: Department of Health, 2000.

[76] V. Betihavas, P. J. Newton, H. Y. Du, P. S. MacDonald, S. A. Frost, S. Stewart, P. M. Davidson. Australia's Health Care Reform Agenda: Implications for the Nurses' Role in Chronic Heart Failure Management. *Australian Critical Care*, 2011, 24(3):189-197.

[77] W. M. Caris Verhallen, Ada Kerkstra. Continuity of Care for Patients on a Waiting List for Institutional Long-Term Care. *Health & Social Care in the Community*, 2001, 9(1):1-9.

三、相关网站

[1]《2015年我国卫生和计划生育事业发展统计公报》,http://www.nhfpc.gov.cn/guihuaxxs/s10748/201607/da7575d64fa04670b5f375c87b6229b0.shtml,访问时间:2017年8月19日。

[2]《2016年高龄津贴政策出台:哪些省份的老人可以享受高龄津贴?》,http://news.cngold.com.cn/20160825d1903n79208874.html,访问时间:2016年8月25日。

[3]《2016年社会服务发展统计公报》,http://www.mca.gov.cn/article/sj/tjgb/201708/20170815005382.shtml,访问时间:2017年8月19日。

[4]《31省份养老金调整方案出炉 四省月均超3000元》,http://news.china.com/socialgd/10000169/20170820/31134594.html,访问时间:2017年8月20日。

[5]《第四次中国城乡老年人生活状况抽样调查》,http://dscdc.cncaprc.gov.cn/,访问时间:2016年10月9日。

[6]《民政部:我国已有26个省份出台高龄津贴政策》,http://news.xinhuanet.com/politics/2016-08/23/c_1119441120.htm,访问时间:2016年8月23日。

[7]《人力资源社会保障部办公厅关于开展长期护理保险制度试点的指导

意见》,http://www.mohrss.gov.cn/SYrlzyhshbzb/shehuibaozhang/zcwj/201607/t20160705_242951.html,访问时间:2016 年 7 月 21 日。

[8]王新梅:《用积累制提供公共养老金的改革的国际实践与反思》,http://theory.gmw.cn/2017-07/12/content_25051897.htm,访问时间:2017 年 8 月 20 日。

[9]《〈中国城乡老年人口状况追踪调查〉研究报告》,http://www.china.com.cn/news/txt/2007-12/17/content_9392818.htm,访问时间:2014 年 1 月 30 日。

[10] Nicole Prud'homme:《世界家庭结构变化及家庭政策调整》,http://www.chinajob.gov.cn/gb/insurance/2004-09/22/content_47533.htm,访问时间:2013 年 8 月 30 日。

[11] Department of Health. Using Reimbursement Funds to Increase Capacity and Reduce Delayed Transfers of Care. http://www.doh.gov.uk/reimbursement/systems.htm,2008-02-01.

[12] Swedish Association of Local Authorities. Quality and Efficiency in Swedish Health Care. http://english.skl.se/publications_and_reports,2018-08-20.

[13] OECD Economic Outlook, Volume 2011, Issue 1. http://www.oecd-ilibrary.org/economics/oecd-economic-outlook-volume-2011-issue-1-preliminary-version_eco_outlook-v2011-1-en;jsessionid = q6sdpj52qqv0.x-oecd-live-01,2013-08-30.

[14] OECD International Migration Outlook. http://dx.doi.org/10.1787/888932401558,2014-01-30.

[15] France Long-Term Care. http://www.oecd.org/dataoecd/11/62/47902097.pdf,2016-08-23.

后 记

本书是我专注长期护理保障制度领域的又一部著作,其他独著成果分别是《中国长期护理保险制度构建研究》(人民出版社 2012 年版)、《长期护理保险——理论、制度、改革与发展》(经济科学出版社 2014 年版)、《OECD 国家长期护理保险制度研究》(中国社会科学出版社 2015 年版)以及《中国长期护理服务体系建构研究》(社会科学文献出版社 2018 年版)。随着十多年来研究的深入,研究领域从护理保险扩展到护理津贴,我更加感觉到长期护理制度的复杂性、多样性和重要性,无论是理论意义还是应用指导,对我国养老保障制度建设和长期护理保险试点都具有较大的参考价值。一路走来,我也很高兴地看到越来越多的学者加入到这个研究行列,这是学术之幸、民生之幸。从传统的养老服务到新型的长期护理,也真正体现了盛世之幸、制度之幸。

本书是在我指导的研究生顾梦洁同学学位论文的基础上进一步修改、补充研究而成的,从 2012 年着手准备至今已六年多。该研究成果直接启发了 2018 年国家社会科学基金重点项目的申报。立项后,我根据项目研究的需要,对初稿全面进行结构调整、内容增补、数据更新和结论完善。感谢顾梦洁同学在文献翻译、资料整理以及前期撰写方面付出的辛苦工作和不懈努力!

本书的创新主要表现在两个方面:其一,主题创新。目前我国尚未全面建立起长期护理保障制度,学术界现有研究又基本围绕着长期护理保险模式,所以长期护理津贴模式的系统研究基本上是一个空白。因此,从这一层面上而言,本书对于 OECD 国家长期护理制度的津贴模式研究实现了主题创新。其二,视野延伸。结合我国情况,长期护理津贴模式只作为一种辅助或补充性的安排,而非具体和完善的统领性制度。长期护理津贴制度与国内现有的高龄老年津贴制度在本质上具有部分相似之处。本书对OECD国家长期护理津贴制度经验的分析将拓展我国长期护理津贴制度的探索,也为我国建立长期护理保障制度体系提供一个新的研究视角。

由于研究者能力不足和其他限制条件,本书一定存在诸多缺陷:一是在于文献阅读的语言障碍。OECD国家通用语言不仅限于英文,还涉及法文、德文、西班牙文等多国语言,我们无法全面搜集各国完备的资料。同时,又因各国语言中长期护理体系专业术语的差异,概念的精准性可能有一定的偏差。二是在于文献资料的零碎性。长期护理津贴制度作为一种护理保障模式,不少文献掺杂在劳动关系或社会政策的文献中,需要研究者具备研究耐心和专业水准来提炼。三是最新统计数据的缺乏。OECD组织官方网站拥有各成员国多年来不同领域的统计数据资料,给我们的研究带来了便利,但各国长期护理津贴制度近几年相关统计数据没有更新,因而本书在最新进展研究方面稍显不够充分。我们将持续跟踪挖掘最新的统计数据,以完善相关研究。

感谢尹璐、朱梅全编辑辛勤又高效的编辑工作!

本书作为《OECD国家长期护理保险制度研究》的姊妹篇,相互补充,可以供政府决策者和政策研究者一并参考,也可供高校相关专业的本科生和研究生课外阅读。

真诚地期待各界人士不吝指教,衷心感谢!

2018年9月